LE PRINCE DE BISMARCK

SA VIE ET SON ŒUVRE

CALMANN LÉVY, ÉDITEUR

DU MÊME AUTEUR

Format grand in-18.

PORTRAITS D'OUTRE-MANCHE.......................... 1 vol.

BOURLOTON. — Imprimeries réunies, B, rue Mignon, 2.

LE PRINCE
DE BISMARCK

SA VIE ET SON ŒUVRE

ESQUISSE BIOGRAPHIQUE

PAR

Mme MARIE DRONSART

PARIS

CALMANN LÉVY, ÉDITEUR

ANCIENNE MAISON MICHEL LÉVY FRÈRES

3, RUE AUBER, 3

—

1887

Droits de traduction et de reproduction réservés.

INTRODUCTION

Le Prince de Bismarck est septuagénaire. La prescience, qui est une de ses qualités maîtresses, le met en garde contre la postérité, c'est à dire contre l'histoire à laquelle il voudrait, comme Richelieu, « donner la forme, après lui avoir fourni la matière ». Sa carrière prodigieuse est le plus surprenant, le plus terrible chapitre des annales européennes, pendant la seconde moitié du XIXe siècle. Il a précipité la marche des événements de telle sorte qu'un passé, bien récent encore si l'on mesure les jours à leur seule durée, se trouve rejeté dans un lointain presque séculaire. Son œuvre lui paraît assez complète pour qu'on puisse l'embrasser d'un coup d'œil rétrospectif, et, pour faciliter la tâche, il fournit les documents avec plus d'abondance que de discrétion.

INTRODUCTION.

Autrefois les hommes qui, après avoir joué un rôle prépondérant dans de grands événements, en laissaient derrière eux le récit et l'appréciation plus ou moins sincères, les Metternich, les Talleyrand, par exemple, stipulaient, pour la publication de leurs épanchements intimes, un délai qui mettait les principaux intéressés à l'abri, par la mort, de révélations souvent pénibles ou compromettantes. M. de Bismarck a changé cela, comme tant d'autres choses. Justement persuadé qu'on n'est jamais si bien servi que par soi-même, il charge les secrétaires, reporters, historiographes à ses gages, de lancer dans le public lettres, discours, dépêches, rapports officiels, communications confidentielles, à son choix. Le nombre en est déjà formidable, ainsi qu'on a pu le voir en 1885, lorsqu'à l'occasion de son soixante-dixième anniversaire, célébré par l'Allemagne avec une sorte d'idolâtrie, les libraires de Berlin firent dresser le catalogue à peu près complet de toute la *Bismarckiana* connue.

C'est une manière adroite de rappeler à l'Allemagne, si elle était tentée de se montrer ingrate, les luttes à outrance que son champion a soutenues pour elle. Dans ces publications, on le sent toujours présent; il n'est pas homme à laisser aux subalternes qu'il inspire la bride sur le cou; certaine liberté apparente, dont on pourrait naïvement s'étonner, n'est qu'un artifice destiné à séduire le public et peut-être à faire illusion aux scribes eux-mêmes.

Préoccupé des portraits qu'on fera de lui plus tard, M. de Bismarck veut que les peintres à venir se puissent bien pénétrer de sa physionomie, et, pour les y aider, il leur offre une série de photographies qui le représentent à tous les âges et dans tous ses rôles. On doit reconnaître qu'il met, à cette exhibition de lui-même, une franchise poussée jusqu'au cynisme, franchise qui résulte de son parfait dédain des juges, bien plus que de son respect pour la vérité. Il dévoile tout : le secret de sa conduite, son but, ses moyens d'action et d'influence, les sources de ses informations, ses ruses, les causes de ses succès, son jugement des hommes et parfois des femmes, sans plus épargner ses collègues prussiens que ses amis et ses adversaires étrangers. Peu lui importe de manquer aux usages diplomatiques, de raviver les haines, de blesser les uns dans leur confiance, les autres dans leur orgueil ou leur patriotisme, d'arracher à tous leurs dernières illusions sur ce qu'ils doivent attendre de la Prusse, aussi longtemps, du moins, qu'il tiendra en mains ses intérêts. Ce sont là des considérations bien secondaires pour l'homme dont le code moral politique se résume en deux mots : force et succès !

Plus que personne, M. de Bismarck aura contribué à démoraliser l'Europe politique, à faire disparaître les derniers vestiges de la chevalerie dans les rapports des adversaires, à remplacer l'ancien droit des gens des diplomates, par la loi martiale du reître, l'urbanité gallo-latine par la brutalité tudesque. Il divise l'Europe en deux parties : l'une mâle, qu'il admire; l'autre, femelle, qu'il méprise. « L'élément teuton ou germain est, dit-il, l'élément masculin, qui se répand par toute l'Europe et la féconde. Les Celtes et les Slaves représentent le sexe féminin. Nous avons déjà vu, en France, ce que valent les Franks. La révolution de 1789 signifiait la défaite de l'élément germanique et la victoire de l'élément celtique; qu'en est-il résulté? »

Outre que cette définition nouvelle de la révolution française a de quoi surprendre, ne pourrait-on pas rappeler au Chancelier que ces Franks, dont il parle si dédaigneusement, sont justement la partie germanique de notre nation ? Mais voyons ce qui suit. « En Espagne, le sang gothique domina pendant longtemps, de même qu'en Italie, où les Germains avaient pris le dessus dans les provinces du Nord! Quand cela disparut, adieu l'ordre! Il en fut à peu près de même en Russie, où les Warangiens germaniques s'établirent les premiers. Si le parti national remplaçait les Allemands qui se sont établis en Russie, ou ceux qui viennent des provinces de la Baltique, le peuple serait incapable de se constituer en société régulière. » Qu'en dites-vous, Slaves de Pierre-le-Grand, Espagnols de Charles-Quint, Italiens de Rome et de Florence ? Sans les Warangiens, les Goths et les Lombards, vous ne seriez jamais sortis de votre obscurité!

M. de Bismarck devait s'être permis quelque boutade de cette nature, le jour où Napoléon III s'écriait : « Ce n'est pas un homme sérieux! »

INTRODUCTION.

M. de Bismarck est toujours sérieux, même, et peut-être surtout, dans ses plus étranges paradoxes. On fait passer bien des choses en jouant les fous ; on peut alors, comme Basile, risquer tous les discours : *pour qu'il en reste quelque chose.*

Il faut un certain courage à un cœur français, pour affronter les publications du Chancelier ! Cet amas de calomnies, d'injures, d'outrages, de sanglantes ironies, de lourd persiflage, de coups de pied lancés à la lionne blessée, ce *Væ victis* en nombreux volumes, ce plat dithyrambe à la force brutale, cette apothéose continue de gens qui se targuent surtout de modestie, le manque de sens moral qu'engendre l'adoration perpétuelle d'une idole, tout cela fait naître une succession de sensations douloureuses, qui commencent par la colère et aboutissent à l'écœurement. Vainement on chercherait, dans ces épais recueils, un sentiment, un mot, un élan généreux ; il y souffle ce « siroco de l'âme » dont parle Heine ; on en sort brûlé, desséché. Tous ces hommes semblent faits de fer et de pierre ; rien ne les réchauffe, si ce n'est le feu de la haine et la joie de la vengeance. Ce sont bien là les fils des Barbares acharnés contre la civilisation latine, dédaigneux du droit, implacables dans la force. Mais, aux violences primitives, ils ont ajouté un raffinement d'hypocrisie, de *cant*. Ils ne sont plus franchement avides, comme dans le passé ; c'est au nom du Seigneur et la Bible à la main qu'ils accomplissent leur œuvre de spoliation, qu'ils parquent le bétail humain, comme autrefois les chevaliers teutons le baptisaient en masse, après la victoire, dans les eaux glacées de la Baltique. Paris ne s'appelle plus que Babel ou Babylone; le Français est l'abomination de la désolation, sans foi ni loi, sans probité ni justice, sans courage ni honneur, et l'immaculé Germain se voile la face devant ce vase d'iniquité, dont il voudrait purger la terre! Car il a pris toutes les vertus, le Germain, il n'en reste plus pour personne; il est chevaleresque, il est saint, il est *naïf !* il est *suave !* La mission de son Parlement est « de donner un brillant exemple de moralité, de politesse, de considération charitable pour les sentiments d'autrui ». Ses instituteurs sont chargés de faire pénétrer dans les pays conquis, « non seulement la culture de l'esprit allemand, c'est-à-dire la langue allemande, mais la moralité allemande, la justice, la droiture allemandes » !

Cette litanie ne serait qu'irritante; ce qui devient presque intolérable, nous l'avons dit, c'est, selon l'expression anglaise, « l'insulte ajoutée au dommage », le coup tombant sans relâche sur la blessure ouverte. Et cependant il est bon, il est utile de subir cette souffrance, car elle renferme de grands enseignements qui échappent trop à l'immense majorité des Français. Ils aiment mieux se mettre la tête sous l'aile que de regarder l'épreuve en face. Certes, ce n'est pas là qu'ils apprendraient à aimer ou à estimer les Allemands; mais la comparaison, tout en nous restant favorable sous bien des rapports, nous montre néanmoins, chez nos adversaires, certaines qualités dont nous pourrions faire notre profit : la discipline, le patriotisme implacable, la suite dans les idées, le respect de la loi. Nous le reconnaissons sans en être humilié, comme nous reconnaissons la grandeur d'esprit du Chancelier, à défaut de grandeur d'âme.

C'est une erreur de trop rabaisser ses ennemis : on rabaisse en même temps la victoire, si on l'a remportée, ou l'on augmente l'humiliation de la défaite. Quant à nous, il nous convient mieux que la France ait été vaincue par un homme supérieur et des armées formidables, que par le premier venu et des milices sans cohésion ni valeur.

On a beaucoup parlé de l'heureuse chance de M. de Bismarck ; elle est trop évidente, la mort et l'incapacité de ses adversaires se sont faites trop souvent ses complices pour que lui-même ose le nier ; mais savoir profiter des circonstances, c'est déjà une habileté précieuse ; lorsque, en outre, on sait les prévoir et souvent les faire naître, en se rendant compte des caractères et des passions avec lesquels il faut lutter ; lorsque, à ces conditions, on ajoute une audace sans bornes, une absence complète de scrupules, une versatilité toujours prête à saisir l'occasion, une adresse très perfide, une énergie indomptable et... l'idée fixe, on possède ce qui s'appelle le génie politique. Il serait aussi puéril de le refuser à M. de Bismarck, qu'il serait injuste de nier la dignité de sa vie privée. Qu'il n'y ait pas une vertu surhumaine à chercher le repos du foyer au milieu de tant de fatigues; que ce soit là, si l'on veut, une des plus agréables formes de l'égoïsme, nous n'y contredisons point; mais ce n'en est pas moins un trait qu'on n'a pas le droit de laisser dans l'ombre, quand on prétend donner une idée fidèle de cette physionomie vers laquelle se tournent aujourd'hui tant de regards obscurcis, les uns par le fétichisme, les autres par le ressentiment. C'est elle surtout que nous voulons dégager de la masse des documents fournis par le personnage lui-même; nous ne prétendons pas faire ici, l'histoire complète et détaillée de l'Europe, pendant les quarante dernières années; nous cherchons seulement (et la tâche est déjà lourde) à mettre en lumière les sentiments et les procédés de l'homme qui a bouleversé le vieux monde.

D'autres avaient fait, avant lui, les rêves qu'il a transformés en réalité. Pour bien comprendre la transformation, il faut connaître celui qui en a été l'instrument, et nous ne croyons pas nous tromper en supposant qu'il est imparfaitement connu en France, si ce n'est par le très petit nombre de ceux que leur devoir professionnel a mis en demeure de sonder sa pensée, de pénétrer ses desseins. Ceux-là, n'en déplaise à l'arrogance prussienne, ne sont pas restés au-dessous de leur tâche, nos archives diplomatiques en font foi; et, si Jupiter a envoyé la folie à ceux qu'il voulait perdre, il n'a pas frappé d'aveuglement tous les conseillers chargés de les servir. Mais la masse s'est contentée de haïr M. de Bismarck, comme un croquemitaine prêt à tout dévorer, sans chercher à découvrir sa manière de voir, de comprendre, de juger les hommes et les choses, les destinées de l'humanité, en ce monde et dans l'autre; ses théories sur Dieu et sur l'âme, sur le rôle de la Providence et la part du libre arbitre, sur l'État, le gouvernement, la société, la famille. C'est là l'étude morale qui nous a paru intéressante à tenter, et si, parmi nos lecteurs, quelques-uns s'écriaient : « Encore M. de Bismarck ! Ne nous laissera-t-on jamais oublier cet homme néfaste ? » Nous leur répondrions : « Nous n'avons pas le droit d'oublier M. de Bismarck, car lui ne nous oublie jamais, et le meilleur moyen de nous fortifier pour l'avenir, c'est de remonter aux sources du désastre passé. »

PREMIÈRE PARTIE

JEUNESSE

(1815-1847)

I

Le Brandebourg et la Poméranie. — Le sol, le climat, la population. — M. de Bismarck défini par lui-même. — Sa naissance. — Les *Junkers* ou hobereaux. — La noblesse prussienne. — Origines de la famille de Bismarck. — Tous les ancêtres du Chancelier ennemis de la France. — Son grand-père Charles-Alexandre, le *Poète*. — Son grand-oncle Ludolf-Auguste, l'*Aventurier*. — Son père et sa mère. — Son frère Bernare. — Sa sœur Malvina, comtesse d'Arnim-Kochlendorff. — Enfance de M. de Bismarck. — Années de pension, de collège et d'université. — L'étudiant allemand. — Gœttingue et le *Cloître-Gris*. — Berlin et la *Georgia-Augusta*. — Examen problématique. — M. de Bismarck *Auscultator*. — Volontariat dans les carabiniers de la garde. — Esprit militaire du Prussien en général et de M. de Bismarck en particulier. — Ses études favorites. — Ses connaissances philologiques. — M. de Bismarck continuateur de Frédéric II.

Il est, entre l'Elbe et l'Oder, une vaste plaine sablonneuse et monotone, fertilisée par plusieurs rivières, parsemée de lacs, ombragée d'immenses forêts; contrée au climat dur, âpre et triste l'hiver, sec et brûlant l'été; c'est la Marche de Brandebourg, cœur de la monarchie prussienne, « sol où elle a été bâtie et cimentée, avec le sang de nos pères », s'écriait M. de Bismarck, à la Chambre de Berlin, en 1849.

Il n'eût été que juste de faire partager cet hommage à la province voisine et sœur, la Poméranie. Ainsi que l'a finement dit M. Funck-Brentano, dans sa belle préface à la *Correspondance politique du prince de Bismarck*, « le hobereau de Brandebourg n'est que le frère privilégié du grenadier de Poméranie ». Ces populations robustes, guerrières, mais facilement disciplinées, rudes encore, malgré leur intelligence assimilatrice, ont été l'instrument aveugle, redoutable, de l'ambition des Hohenzollern. Dignes descendantes des ancêtres Goths, Hérules, Germains proprement dits, elles se disent allemandes et conservent, en partie, la naïveté féroce du barbare, sa croyance et sa soumission au chef, le courage patient, l'âpre convoitise, le mépris du droit, la soif des jouissances inconnues.

Nulle part en Europe (si l'on excepte la Russie), la greffe civilisatrice n'est aussi apparente que sur le vieil arbre teutonique ; la sève nouvelle se répand vigoureuse, mais le tronc primitif garde son écorce rugueuse, et de ses racines jaillissent des rejetons sauvages, aux épines cruelles, toujours prêts à étouffer les rameaux plus délicats, à remplacer le fruit savoureux et salutaire par le fruit âcre et mortel. Rien ne ressemble moins à l'Allemand d'un blond pâle, aux yeux bleu clair, généralement petit et replet, sentimental et gai, sensualiste, bon enfant, qui boit sa chope et chante ses *lieder* sur les bords du Rhin, ou dans les délicieuses vallées du Taunus, que le

Prussien au front carré, aux traits durs, aux yeux d'acier, aux cheveux rudes, au ton sec, à la haute stature osseuse, aux membres vigoureux, à la physionomie froide et hautaine, qui marche en frappant la terre d'un talon conquérant. Le vainqueur implacable des Slaves a recouvert son implacabilité d'un vernis de civilisation, mais « la bête féroce que tout homme porte en soi », s'il faut en croire Frédéric le Grand, est aujourd'hui, comme au IVe siècle et au XIIe, prête à s'élancer, à saisir et à déchirer. Le Chancelier, qui s'en est servi sans scrupule, le savait bien, lorsqu'il disait : « Les Allemands, laissés à eux-mêmes, pratiquent trop le chacun pour soi, mais *unis de force et par la colère*, ils sont irrésistibles, invincibles. » Seulement son mot eût été plus juste, appliqué aux Prussiens et non à la nation germanique tout entière.

M. de Bismarck est le fils de ce sol et de cette race, le descendant en ligne directe de ces Chevaliers Teutoniques, qui considéraient comme leur bien tout ce qu'ils pouvaient prendre et, selon l'expression de l'un d'eux, « traitaient les populations conquises comme des outils qu'on brise et qu'on jette, dès qu'ils sont usés ou inutiles ».

Il a modifié leurs procédés d'après les exigences du siècle, comme on a modifié leur casque et leur armure ; mais sa cuirasse recouvre les mêmes avidités, les mêmes ambitions, la même dureté mêlée de ruse, que recouvrait leur cotte de mailles. La Prusse, en conservant leurs sinistres couleurs, le blanc et le noir, est restée fidèle à leurs errements.

Quant à M. de Bismarck, c'est « un de ces grands

hommes que la nature fait naître à propos pour la force des États ». Le sceptique Frédéric disait : la *nature*; le pieux roi Guillaume en rapporte l'honneur à Dieu, car la phraséologie biblique est devenue de mode sous son vertueux règne, et son grand ministre se met au diapason. « L'action de la Providence, en comparaison de laquelle, nous dit-il, toute législation humaine semble inefficace, est un des agents qui concourent au développement des États. C'est par sa volonté qu'apparaissent sur la scène du monde, des personnalités puissantes, distinguées par leur intelligence et leur force de caractère, aussi bien que par des qualités singulières et individuelles, des hommes appelés, *légalement* ou *autrement*, à occuper des situations élevées et influentes. Et, pour tout dire, l'intervention de la Providence ne consiste pas dans la nature providentielle de certains hommes, mais dans ce fait que les hommes, à la hauteur des circonstances exceptionnelles, ne manquent jamais. »

On ne saurait se définir soi-même, avec plus de complaisance.

Né le 1er avril 1815, à Schœnhausen, petit village de la Vieille Marche de Brandebourg, où sa famille possède, depuis des siècles, un domaine héréditaire, Otto-Édouard-Léopold de Bismarck appartient à la noblesse provinciale, orgueilleuse et pauvre, désignée sous le nom générique de *Junkers* (hobereaux).

M. Funck-Brentano en a tracé un portrait si vivant, si achevé, que vouloir le refaire, serait s'exposer à n'en produire qu'une pâle copie; qu'il nous permette donc de présenter ici, d'après lui, « cette race toute de discipline et d'affections simples et fortes, arrogante envers l'inférieur, soumise envers le supérieur, n'ayant de l'aristocratie allemande, ni le mysticisme piétiste, ni les ambitions illusoires; de la bourgeoisie des villes, ni l'esprit frondeur, ni les sentiments démocratiques. Dévouée à son roi, comme aux temps primitifs de l'histoire, comme le paysan russe l'est au tzar, elle est attachée à son sol, comme le Polonais l'est au sien; intelligente enfin et s'assimilant, comme ses frères du Nord, avec une facilité surprenante, le développement intellectuel et les formes raffinées des nations plus avancées, elle conserve, dans leur simplicité première, ses affections nationales et ses préjugés de caste... Il faut les voir de près, ces hobereaux du Nord, francs, ouverts, joyeux convives à table, excellents compagnons à la chasse, pour comprendre de combien de finesse et de savoir-faire ces natures, en apparence si primitives, sont susceptibles. Mélange curieux de réserve et d'abandon, de rudesse et de perspicacité, de naïveté et de raffinements, qui explique comment la diplomatie, qui, pour nous autres Occidentaux, est, en même temps, la science de la constitution des États étrangers et l'art d'y faire prévaloir les intérêts de la patrie, est, au fond, pour de tels caractères, quelque chose de spontané, d'irréfléchi. » On verra, par la suite, combien ces traits s'appliquent à la nature et au génie du Chancelier, sans toutefois en exclure d'autres qui lui sont tout particuliers, ou qu'il doit à l'expérience, et qui concourent à le rendre si redoutable.

M. Busch, son secrétaire et l'un de ses photographes à la plume, nous apprend que le mot *Junker* désignait exclusivement, à l'origine, le fils d'un noble. Comme presque tous les jeunes rejetons de l'aristocratie embrassaient la carrière militaire, on leur donna ce nom sur les listes de l'armée. Dans des temps assez reculés déjà, le *Junker* parait avoir personnifié les moins estimables aspects de la noblesse provinciale : l'arrogance, la violence, l'ignorance, la tyrannie, les excès. Un proverbe brandebourgeois dit : « Les paysans ne demandent pas beaucoup à Dieu ; ils le supplient seulement de ne pas faire mourir les chevaux du *Junker*, car alors il monterait Jacques Bonhomme avec ses éperons. » Dans le duché de Brême, on appelle *Junkers* les épis de blé qui, ne contenant pas de grains, n'inclinent pas leur tête vide.

Pendant la période révolutionnaire de 1848, le mot devint une arme contre la noblesse, surtout contre celle de la province, particulièrement attachée à ses antiques privilèges et opposée aux idées modernes, « classe au cœur froid et aux courtes vues », a écrit Mommsen. Depuis cette époque, l'expression *Junker* est synonyme d'antilibéralisme, d'antiprogrès, et, « dans certains cercles politiques, joue le rôle du chiffon rouge, dont la vue met en furie le taureau progressiste ».

L'attitude politique de la noblesse prussienne devait forcément élever une barrière entre elle et les libéraux. Elle n'est pas, comme en Angleterre, une élite à laquelle le droit d'aînesse impose des devoirs onéreux, en lui conservant ses forces et son prestige ; qui sait partager ces forces et ce prestige avec l'élite des autres classes, et renouveler ainsi le sang de ses veines, la vigueur de ses muscles, la virilité de son intelligence; aristocratie dont les fils aînés seuls sont nobles; dont les fils cadets, soumis à la grande loi du travail, embrassent toutes les professions honorables, personnifient dignement un long passé d'honneur et se mêlent aux classes plus obscures, tout en gardant leur rang social.

En Prusse, au contraire, où tous les enfants du noble sont nobles, où le partage égal des fortunes amène promptement la gêne, sans détruire les préjugés de caste, entre autres ceux qui pèsent sur la mésalliance et sur les professions lucratives, la noblesse besoigneuse dépend forcément de la faveur et devient, le cas échéant, l'instrument du despotisme.

En Angleterre, l'aristocratie contribue aux réformes, modère les entraînements dangereux, sert de lien entre le trône et le peuple. En Prusse, elle résiste aux idées de progrès et rejette violemment le libéralisme vers la démocratie. « Lorsque la grande lutte fut déclarée en 1848, lorsque l'Allemagne entière, surexcitée par l'exemple de la France, voulut conquérir ses libertés politiques, l'antagonisme éclata, et les Junkers essayèrent de creuser, entre la nation et le roi, un abîme derrière lequel ils défendraient leur caste[1]. »

Tel n'est pas le rôle que le Chancelier assigne, dans sa pensée, à la noblesse de son pays. « Elle devrait, selon lui, connaître mieux sa mission, considérer les intérêts de l'État, le protéger contre la vacillation dans la lutte des partis et conserver une ferme attitude. »

---

1. Tallichet, Bibliothèque universelle de Lausanne, 1886.

1.

Ce n'est pas la fermeté qui lui manque ; ce sont les lumières et le désintéressement.

Elle devait trouver dans Otto de Bismarck, au début de sa carrière, son plus brillant représentant, l'expression la plus complète de ses préjugés, de ses ambitions, de son opiniâtreté, avec le génie en plus ; mais, quand l'heure sonna pour le génie de se manifester, le Junker commençait à brûler ce qu'il avait adoré et à dédaigner la caste de laquelle il était sorti.

Un historien brandebourgeois, M. de Riedel, attribue, d'après des documents du xiv° siècle, une origine bourgeoise à la famille de Bismarck ; Rulo de Bismarck aurait, à cette époque, été membre de la guilde des tailleurs en drap, dans la petite bourgade de Stendal. A cela les Junkers, qui refusent de voir une tache plébéienne sur l'écusson de Schœnhausen, répondent qu'en Brandebourg comme en Toscane, les bourgeois des villes imposaient aux nobles de la campagne l'obligation de se faire inscrire sur le livre d'or d'une corporation quelconque, s'ils voulaient obtenir le droit d'habiter la cité. Rulo de Bismarck aurait simplement subi cette coutume, et ce serait là, une preuve nouvelle de la pureté de son sang patricien.

Quoi qu'il en soit de cette importante question, il est avéré que plusieurs générations de Bismarck ont fourni, à l'armée et à l'administration civile, un nombre respectable de fidèles serviteurs.

Le Chancelier se vantait, dans une conversation à Versailles, de ce que tous ses ancêtres guerriers avaient, depuis les luttes des huguenots, tiré l'épée contre la

France ! « Mon père, par exemple, et trois de ses frères et mon grand-père, à Rosbach. Mon arrière-grand-père combattit contre Louis XIV, et son père aussi, dans les batailles du Rhin, en 1672-1673. Plusieurs prirent part à la guerre de Trente ans, du côté de l'Empereur ; d'autres avec les Suédois. Enfin, l'un d'eux fit partie des troupes allemandes à la solde des huguenots. »

Voulaient-ils tous faire oublier le Bismarck, soldat de fortune dans l'armée de Bernard de Saxe-Weimar, qui, sous Louis XIII, avait aidé à faire passer la Lorraine aux mains de la puissance détestée ? Que ses mânes dorment en paix ; son arrière-petit-fils a plus que réparé son erreur !

Au XVIIIᵉ siècle, deux membres de la famille se distinguèrent de façon très différente : l'un, grand-père du Chancelier, Charles-Alexandre, surnommé le *Poète*, rimait en *français* en l'honneur de sa femme !

C'était le temps où le grand Frédéric, trouvant que « la Prusse retardait d'un siècle sur notre pays », recouvrait la barbarie du sien d'un vernis français de médiocre qualité.

Le frère du poète, Ludolf-Auguste, ne lui ressemblait en rien. Junker pur sang, il mérita d'être appelé l'*Aventurier*. Après avoir tué un de ses gens, dans un accès d'ivresse ou de colère, il fut gracié, prit, comme plus d'un Bismarck, du service dans l'armée russe et se mêla, en Courlande, à des intrigues politiques, qui lui valurent un séjour forcé en Sibérie ; par la suite, il reçut un pardon si complet, qu'il entra dans la diplomatie russe, fut chargé de différentes missions et mourut général-commandant à Pultawa.

Des deux frères, celui qui doit, du haut des cieux, s'il y est, se reconnaître, avec le plus légitime orgueil, dans l'illustre rejeton de sa race, c'est assurément Ludolf-Auguste.

Les libéraux allemands ne négligent jamais de rappeler que le nouveau prince a, par sa mère, du sang bourgeois dans les veines. En effet, son père, capitaine de cavalerie en retraite, avait eu le courage de déroger aux traditions de sa caste, en épousant mademoiselle Louise-Wilhelmina Menken, qui appartenait à la classe moyenne, savante et lettrée de Leipsig.

Elle donna à son époux six enfants, dont trois moururent au berceau. Les trois survivants sont : Bernard, l'aîné de tous, plus âgé de cinq ans que son célèbre frère Otto; Malvina, la seule fille, épousa un von Arnim, cousin du Harry d'Arnim, dont la querelle avec le Chancelier fit tant de bruit plus tard.

La tendresse expansive de M. de Bismarck pour cette sœur surprend dans cet homme si dur; presque toutes les lettres de jeunesse qu'il a laissé publier, lui sont adressées; il lui prodigue les noms les plus doux; elle est sa petite chère, sa Malvina chérie, sa chère petite Arnim, l'ange, le trésor; elle est même ma *sœur* et *m'amie!* dans la langue de l'*ennemi héréditaire*. Ce triomphateur, qui a broyé, en se jouant, tant de cœurs de femmes, est tout à fait charmant avec celles de sa famille.

Sa mère passe, comme la plupart des mères de grands hommes, pour avoir été très intelligente, et, de plus, ambitieuse, énergique et froide. Chez son fils, l'intelligence a servi l'ambition, comme on sait; quant à la froid ur, où trouverait-elle place dans cette nature violente et passionnée, dont les duretés mêmes sont les effets de sentiments intenses? Homme de fer, assurément, mais fer qui entre souvent en fusion, au feu de ses passions.

Bien que né au château patrimonial de Schœnhausen, Otto de Bismarck passa sa première enfance en Poméranie, où son père venait d'hériter trois domaines. Ce fut dans les champs, dans les bois, au milieu de gentilshommes fermiers et chasseurs, qu'il reçut ses premières impressions, qu'il apprit à aimer la nature, les chiens, les chevaux, les exercices violents, les occupations de la campagne; ce fut dans l'air pur, mais âpre, qu'il trempa sa jeune vigueur, acquit les éléments de sa force athlétique, dépensa, selon ses goûts, son activité débordante; ce fut aussi, malheureusement, près de son père et de ses hôtes, qu'il entendit discuter la politique française, raconter comment les soldats de Soult avaient envahi la résidence paternelle, comment ses ancêtres s'étaient battus contre la France, et que son cœur s'ouvrit à la haine de notre pays; quand, plus tard, ses hordes déménageaient la France, il se rappelait qu'un sabre français avait mutilé, à Schœnhausen, l'arbre généalogique des Bismarck. Ne fallait-il pas faire expier ce forfait?

Le petit poulain, bondissant dans les prairies et les forêts de Kniephof, perdit sa chère liberté dès l'âge de six ans et ne s'en consola pas. Le « régime spartiate » de sa première pension, à Berlin, ne lui a laissé que des souvenirs désagréables; il n'aima guère plus le « gymnase ou lycée du Cloître-Gris » qui lui succéda, et ses relations avec ses maîtres ne furent jamais de nature à satisfaire ni ceux-ci, ni leur élève. Au Cloître-Gris, il eut pour principaux professeurs MM. Prévost et Bonnel, deux descendants de huguenots réfugiés en Brandebourg après la révocation de l'édit de Nantes; chez eux, il acquit cette connaissance du français et de l'anglais qui étonnait l'empereur Napoléon III, aussi bien que lord Beaconsfield. Il devint aussi assez bon latiniste.

« Je parlais bien le latin, disait-il à M. Busch ; maintenant, cela m'est devenu difficile ; quant au grec, je l'ai tout à fait oublié. Je ne comprends pas pourquoi on prend tant de peine pour apprendre ces deux langues; si c'est pour discipliner l'esprit et exercer la mémoire, on ferait mieux de leur substituer le russe ; au moins ce serait utile et pratique. »

Les descendants des victimes de l'arbitraire ne réussirent pas à en inculquer l'horreur au jeune hobereau. Essayèrent-ils seulement? Les persécutés victorieux deviennent si facilement des persécuteurs! On sait que le professeur Bonnel déclama une ode en latin, pour féliciter le vainqueur de Sadowa; mais on n'a pas ouï dire qu'il ait adressé la moindre remontrance à l'inventeur du « Kulturkampf ».

Ce professeur, frappé de la physionomie du jeune Bismarck, lors de son arrivée au lycée, à l'âge de douze ans, déclara, dit-on, qu'il aurait l'œil sur lui. L'enfant semblait, à cette époque, avoir hérité la froideur maternelle ; fort réservé avec ses camarades, il n'était guère aimé d'eux ; mais, lorsque, après avoir terminé ses études au lycée, il se rendit, en 1832, à l'université de Gœttingue, pour y faire son droit, une métamorphose complète s'opéra en lui. Jamais la jaquette de velours noir, les grandes bottes et la petite casquette traditionnelles, ne furent portées par un étudiant qui comprît mieux que ce grand jeune homme, « maigre comme une aiguille à tricoter », l'affaire principale de l'université : la paresse, avec son accompagnement varié d'ébriété, de vacarme diurne et nocturne dans les rues, de vie débraillée et de duels. Pour cette intéressante jeunesse, le séjour à l'université est un temps de repos et de liberté, entre deux esclavages : celui du collège et celui du monde. Il faut en tirer tout le profit possible. Un des professeurs de la Georgia-Augusta a déclaré qu'Otto de Bismarck, inscrit à son cours, n'y avait jamais paru. Lui-même s'est vanté de n'avoir entendu que deux heures de cours pendant les dix-huit mois passés à Gœttingue. En revanche, il buvait plus que personne, inventait son fameux mélange de champagne et de porter, fumait une pipe longue d'une aune, se promenait avec un bouledogue féroce et non muselé, se querellait à tout propos et se battait *vingt-huit* fois en trois semestres. Jamais l'adversaire ne sortait indemne de la rencontre ; une seule fois, Otto de Bismarck reçut une blessure dont on voit encore la cicatrice sur sa joue gauche. Qui sait quel levain de rancune, déposé dans certains cœurs par tant d'arrogance et de combats heureux, a pu remonter depuis à la surface, dans les luttes politiques ? On est assez disposé à expliquer ainsi l'opposition systématique de quelques antagonistes obstinés.

Se plaignant à la tribune de diverses aménités parlementaires qui dépassaient les bornes, M. de Bismarck disait, en 1879 : « Nos députés semblent ne pouvoir oublier leurs habitudes d'étudiants. La clique parlementaire est, jusqu'à un certain point, la reproduction des us et coutumes des corps d'étudiants, et l'habileté d'escrimeur, dont on a tant d'occasions de faire montre, grâce à l'institution parlementaire connue sous le nom d'*observations personnelles,* est un souvenir persistant de la vie universitaire. En exerçant leur adresse, les députés sont trop souvent *personnels,* dans la plus mauvaise acception du mot. Quelquefois même méchants et haineux, parfois insolents, *brutalement insolents.* »

Voilà qui est aussi flatteur pour les étudiants que pour les députés !

Vingt-quatre heures ne s'étaient pas écoulées depuis l'arrivée du nouvel étudiant à Gœttingue, que déjà il avait maille à partir avec le recteur. Cité devant lui, il se présenta insolemment, dans le costume le plus hétéroclite et accompagné de son molosse. Il n'en fallut pas davantage pour le *poser* parmi ses camarades et faire de lui un chef de club. Bientôt le bruit de ses prouesses se répandit si bien, que l'université d'Iéna voulut à son tour le fêter. Le tyrannique conseil troubla les réjouissances, en envoyant le recteur appréhender le belliqueux convive.

En 1833, Otto de Bismarck transporta son ardeur effervescente à Berlin, sans que l'*Alma mater* de la capitale lui inspirât une humeur plus studieuse. En vain le célèbre Savigny attirait la foule des étudiants autour de sa chaire ; deux fois seulement le Junker daigna se joindre à eux.

Quand et comment se prépara-t-il à passer l'examen d'État, indispensable pour entrer dans la carrière administrative ? Nul ne le sait. Le passa-t-il même jamais complètement ? Les paris restent ouverts, et, pendant plus de vingt ans, jusqu'à Sadowa, les antagonistes de l'homme d'État se firent une arme contre lui, de cet examen problématique.

Ce qu'il y a de certain, c'est qu'il reçut son brevet d'*Auscultator*, sorte de greffier ou rapporteur officiel de la loi près des tribunaux, et commença, dans ses nouvelles fonctions, à faire preuve de la violence arbitraire qu'il déploya, par la suite, sur une si grande échelle. L'occupation principale du courtois fonctionnaire, celle qui devait lui être le plus utile dans sa carrière diplomatique, était alors de fréquenter les salons et d'y danser avec un entrain remarquable. Il trouva « que la bonne société parlait sur un ton d'impuissance malicieuse et que sa bonne éducation était plus apparente que réelle ». Il y rencontra, pour la première fois, son futur empereur, alors prince de Prusse, qui dit, en appréciant sa haute stature, à la manière d'un vrai Hohenzollern : « Il paraît que la justice choisit ses jeunes recrues à la taille de la garde. »

Ce fut, en effet, dans les carabiniers de la garde que le gentilhomme de la Vieille Marche passa son année de volontariat militaire (1838), après avoir été référendaire dans l'administration civile, à Aix-la-Chapelle et à Potsdam. La discipline militaire ne fut pas plus de son goût que celle de la bureaucratie. L'aiglon ne se met pas en cage. Otto de Bismarck était né pour imposer sa volonté, sans en subir aucune. Il n'était pas de main qui pût lui faire subir le mors ; il se cabrait aussitôt qu'il le sentait. Un de ses chefs se permettait-il de lui faire faire antichambre, il lui disait : « J'étais venu pour vous demander un congé, mais, pendant cette longue heure, j'ai réfléchi : je vous offre ma démission. »

Et cependant il est bien d'une nation et d'une race de soldats, ce colosse de six pieds, droit et dur comme un chêne. Où trouver, dans les musées d'artillerie, une image plus parfaite de la chevalerie au moyen âge, que le *cuirassier* Bismarck, quand, monté sur son grand coursier de bataille, revêtu de la cuirasse brillante, sa tête massive coiffée du casque au cimier d'aigle, il paraît à côté de son empereur, non moins gigantesque ? Et il est fier de son allure martiale, de pouvoir dire : « La première remarque faite sur moi, quand je fis mon début comme ministre, flatta particulièrement mes sentiments. On disait : « Tout le monde peut voir, du premier coup d'œil, que c'est un officier prussien en civil. » J'acceptai avec reconnaissance cette définition de mon aspect; et mes sentiments d'officier prussien, quoique je ne fasse que porter les insignes de cette carrière, exaltent plus en moi, les aspirations nationales et l'amour de mon pays, que les charges parlementaires dont je m'acquitte ici. »

Ne sent-on pas l'ardeur guerrière endormie, qui se réveille dans cette lettre adressée de Bukow à madame de Bismarck, le 21 septembre 1863 :

« Voulant t'écrire aujourd'hui, dernier jour de l'été, très commodément, une lettre très raisonnable, je me suis étendu, dans cette intention, sur le canapé, il y a trois heures, et j'y ai dormi à me rendre tout bête; sans compter que je me suis tordu la nuque sur le dossier à pic !... J'étais sorti à sept heures et j'étais resté à cheval jusqu'à une heure et demie, sans interruption, en qualité de major, pour voir nos braves soldats brûler de la poudre et faire des charges de cavalerie. Je me suis d'abord joint à Fritz, qui commandait trois régiments; je me suis ensuite rapproché de la garde du corps, j'ai galopé comme un fou, à travers champs, et je n'ai point passé, depuis longtemps, une aussi agréable journée. »

Soldat, oui, mais à la manière des Wallenstein et autres grands chefs de bandes, souverains dans leur commandement, guerroyant à leur gré, à leur heure, se retirant sous leur tente, lorsque ceux qu'ils servaient leur déplaisaient, et ne rentrant dans la lice que le jour où leur colère cédait à leur caprice, ou à leur ambition; voilà ce qu'eût aimé sans doute, l'homme de fer. Il eût fait et défait des rois par son épée, comme il les a faits et défaits par sa politique; il n'eût pu être leur maître plus qu'il ne l'est devenu.

Celui qu'il a si bien servi, rendait hommage à ses qualités guerrières, lorsqu'il lui disait, en lui remettant l'ordre du Mérite : « Pendant deux ans, vous avez été à mon côté, non seulement comme un conseiller hautement éprouvé, mais aussi comme un soldat, et je me suis rappelé qu'il est en Prusse un ordre du Mérite, que vous ne possédez pas. Il est vrai que cet ordre a une signification spécialement militaire, mais néanmoins vous devriez l'avoir depuis longtemps; car, en vérité, dans bien des circonstances périlleuses, vous avez montré le plus noble courage du soldat et vous avez aussi prouvé complètement à côté de moi, dans deux campagnes, qu'à part toute autre considération, vous aviez le droit le plus absolu aux distinctions militaires les plus éclatantes... Sachant, comme je le sais, combien vous êtes pénétré de l'esprit du soldat, j'espère que vous recevrez avec plaisir, cet ordre que plusieurs de vos aïeux ont porté fièrement. »

M. de Bismarck comprend trop bien le prestige du militarisme dans son pays, pour n'en pas tirer profit. Il ne laisse jamais oublier à ses compatriotes que, s'il est le premier après l'Empereur, dans la hiérarchie gouvernementale, il est aussi général de cavalerie, et c'est dans le petit uniforme de son régiment, avec l'épée au côté, qu'il vient rappeler le Parlement à la discipline ; « à cette discipline particulièrement prussienne, en vertu de laquelle toutes les forces de l'État, tous les membres de l'organisme gouvernemental, doivent travailler ensemble, dans un but commun, pratiquer avant tout l'obéissance, ou plutôt la subordination de chaque individu, de ses tendances et de ses opinions personnelles, à celles de son supérieur immédiat, en particulier, et aux intérêts de l'État, en général ».

C'est bien l'esprit, la tradition, la force de ce que l'on appelle, sur les bords de la Sprée, « le vieux prussianisme ». Tout cela s'est incarné dans M. de Bismarck. Le militarisme en tout et avant tout ! Frédéric II disait après ses victoires : « La paix devint, pour la Prusse, l'école perpétuelle de la guerre. » Le Chancelier déclare, en toute occasion, que « la Prusse est et restera une puissance militaire, qu'elle doit à son armée le maintien de la paix, aussi bien que les victoires de la guerre ; que le gouvernement s'appuie sur elle seule, et que lui, Otto de Bismarck, ambitionne de mériter un jour les louanges accordées par l'histoire à la discipline prussienne ».

Faut-il conclure de ce que nous avons raconté, que les années de collège et d'université aient été absolument stériles pour le futur homme d'État ? Ce serait une erreur et une injustice. Comme toute intelligence ouverte, il emportait de l'école la science précieuse qui *apprend à apprendre;* et, lorsque, plus tard, il voulut, avec sa puissance extraordinaire de concentration, mettre à profit les souvenirs de Gœttingue et de Berlin, il trouva un champ suffisamment cultivé pour y faire lever sans peine les semences de son choix. S'il n'a jamais cherché ni conquis la réputation de savant et de lettré, il a su tirer des connaissances acquises, un parti, des effets de style, de parole, des corrélations de pensées, auxquels un esprit ordinaire n'aurait pas songé. En outre, s'il n'a pas voulu se charger d'un trop lourd bagage, il a su le choisir.

Ses poètes favoris sont : Shakespeare, qu'il cite avec l'à-propos et la facilité d'un Anglais érudit ; et Gœthe, « dont les œuvres lui suffiraient, comme compagnie, pour passer des années dans une île déserte ». Schiller ne vient qu'après ; il le trouve trop pompeux et déclamatoire, deux défauts qu'il déteste.

Les langues étrangères, l'histoire, la géographie et l'économie politique ont toujours été les études favorites du Chancelier.

Nous avons dit avec quelle facilité il parle le français et l'anglais.

« Le français, dit-il, est indispensable pour l'art de causer, de parler agréablement, sans *dire grand'chose*... A moins qu'un diplomate au berceau, possédant la langue française, ne soit absolument dénué de toute autre capacité, il faut un miracle, pour qu'avec le temps, il ne devienne pas au moins chef de quelque légation peu importante, peu exigeante, mais à laquelle néanmoins est attaché le titre d'excellence, avec l'étoile, ou même la grand-croix de quelque ordre de chevalerie. »

Est-ce une lourde flatterie adressée à l'idiome national, que cette appréciation dédaigneuse d'une langue qui a joué un si grand rôle dans l'histoire de la civilisation; qui, selon Frédéric II (une autorité que le Chancelier ne récusera pas volontiers), « a remplacé le latin, est la langue des savants et des politiques, aussi bien que des courtisans et des poètes, la langue universelle, grâce à laquelle les savants français ressemblent aux artistes, tandis que ceux de l'Allemagne ressemblent aux manœuvres et paraissent avoir divorcé avec les grâces, en maniant leur langue touffue, diffuse, confuse, pédante, sans netteté ni concision, aussi barbare que les Goths et les Huns, qui la corrompirent » ?

Le Chancelier, qui est, selon l'expression anglaise, *un bon haïsseur*, retourne contre nous jusqu'aux finesses de notre langue. M. Abeken, un de ses familiers, demandait devant lui, si la gracieuse locution, « politesse du cœur », avait été *inventée* ou *importée* en France : « Il n'y a aucun doute, répondit-il, qu'elle ne nous ait été *empruntée*. La chose n'existe que chez les Allemands! Je la définirais volontiers : la courtoisie de la bienveillance et de la bonté, dans le meilleur sens du mot; la courtoisie d'un homme disposé à obliger. Vous rencontrerez cela chez nos simples soldats, sous les formes les plus gauches, il est vrai; mais les Français en sont absolument dépourvus; *leur courtoisie n'est engendrée que par la haine et l'envie!* »

Voici un problème que nous soumettons aux méditations des psychologues. Quant à la modestie dont elle fait preuve, le plus simple mortel la proclamera; il y en a comme cela mille exemples dans les effusions de ces gens dont la marotte est d'anathématiser la vanité française!

M. de Bismarck lit aussi l'italien assez facilement et parle suffisamment le polonais. Il regrettait, pendant la guerre, en présence du Prince Royal, que le général commandant les troupes polonaises, ne pût leur parler en leur langue; il l'avait fait lui-même et s'était rendu compte du bon effet produit. « Ah! Bismarck, s'écria le prince en souriant, vous allez encore me prendre à partie, comme plusieurs fois déjà; non! vraiment je ne peux pas, je ne veux pas apprendre de nouvelles langues! » Le ministre répondit, entre autres choses, que le grand-électeur parlait le polonais aussi bien que l'allemand, et que Frédéric le Grand s'était, le premier, dispensé de cette grande étude. « Je ne dis pas le contraire, répliqua le prince Fritz; mais je ne veux pas apprendre le polonais. Qu'ils apprennent l'allemand! »

Ceci est la morale de l'histoire!

L'idée a fait son chemin. Aujourd'hui, on prétend exclure le polonais des écoles polonaises, « **pour corriger** *l'état pénible* qui existe entre les deux peuples ». M. de Bismarck a des euphémismes qui donnent le frisson !

Le Chancelier est, comme il croit pouvoir s'en vanter, le seul diplomate de son pays qui comprenne le russe. C'est là son plus bel exploit philologique. Pendant les quatre années de son séjour à Saint-Pétersbourg, il vainquit les terribles difficultés de la langue indigène. Résolu à conquérir les bonnes grâces du tzar et de la haute société, il installa, dès l'arrivée, à son foyer, un professeur émérite et un ours magnifique ! Grande et très agréable fut la surprise de l'empereur Alexandre II, lorsque l'envoyé prussien lui adressa un jour la parole en sa propre langue.

En ce qui touche l'histoire ancienne et moderne, le Chancelier rendrait des points à Mommsen et consorts : personne ne peut le vaincre sur ce terrain, dans le parlement allemand, qui renferme cependant de nombreux érudits. Ses dépêches et ses rapports, pendant sa carrière diplomatique, sont un véritable cours d'histoire comparée. Ses discours fourmillent d'arguments, de citations historiques, que sa mémoire lui fournit généreusement dans l'improvisation.

Les historiens de tous les âges, de tous les pays, sont sa lecture favorite, car il trouve, avec Pope, que « l'étude de l'homme est celle qui convient le mieux à l'humanité » ; aussi n'a-t-il accordé qu'une attention très secondaire à la science, à l'étude de la matière. Il rit volontiers de ceux qui parcourent le monde, un marteau à la main, pour casser de petits morceaux de roche. « Pareille chose ne lui est jamais arrivée. »

Sur sa table, on trouvera plutôt un volume de Daudet, à côté de l'*Histoire de la Révolution française* par M. Taine, qu'un traité de M. Pasteur; il se réserve les recherches psychologiques de nos romanciers modernes, pour les heures de délassement.

Nous examinerons, en retraçant la carrière parlementaire et diplomatique de l'homme d'État, ses qualités d'orateur et d'écrivain; nous verrons dans sa correspondance intime, son esprit *en déshabillé, en vacance*, mais il nous faut d'abord retourner à Potsdam, où nous avons laissé notre Junker en garnison.

Sans nul doute, il y menait joyeuse vie avec ses compagnons d'armes; néanmoins on n'est pas toujours en fête au régiment, et l'on se demande curieusement quelles pensées occupaient le cerveau du jeune carabinier, pendant qu'il arpentait, le mousquet sur l'épaule, les terrasses de Sans-Souci? L'ombre de Frédéric II lui apparaissait-elle aux heures sombres, comme celle du père de Hamlet apparaissait aux gardes, sur la plate-forme d'Elseneur? Le grand mort devinait-il, sous le casque du factionnaire, le génie capable de compléter son œuvre? Venait-il lui montrer le chemin déjà parcouru, « depuis que Frédéric Ier, en érigeant la Prusse en royaume, avait semé un germe d'ambition pour sa postérité, planté un aiguillon qui devait l'animer perpétuellement à rendre cette dignité solide et réelle, à fortifier cet être hybride, tenant plus de l'électorat que du royaume, et dont la *décision* lui avait paru un ouvrage digne de toute son application » ? Lui indiquait-il son but : « Arracher à jamais à l'Autriche la dignité impériale »; et ses moyens : « la bonne foi facultative », « les équivoques qui dispensent les princes d'accomplir les garanties promises »; le mépris des alliances et des engagements, sous prétexte de dévouement à sa nation; « l'impossibilité pour les hommes d'État, de pratiquer certaines vertus, *à cause de la corruption du siècle* »; « le danger, en politique, de se fier à un ennemi réconcilié; l'erreur de croire qu'on adoucit son ennemi en le ménageant les armes à la main, la force et la nécessité étant les meilleurs négociateurs de la paix ». Lui inoculait-il la haine de la France, la crainte de la Russie, le dédain des faibles? On serait tenté de le croire, tant l'élève s'est pénétré de l'esprit, des doctrines et des ambitions du maître.

Plus on étudie les écrits de celui qui a fondé la grandeur prussienne, plus on se persuade que celui qui en a couronné l'édifice, a fait de ces écrits sa bible et son catéchisme d'État.

Mais n'anticipons pas. Il ne s'agissait guère alors de si grands problèmes pour le futur arbitre des destinées de l'Empire. Sa jeunesse lui faisait grand tumulte aux oreilles, et il allait la dépenser avec l'ardeur indomptée, exubérante, folle, qui lui vaudrait le surnom de *Junker enragé* (*tolle Junker*). Période orageuse, qui fait penser aux héros de légendes, à leurs chevauchées fantastiques, à leurs orgies diaboliques, à leurs prouesses de sabbat, plus qu'aux escapades de simples chrétiens en liesse.

II

LE TOLLE JUNKER

Portrait de M. de Bismarck. — M. de Bismarck gentilhomme campagnard et commissaire des digues. — M. de Bismarck et Cromwell. — L'humeur de M. de Bismarck. — Ses plaisirs violents. — Grand mangeur, grand buveur, grand chasseur. — Ses exploits à cheval. — Médaille de sauvetage. — Voyages en Angleterre, en Hollande, en France. — Prédilection de M. de Bismarck pour la mer. — Lettres à madame d'Arnim et à madame de Bismarck. — Mort du père. — Mariage de M. de Bismarck avec mademoiselle Johanna von Puttkamer.

Le chef de la famille n'avait été ni prudent, ni heureux dans la gérance de sa fortune ; il offrit à ses deux fils l'exploitation des domaines de Poméranie ; ils acceptèrent et, pendant huit années, de vingt-quatre à trente-deux ans, celui qui devait violenter l'Europe vécut en vrai Junker, fermier, chasseur, soldat par intermittence, membre de l'assemblée provinciale, magistrat, et fut surtout le roi des bons compagnons.

Cette vie de grand air, de liberté, d'exercices violents

et de plaisirs peu raffinés, n'était pas alors pour lui déplaire. Qu'eût-il fait sans cela de sa vitalité débordante ? C'était, à cette époque, un splendide jeune homme, haut de plus de six pieds, robuste en proportion, au maintien facilement imposant, aux yeux bleus pénétrants et hardis, au teint éclatant, aux cheveux abondants et blonds.

Nous avons sous les yeux, deux portraits de M. de Bismarck : l'un à dix-neuf ans, l'autre à soixante-dix. S'il y a du vrai dans ce singulier dicton anglais : « L'enfant est le père de l'homme, » il faut convenir que, parfois, le fils ressemble bien peu au père. Comment reconnaître le colosse d'aujourd'hui, avec son visage profondément sillonné, son crâne dénudé, ses sourcils en broussailles et son épaisse moustache grise, son expression de volonté dure et invincible, dans cet adolescent aux traits fins et doux, au front lisse, encadré dans une forêt de cheveux clairs ? Une seule ressemblance est restée : la ligne extraordinairement ferme du menton ; mais la chevelure dissimulait alors le développement anormal du crâne. Le Chancelier n'a consenti qu'une fois à poser pour son buste, et le sculpteur, M. Fritz Schaper, l'a modelé d'après des mesures prises avec le plus grand soin.

Cette tête, « qui semble avoir été taillée dans un bloc de granit et posée sur un buste de bronze », n'est pas, paraît-il, aussi forte, relativement au reste du corps, qu'on pourrait le croire. Le crâne est très extraordinaire, la partie inférieure de l'os frontal, très développée. Au-dessus des yeux, à la naissance du nez, le front présente une protubérance remarquable, fuit ensuite subitement, puis se relève et forme jusqu'au sommet du crâne, au-dessus des oreilles, un arc de cercle presque régulier. L'occiput, qui tombe brusquement aplati, est d'une force exceptionnelle à la jonction du cou. Le dessin des yeux et le profil du nez sont d'une beauté classique. Les narines très ouvertes donnent, dans les photographies, un aspect presque retroussé, dont s'est emparée la caricature, à ce nez de forme au contraire très aristocratique, et auquel on ne pourrait reprocher que d'être un peu trop fin pour le reste du visage. Mais ce qu'il y a de plus frappant, c'est le menton massif, nettement découpé, qui semble fait pour broyer le fer, et les épais sourcils, d'une longueur et d'une force étonnantes. La moitié inférieure du front est creusée de rides profondes ; la partie supérieure, remarquablement lisse et brillante. Le résultat des études phrénologiques faites sur cette tête est de nature à confirmer la croyance des disciples de Gall. Sans entrer dans les détails donnés à ce sujet par M. Paul Lindau, à qui nous empruntons tout ce qui précède, nous dirons seulement que les facultés prépondérantes, révélées par la phrénologie, sont : le sens objectif des faits, des choses, du temps, la faculté de déduction, de comparaison, l'enthousiasme, le patriotisme, le sens de l'ordre, des chiffres, la tendance à la plaisanterie et à l'ironie, l'amour des enfants, mais, par-dessus tout, la confiance en soi et la fermeté, la volonté ; du reste, absence relative de vénération et absolue d'optimisme, d'amour de la louange et de sens artistique.

On ne saurait mieux résumer la nature morale de cette personnalité exceptionnelle. A la première vue du second portrait, involontairement et malgré la beauté réelle de cette tête puissante, le premier terme de comparaison qui vient à la pensée, c'est le bouledogue. Quand cette bouche a mordu, comment espérer lui faire lâcher sa proie? C'est l'idée qui s'impose tout d'abord. Mais, avant la lutte gigantesque avec la vie, quand la jeunesse et l'insouciance jetaient encore leur charme sur cette mâle figure, on conçoit qu'elle devait prendre facilement beaucoup d'ascendant sur ceux qui l'approchaient.

La vie ne commençait pas brillamment pour Otto de Bismarck, et cependant il a dû plus d'une fois, tourner des regards de regret vers ces années de folle jeunesse.

Comme Cromwell, à qui souvent on l'a comparé, il se croyait de bonne foi appelé à la vie des champs et des bois; il suivait les foires, vendait sa laine, inspectait ses coupes, examinait la qualité des grains, faisait les meilleurs marchés possibles, recevait ses fermages, « se préoccupait des gelées, des bœufs malades, des moutons morts ou mal nourris, des mauvais chemins, de la rareté des fourrages, de la paille, des pommes de terre, du fumier et de l'argent »!

L'existence était monotone; la sœur bien-aimée, la Malvina chérie, s'était mariée; depuis, la maison semblait bien solitaire. Otto de Bismarck réfléchissait, en fumant sa pipe près du grand poêle, « à ce qu'il y a d'égoïsme, de *hors nature*, pour les filles qui ont des frères et, qui plus est, des frères garçons, de se marier, sans avoir égard à rien et d'agir comme si elles n'étaient au monde que pour suivre leurs *fabuleuses* inclinations »!

« Pour le moment, écrivait-il dans la même lettre, je

vis ici avec le père. Je lis, je fume, je me promène, j'aide à mon père à manger des lamproies; puis je vais jouer, avec lui, une comédie qu'il se plaît à appeler la chasse au renard. »

Elle est fort drôle et vraiment d'un franc comique, la description de cette chasse à la poursuite d'animaux qu'on sait très bien ne pas exister dans le bois, pendant laquelle le père demande *naïvement* à son fils s'il n'a rien aperçu, ce à quoi le fils répond, en feignant l'étonnement et d'un ton qu'il cherche à rendre aussi naturel que possible :

— Mais non! pas ce qui me tiendrait dans l'œil.

Et l'on recommence dans un autre bois, sans que l'ardeur du père, du garde, ou des chiens se refroidisse un moment.

« Outre cela, continue le frère, nous allons visiter deux fois par jour l'orangerie, et une fois la bergerie; nous inspectons, toutes les heures, les quatre thermomètres qui se trouvent dans le salon; nous avançons ou reculons les aiguilles du baromètre; et depuis que le ciel est serein, nous avons si bien réussi à régler les horloges d'après le soleil, que celle de la bibliothèque est seule d'un coup en retard, quand les autres sonnent *al tempo*. Décidément Charles-Quint n'était qu'un imbécile ! »

Il y avait, pour rompre cette monotonie, des jours d'activité, les marchés, les tournées de magistrat, « moult aventures de chasse » et le service militaire, ainsi qu'on le voit dans la lettre suivante.

« J'ai marché toute la journée au soleil ! Hier, j'ai fait une apparition au bal de Plathe et bu pas mal de montebello. L'un m'a donné des crampes et l'autre m'a fait mal à l'estomac. Depuis le marché aux laines, je représente notre sous-préfet errant (son frère Bernard); j'ai tenu souvent ma cour, par le plus chaud des temps et parcouru si souvent les plaines sablonneuses, que mes chevaux et moi en avons plus qu'assez. Et maintenant, après une courte semaine de repos, il me faut recommencer à servir mon pays, en qualité de soldat... On veut me revêtir de la charge importante de surintendant des digues. Cette charge est purement honorifique, mais elle a son importance pour Schœnhausen et les domaines limitrophes, car nous surnagerons ou nous enfoncerons, selon qu'elle sera bien ou mal administrée. D'un autre côté, mon ami C..., qui veut à toute force m'envoyer dans la province de Prusse, cherche à me faire donner l'emploi de commissaire royal, pour les travaux d'amélioration qui s'exécutent là-bas. Bernard m'engage aussi à aller dans cette province. *Il prétend que j'ai de l'inclination et des talents pour l'administration de l'État et que c'est une carrière que j'embrasserai tôt ou tard.* »

Le frère a été prophète; mais, en attendant, l'ambition était modeste et les charges médiocres, pour un homme qui devait sentir bouillonner en lui des ardeurs extraordinaires.

Comme Cromwell encore, le dégoût le prenait un jour, et il rêvait d'aller chercher fortune aux Indes, de même que le fermier du comté d'Hutingdon songeait à émigrer en Amérique, au moment où se réunissait le « long parlement ».

Le Protecteur perdu dans les forêts vierges de la Nouvelle-Angleterre ; le Chancelier de fer échoué aux rives du Gange ! quels changements, peut-être, dans les destinées de la vieille Europe !

La vigueur physique et morale du gentilhomme de la Vieille Marche, ne pouvait succomber longtemps au découragement. Ce n'était pas, comme le sombre puritain, dans les assemblées pieuses, avec les saints de la terre et dans l'étude incessante de la Bible, qu'il cherchait le remède. La vie en Poméranie, loin du toit paternel, lui offrait un champ libre pour déverser la lave du volcan. C'est là que fleurit la légende du « tolle Junker » ; que « les jeunes filles des châteaux environnants, leurs mamans et leurs tantes frissonnaient d'épouvante, tandis que leurs papas et leurs oncles, branlant leur chef vénérable et prophétisant des calamités terribles, racontaient des histoires d'orgies furieuses, pendant lesquelles des flots de champagne et de porter étaient ingurgités ; de chevauchées casse-cou, dignes du Chasseur Noir, de coups de pistolet arrachant à leur sommeil paisible, au milieu de la nuit, les hôtes du château ; de défis audacieux, jetés à tout ce qui était convenances respectables, et mis en action avec une malignité et une insolence sans exemple. Les vieilles murailles de Kniephof, remplacées depuis longtemps par une construction beaucoup plus élégante, attestaient la vérité d'une partie au moins des récits[1]. »

Les plaisanteries étaient, comme on le voit, d'un goût assez sauvage. Un jour, quatre jeunes cousines, tranquil-

---

1. Busch, *Notre Chancelier*, t. I, p. 170.

lement installées au salon avec leur tapisserie, voyaient, avec terreur, quatre renards envahir leur domaine et mettre tout à sac autour d'elles. Un jeune lieutenant de hussards, de passage à Kniephof, devait se rendre dans le voisinage chez un sien oncle, vieux gentilhomme très respectueux de l'étiquette, qui donnait une grande fête à la noblesse des environs. La veille, Otto de Bismarck trouva drôle de faire boire le jeune officier plus que de raison et de le conduire le lendemain matin chez son oncle, dans une charrette non suspendue. La pluie avait transformé les chemins en lacs de boue, de sorte que les deux amis arrivèrent dans un état lamentable. Celui du lieutenant était lugubre au physique et au moral; car les effets de l'orgie de la veille, fort aggravés par les secousses de la charrette, se manifestaient par des symptômes alarmants. Une quarantaine de personnes, dames en grande toilette et cavaliers en habit noir, les regardaient avec épouvante et stupeur. Le hussard disparut aussitôt, mais le Junker, sans daigner s'apercevoir du dégoût qu'il inspirait, prit place à table avec autant de flegme et de gaieté, que si rien d'anormal ne se fût passé. « Il était étonnant, extrêmement étonnant, disait tout le monde, qu'il n'eût pas idée, pas la moindre idée, combien il était désagréable. »

Ceci n'était que grossier, mais comment qualifier ce qui suit? Un matin, le jeune seigneur part pour la chasse aux bécassines avec un ami. On traverse un marais verdoyant, et bientôt l'ami, court, gros et lourd, enfonce jusqu'aux aisselles; en vain il s'efforce de se dégager; enfin il appelle du secours et, voyant que son compagnon s'avance lentement, guettant, autour de lui, l'apparition désirée d'une bécassine, l'infortuné le supplie de se hâter, car déjà sa bouche et son nez sont menacés.

— Mon ami bien-aimé, répond Bismarck, très calme, vous ne pourrez certainement jamais sortir de ce trou, et il est impossible de vous sauver. Il me serait extrêmement pénible d'être témoin de vos efforts inutiles, ou de vous voir étouffer lentement dans cette saleté dégoûtante. Écoutez-moi, mon garçon, je vais vous épargner une agonie prolongée, par la suffocation, en vous logeant une balle dans la tête; de la sorte, vous mourrez avec promptitude et dignité.

— Êtes-vous fou? crie l'autre en faisant des efforts désespérés pour émerger du marécage. Je ne veux ni étouffer, ni être fusillé; aidez-moi donc à sortir d'ici, au nom du diable !

Épaulant son fusil et visant avec soin, Bismarck répond d'un ton lugubre :

— Ne bougez pas pendant une seconde; ce sera bientôt fini. Adieu, cher ami, je conterai vos derniers moments à votre pauvre femme.

Poussé par le danger à faire des efforts surhumains, le malheureux chasseur réussit, on ne sait comment, à s'arracher de la boue et à gagner la terre ferme, à quatre pattes. Aussitôt qu'il se sentit sauvé, il lança un torrent de reproches à son ami. Celui-ci, souriant, se contenta de répondre :

— Vous voyez que j'avais raison; chacun pour soi.

Et il tourna le dos à son compagnon furieux, pour retourner aux bécassines, bien heureux, ce nous semble, qu'une balle égarée ne répondît pas, par mégarde, à cette plaisanterie de Peau-Rouge.

On pourrait en citer bon nombre de la même nature; car le rire de M. de Bismarck a toujours eu quelque tendance à se changer en ricanement discordant. Une inondation grossissait-elle le petit affluent de la rivière Hampel, qui traverse le domaine de Schœnhausen, il en racontait gaiement les effets désastreux et terminait ainsi : « Je suis tout fier de pouvoir dire qu'un voiturier *s'y est noyé* avec son cheval et son chargement. »

Les paysans de ce même domaine venaient-ils lui offrir une sépulture de famille, dans leur nouveau cimetière, il les remerciait de leur prévenance, mais refusait sous prétexte que le lieu choisi était trop exposé au vent, *pour son goût !*

Une autre fois, il disait, à propos d'une expropriation qu'il trouvait injuste : « Aucune somme ne compensera la conversion du parc de mon père en un étang pour les carpes, ou de la tombe de ma tante en marais à anguilles! » Rien n'arrête sur ses lèvres ces facéties lugubres, ni le sentiment des convenances, ni la gravité des circonstances, ni la générosité la plus élémentaire.

Paris, réduit par la faim bien plus que par les soldats allemands, se résigne à se rendre ; son inexorable ennemi *siffle aussitôt un joyeux hallali !* On discute ensuite la question de contribution de guerre ; on offre 200 millions. « Oh! répond le vainqueur, avec une politesse meurtrière : Paris est un trop grand seigneur, pour que nous le traitions d'une manière si mesquine ; *faisons-lui l'honneur d'un milliard !* »

Le respect des vaincus, du courage malheureux! Faiblesse, sensiblerie des races féminines que tout cela! Écoutez le mâle Germain raconter son entretien, après Sedan, avec Napoléon III, défait, désespéré, précipité presque mourant, du plus beau trône du monde, dans un abîme d'humiliation et de douleur : « Assis pendant une heure, en face de l'Empereur, nous dit l'homme de fer, dans la chaumière du tisserand de Donchéry, j'éprouvais *exactement* ce qu'éprouve, *au bal,* un jeune homme qui a engagé une jeune fille pour le *cotillon*, ne trouve pas un mot à lui dire et souhaite ardemment qu'on vienne la lui enlever. » N'est-ce pas délicat et du dernier galant? Eh bien, ce n'est pas tout; M. de Bismarck se méfiait encore de sa *sensibilité* et remettait l'Empereur aux mains des militaires « qui *seraient plus durs* ». En effet, M. de Moltke trouvait moyen de surenchérir sur cette magnanimité, et tous deux, s'unissant pour ménager le cœur du roi Guillaume, redoutant la compassion que pourrait éveiller, dans son âme de souverain, une si terrible infortune, ne laissaient voir au vainqueur son prisonnier que bien définitivement garrotté! Puis on confiait celui-ci au général von Boyen, « qui ferait admirablement l'affaire, affirmait le Chancelier; les autres officiers se montreraient peut-être *trop insolents* envers le captif. Von Boyen *savait être impertinent avec la plus parfaite politesse* ». O chevalerie!

La question de ce que les Anglais appellent *Creature's comforts* a toujours joué un grand rôle dans la vie des Germains en général, et du Chancelier en particulier. On est stupéfait de voir, dans les volumes de M. Busch, l'importance que prend la table, au milieu de préoccupations et d'événements si graves. Partout on est mis au courant de ce que l'on mange et de ce que l'on boit. Dans le même paragraphe, on passe sans transition, d'une négociation avec M. Thiers, à la beauté des truites de Varzin. Les menus tiennent presque autant de place que les documents officiels. On pourrait les offrir en volume à l'homme d'État, comme fit un jeune diplomate viennois, à son ministre. On connaît si bien les goûts et les préférences du maître, qu'on serait à même de lui servir un dîner tout à fait à son gré. La sollicitude de ses compatriotes, pendant le siège de Paris, fut vraiment touchante. Il recevait de partout : pâtés, jambons, venaisons et vins choisis, sans oublier des cigares exquis, en quantité invraisemblable, de sorte que M. Busch s'écriait, avec une pieuse ferveur : « Dieu soit loué ! en cela du moins, il a assez de ce qu'il aime ! »

Le Prince Impérial, venant dîner chez M. de Bismarck, lui disait : « Vous êtes de vrais gourmets ici ! Comme tous ces messieurs de vos bureaux ont l'air bien nourri ! — Oui, répliquait son amphitryon. Cela vient des témoignages d'affection (littéralement « dons d'amour ») que je reçois. Ces vins du Rhin, ces pâtés, ces poitrines d'oie fumées, ces foies d'oie, sont des spécialités des « Affaires-Étrangères ». Nos compatriotes sont décidés à engraisser leur chancelier. »

Et qui sait ! peut-être à justifier cette prophétie d'un Français irrévérencieux : « Bismarck mourra d'une indigestion gigantesque. » Car tout est gigantesque en lui : la nature et les besoins. Un vrai héros d'Homère !

« Nous avons toujours été de grands mangeurs dans la famille, déclarait-il un soir à table ; s'il y en avait beaucoup comme nous, l'État n'y suffirait pas ; il nous faudrait émigrer.

» Mais, ajoutait-t-il, s'il faut que je travaille bien, il faut que je sois bien nourri. Je ne peux faire une bonne paix, si l'on ne me donne pas de quoi bien manger et bien boire. » Xénophon ne raconte-t-il pas la réponse de Cléarque aux envoyés du roi de Perse : « Personne n'oserait parler aux Grecs d'un armistice, sans leur fournir d'abord un bon déjeuner. »

En 1859 encore, le comte de Bismarck écrivait de Pologne à sa femme : « A propos, le thé susdit, que je viens de boire, consistait aussi en café, six œufs, trois sortes de viandes, des gâteaux et une bouteille de bordeaux. » Depuis, le temps a fait son œuvre, et la fatigue cérébrale aidant, l'estomac est tombé en décadence. Autrefois *onze* œufs durs ne laissaient derrière eux aucun remords ; en 1870, *trois* suffisaient. « J'ai mangé aujourd'hui un beefsteak et demi et deux tranches de faisan, disait le « chef » à M. Busch. C'est beaucoup, mais pas trop, puisque c'est mon seul repas. Je fais un premier déjeuner, il est vrai, mais seulement une tasse de thé sans lait et deux œufs. Rien ensuite jusqu'au soir. Si je mange trop, je suis comme le boa constrictor ; seulement je ne dors pas. »

Le gros mangeur était aussi un grand buveur. Il fut un temps où « il ne se préoccupait jamais de la quantité qu'il buvait ». Que d'exploits dans son orageuse jeunesse, « surtout avec les vins riches, comme le bourgogne » !

Il lui arriva, en certaine circonstance, de « sentir son homme intérieur tout détraqué »; deux jours de chasse à courre et de grand air n'y avaient rien fait. Enfin il trouva le remède. « J'allai faire une visite aux cuirassiers de Brandebourg, qui venaient de se donner un nouveau hanap. Je devais le vider le premier, l'étrenner et le faire circuler ensuite. Il contenait environ une bouteille. Je retins ma respiration, bus jusqu'à la dernière goutte et remis la coupe sur la table. Je les étonnai grandement, car ils ne s'attendaient pas à grand'chose de la part d'un homme de plume; mais c'était la tradition de Gœttingue. Le plus étonnant, c'est que je ne me portai jamais si bien que pendant le mois qui suivit... Je me rappelle aussi que, une fois, étant à la chasse avec Frédéric-Guillaume IV, je vidai d'un trait une de ces coupes fantastiques, du temps de Frédéric-Guillaume Ier. Elle était en bois de cerf, faite de telle sorte que le buveur ne pouvait poser ses lèvres à l'embouchure, et cependant il ne devait pas laisser tomber une goutte du contenu, qui était à peu près de trois quarts de bouteille. Je la vidai, quoique remplie de champagne très sec, et pas une goutte ne fut versée sur mon gilet blanc. La compagnie ouvrit de grands yeux, quand je dis : « Une » autre ! » Mais le roi répondit : « Non, c'est assez ! » Et il fallut bien obéir. Autrefois les hauts faits de cette espèce étaient des passeports indispensables pour le service diplomatique. On faisait rouler les têtes faibles sous la table, puis on leur demandait tout ce qu'on voulait savoir ; on les forçait de faire toute sorte de concessions, qu'ils n'étaient pas autorisés à accorder ; on les leur faisait signer et, quand les pauvres gens étaient dégrisés, ils ne pouvaient concevoir comment leur signature se trouvait là ! »

Nous avons dit quel étrange breuvage avait imaginé l'étudiant de Gœttingue. Il paraît que M. de Moltke avait fait mieux encore. Après une chasse, pendant laquelle on avait tué, en cinq ou six heures, cent soixante lièvres, on s'était réuni chez le célèbre stratégiste, relativement jeune alors, et l'on avait proclamé la supériorité d'un punch fait de champagne, de xérès et de thé !

M. de Bismarck pense que le vin rouge est le breuvage naturel de l'Allemagne du Nord, et préférerait voir ses compatriotes boire franchement de l'eau-de-vie, que de brouiller leur cerveau avec de la bière.

Il en déplore l'usage universel ; selon lui, elle rend les hommes stupides, paresseux, bons à rien ; elle est la cause de toute la politique démocratique, qu'il appelle politique de brasserie ; mieux vaudrait de la bonne eau-de-vie de grain. Et, joignant l'exemple au précepte, il racontait, en se faisant verser un verre de cette liqueur, qu'à Ferrières, un général avait établi, au sujet des boissons, le principe suivant : « Le vin rouge pour les enfants, le champagne pour les hommes, le *schnaps* (eau-de-vie) pour les généraux ! »

Quant au Chancelier, il est éclectique. Deux jeunes Allemands de Varsovie avaient parié cent roubles, l'un qu'il préférait le vin, l'autre qu'il aimait mieux la bière ; ils s'adressèrent directement au comte pour trancher le différend. « Répondez-leur, dit-il à son secrétaire, qu'ils ont raison tous deux ; car j'aime autant le bon vin que la bonne bière; et, quand je me porte bien, je bois indifféremment l'un ou l'autre. »

« Heureux homme! s'écriait Gambetta, qui peut boire de la bière et fumer à volonté! » Aujourd'hui, le tribun envierait moins le Chancelier! Néanmoins cet heureux état se prolongea beaucoup. En 1862, M. de Bismarck terminait ainsi une lettre à sa sœur : « Travail de toute nature, mais, au résumé, bonne santé, bon sommeil et *forte soif!* » Quelques mois auparavant, il avait eu une occasion d'étancher sa soif, que son palais de gourmet avait fort appréciée. Le 29 juillet de cette même année, il écrivait de Bordeaux à madame de Bismarck : « J'ai fait hier, pendant toute la journée, une charmante excursion dans le Médoc, avec notre consul et un général, et j'ai bu *au pressoir*, comme on dit dans le pays, du laffitte, du pichon, du mouton, du latour, du margaux, du saint-julien, du brame, du laroze, de l'armeillac et autres vins. Nous avons à l'ombre 30 degrés, et au soleil 55, mais on ne pense pas à cela, quand on a du bon vin dans le corps! »

N'est-ce pas là le digne descendant de ce Bismarck du XVIIe siècle, qui écrivait à son beau-frère : « Le tonneau de vin du Rhin m'a coûté 30 rixdalers; si mon beau-frère le trouve trop cher, je le boirai, avec l'aide de Dieu jusqu'à la dernière goutte. »

Le Chancelier ressemble tellement à cet original, dont le portrait est à Schœnhausen, que, dans sa jeunesse, il croyait se voir en le regardant. Ce n'est pas seulement dans les traits du visage que consiste la ressemblance; comme son aïeul, Otto de Bismarck s'est montré grand chasseur et très habile à tous les exercices du corps. S'il n'a pas tué, comme lui, cent cinquante-quatre daims en un an, il a néanmoins à son actif maints exploits dont les murailles et les tapis de Varzin et de ses autres résidences portent le souvenir, sous forme de ramures de cerfs, d'élans, de mouflons, de daims, de peaux d'ours, de chamois, de renards et de loups. Très fin tireur, il s'est fait remarquer à toutes les chasses auxquelles il a pris part. En Russie, on était même un peu jaloux de ses prouesses. « Comment cela s'est-il passé? demandait-on à un jeune Russe, au retour d'une expédition. — Très mal pour nous, mon père. Le premier ours se levait devant nous; le Prussien tira et l'ours tomba. Il en vint un second; je tirai deux fois et deux fois le manquai, et Bismarck l'abattit du premier coup. Alors il en vint un troisième; le colonel M... fut aussi malheureux que moi, et le Prussien le tua d'un coup, de sorte qu'il les a eus tous les trois et nous rien, et il ne s'en est pas montré d'autre. Très mauvais pour nous, mon père! »

Le prince raconte qu'un jour, en Finlande, il courut un véritable danger; il ne distinguait pas très bien l'ours, parce qu'il était couvert de neige. « Enfin, dit-il, je le tirai et il tomba à six pas de moi, environ. Il n'était pas mort et il put se relever. Je connaissais le danger et savais ce que j'avais à faire. Sans bouger, je rechargeai aussi tranquillement que je pus et l'abattis pendant qu'il essayait de se mettre debout. »

On voit à Varzin des bois de cerfs, huit, dix, douze et seize cors, tués par le Chancelier.

Ce Nemrod était, comme on doit le penser, un véritable

centaure. Habitué aux chevaux dès son enfance, il les a toujours passionnément aimés, mais il les lui faut beaux ; certaine jument alezane est devenue historique ; arrivé sans elle à Paris, pour sa courte ambassade, il essayait successivement trois chevaux de louage et préférait renoncer à l'équitation, plutôt que de monter ces animaux-là. Par contre, l'un des charmes de l'ambassade à Pétersbourg, était la beauté des chevaux. Son père, en vrai capitaine de cavalerie, avait tenu à faire de ses fils d'excellents cavaliers ; quand le jeune Otto avait bien monté, le père disait : « Il est tout comme Pluvinel ! » ou bien : « Il monte comme s'il avait appris chez Hilmar Cura ! » Or l'un avait été l'écuyer de Louis XIV, et l'autre, le maître d'équitation de Frédéric le Grand !

Ce talent a été fort utile au ministre-cuirassier, pendant les grandes guerres ; à Königgratz, et à Sedan, il resta plus de douze heures en selle.

C'est par miracle que M. de Bismarck n'a pas été tué vingt fois pour une, dans ses courses insensées. Il s'amusait, pendant le siège, à conter quelques-unes de ses aventures à son entourage. « En disant que je suis tombé de cheval cinquante fois, je crois rester en deçà de la vérité. Tomber de cheval n'est rien ; ce qu'il y a de mauvais, c'est de tomber avec lui et sous lui. La dernière fois que cela m'arriva, c'était à Varzin ; je me brisai trois côtes et je crus que c'était la fin. C'était moins dangereux que ça n'en avait l'air, mais c'était horriblement pénible. Une fois déjà, j'avais fait une chute singulière et qui prouve combien la faculté de penser dépend de la matière cérébrale. Nous retournions chez nous, mon frère et moi, et nous allions aussi vite qu'il plaisait à nos chevaux. Tout à coup mon frère, qui m'avait un peu dépassé, entendit un craquement terrible; c'était ma tête qui frappait le chemin ! Mon cheval avait eu peur de la lanterne d'une charrette, s'était cabré et était tombé en arrière sur la tête. Je perdis connaissance et, quand je revins à moi, la moitié seulement de ma machine pensante se trouva là, l'autre moitié était absente. Je tâtai mon cheval et sentis que la selle était brisée. J'appelai mon groom, lui dis de me donner son cheval et rentrai au château. Quand les chiens me reçurent avec leurs aboiements d'amitié, je les pris pour des chiens étrangers et je les grondai. Puis je dis que le groom était tombé avec son cheval et qu'il fallait le rapporter sur une civière. Je me mis fort en colère quand, sur un signe de mon frère, on négligea de m'obéir. Allaient-ils laisser ce pauvre homme sur la route? Je ne savais pas que j'étais moi et que j'étais rentré chez moi, ou plutôt j'étais moi et le groom en même temps. Je demandai quelque chose à manger, allai me coucher, et le matin, après avoir bien dormi, il n'y paraissait plus! N'était-ce pas étrange? J'avais fait tout ce qui était nécessaire et pratique, examiné ma selle, demandé un autre cheval, etc. La chute n'avait produit aucune confusion dans cet ordre d'idées. C'est un exemple curieux, qui prouve quelle diversité de facultés de l'esprit est logée dans le cerveau. Une seule avait été paralysée momentanément par l'accident.

» Je me rappelle une autre chute sérieuse. Je traversais très rapidement une jeune plantation, dans une grande forêt, assez loin de chez moi. Je voulus prendre un chemin plus court, en plein bois, où je tombai avec mon cheval et m'évanouis. Je dus rester en cet état pendant trois heures au moins ; car la nuit venait, quand je repris connaissance. Mon cheval se tenait près de moi. La localité m'était mal connue. Je n'avais pas retrouvé la jouissance de toutes mes facultés ; mais, là encore, je fis ce qui était nécessaire. Je détachai la martingale qui était cassée en deux, la mis dans ma poche, et repris, à cheval, le chemin qui me semblait devoir être le plus direct. Il traversait une rivière sur un pont assez long, près d'une ferme dont la propriétaire se sauva, en apercevant un grand individu dont la figure était couverte de sang. Mais le mari sortit et me lava le visage. Je lui dis qui j'étais, que je me trouvais à dix ou douze milles de chez moi, que je ne pourrais les faire à cheval et que je lui serais obligé de me reconduire en voiture, ce qu'il fit sans hésiter. J'avais dû tomber à quinze pas en avant et par-dessus une grosse racine d'arbre. Quand le médecin examina mes blessures, il déclara qu'il était contraire à toutes les règles de la science, que je ne me fusse pas cassé le cou ! »

Ne fallait-il pas, répondrait madame de Bismarck, que le Gaulois (le Welche) fût châtié de ses iniquités, et n'étiez-vous pas la main que le Seigneur avait désignée dans tous les siècles des siècles ?

L'intrépide cavalier était aussi, dans sa jeunesse, extraordinaire à la course et d'une élasticité qui lui facilitait des bonds prodigieux.

Il paraît que ses fils ont dans les muscles des bras, la

force étonnante qu'il avait dans les jambes, et il déclarait, quand il n'avait encore rien perdu de sa vigueur, qu'il n'aimerait pas lutter avec eux. Néanmoins un coup de poing de M. de Bismarck ne manquait pas d'énergie, comme le prouve la fameuse histoire de brasserie, que l'on a faussement attribuée à une discussion politique, agrémentée d'ivresse.

Le fait, conté par le Chancelier, est celui-ci : Il était entré, un soir, en 1847, dans cette brasserie et buvait tranquillement sa chope; trop tranquillement au gré d'un voisin à moitié ivre, qui bientôt se mit à le persifler. « Je ne répondis pas, ce qui l'exaspéra tout à fait. Je ne voulais pas de tapage, mais je ne voulais pas non plus m'en aller, ce qu'on aurait pu attribuer à de la crainte. Enfin, à bout de patience, il vint à ma table et me menaça de me jeter le contenu de son verre au visage. C'en était trop. Je lui dis de sortir et, quand il fit le geste de me lancer sa bière, je lui allongeai un coup de poing qui l'étendit sur le plancher, en brisant tout. L'hôtesse entra, je lui dis de ne pas s'inquiéter, que je payerais la casse; puis, m'adressant aux spectateurs : « Vous êtes témoins, Mes» sieurs, que je n'ai fait que me défendre. Si ce monsieur » a perdu une dent, je le regrette, et, si quelqu'un de» mande autre chose, voici ma carte. » Personne n'en demanda davantage.

Malgré l'amour sincère et profond que la nature a toujours inspiré à M. de Bismarck, cette vie primitive et sauvage ne pouvait suffire indéfiniment à une intelligence comme la sienne. Il arrivait à Kniephof autant de ballots de livres que de tonneaux d'alcool. Parfois l'amertume montait aux lèvres du gentilhomme solitaire. Alors il allait se retremper dans quelque régiment de cavalerie, son arme favorite. Ce fut pendant un de ces intermèdes, qu'il mérita la médaille de sauvetage, la seule décoration qui, pendant bien des années, orna sa poitrine, et qu'il gagna en sauvant, à ses risques et périls, son groom qui se noyait ; car M. de Bismarck rendrait des points au roi des terre-neuve. Interrogé, un jour, à la diète de Francfort, sur cette médaille peu connue du corps diplomatique, il répondit, de ce ton sarcastique dont il a le secret, qu'il lui arrivait parfois de sauver un homme, à ses moments perdus !

Il est souvent question de ce groom, Hildebrandt, dans les lettres de M. de Bismarck à sa sœur. Pendant longtemps, lui et son frère servirent son sauveur, puis ils émigrèrent en Amérique, et en 1881, le 27 décembre, le Chancelier de l'empire, le personnage le plus important d'Europe, daignait écrire à l'humble serviteur qui lui avait annoncé la mort de son aîné :

« Mon cher Hildebrandt, j'ai reçu votre lettre du 9 courant et je suis bien aise de savoir que vous êtes en bonne santé, quoique le temps ne vous ait pas épargné les deuils. Votre frère paraît avoir été plus âgé que je ne le croyais. En 1857, votre première femme était toute jeune ; elle a donc dû mourir jeune. Je suis content de savoir que vous êtes heureux avec la seconde et qu'elle pense encore à l'Allemagne. Auguste doit être devenu un beau Yankee. Je suis assez bien partagé, en ce sens que les miens vivent tous et sont en bonne santé, par la grâce de Dieu, et que ma fille m'a fait cadeau de deux petits-enfants. Mes fils, je regrette de le dire, ne sont pas encore mariés, mais tous deux, Dieu merci! se portent bien, ce qu'on ne peut malheureusement toujours dire de ma femme, et de moi pas du tout. Je ne chasse plus à courre, je ne monte à cheval que rarement, étant trop languissant, et, si je ne me repose pas, ma force vitale sera bientôt épuisée. Quel âge avez-vous et à quoi travaillez-vous? A moins que vous n'ayez renoncé au travail. Vous pouvez dire à votre femme que Lauenburg (son lieu de naissance) est florissante. J'y suis allé l'automne dernier, pour la première fois depuis trente ans, et suis maintenant citoyen de la ville, ce qui me donne un droit spécial de saluer votre femme. »

Il faut convenir qu'il y a quelque chose de touchant à voir cet homme tout-puissant et si occupé, écrire une longue et affectueuse lettre à l'ancien serviteur dont il est séparé depuis si longtemps. Décidément il y a quelques pailles dans ce fer.

Plusieurs voyages en Hollande, en France, en Angleterre rompirent la monotonie de ces huit années d'existence rurale. La première impression produite par la Grande-Bretagne, fut lugubre. M. de Bismarck y débarqua un dimanche, à Hull, et, s'étant mis à siffler, fut aussitôt admonesté par un indigène; indigné de cette tyrannie, il se sauva, où? A Édimbourg! C'était tomber de Charybde en Scylla! Jamais il ne surmonta son aversion pour « le jour du sabbat » en Angleterre, et, comparant à l'ennui qu'il distille la gaieté du dimanche allemand, il rend grâce à Dieu de ne pas vivre sous ce joug!

« Non pas, dit-il, que je sois hostile à l'observance du

dimanche; au contraire, en ma qualité de propriétaire terrien, je fais ce que je peux pour qu'on s'y conforme, mais je ne permets pas qu'on y force mes gens. Tout homme doit se préparer à sa façon pour l'autre monde... On ne doit pas travailler le dimanche, non seulement parce qu'un commandement s'y oppose, mais parce que l'humanité a besoin de repos... Comment blâmer le paysan qui, après une longue période de pluie, profite d'un rayon de soleil, s'il se montre le dimanche, pour rentrer son foin ou son blé? Je n'ai jamais eu le courage de faire insérer cette clause dans les baux de mes fermiers. » Ayant, certain dimanche, pendant une course à cheval à Varzin, en 1876, vu tous ses paysans à l'ouvrage, il demanda des explications. Son intendant lui dit que les tenanciers, occupés toute la semaine sur ses domaines, n'avaient que ce jour pour cultiver leur petit coin de terre. En conséquence, il donna l'ordre de faire commencer le labourage par celui des paysans; et jamais, selon le rapport de l'agent principal, celui du domaine n'a été fait aussi rapidement. Ce sont là jeux de prince !

Ceux des voyages du jeune gentilhomme qui le rapprochaient de la mer, lui plaisaient particulièrement. En juillet 1844, il envoyait, de Norderney, à sa sœur, une lettre fort gaie qu'il terminait ainsi, après avoir donné la caricature de sa table d'hôte : « La plage est superbe, tout à fait unie, le sable doux et sans la moindre pierre, et des vagues comme je n'en ai vu, ni sur les côtes de la Baltique, ni même à Dieppe. Au moment où je suis dans l'eau jusqu'aux genoux, arrive un flot haut comme une maison (elles ne sont pas aussi hautes que le Palais-Royal, à Berlin), qui me fait tourner dix fois sur moi-même et me jette ensuite à vingt pas sur le sable ; plaisir assez simple, auquel je me livre chaque jour, *con amore*, aussi longtemps que le médecin le permet. Je me suis, du reste, familiarisé avec la mer ; il ne se passe pas de jour que je ne fasse un tour en canot, ce qui me donne l'occasion de pêcher à la ligne et de chasser le phoque ; jusqu'à présent, je n'en ai tué qu'un, une bonne figure de chien, avec de beaux yeux bien ouverts, qui m'ont fait peine à voir...

» Porte-toi bien, mon trésor, mon cœur.

» Ton fidèle frère,

» B. »

Pendant une de ces excursions en mer, dans la barque de Tomke Hams, M. de Bismarck, surpris par une tempête qui jeta vingt vaisseaux de nationalités diverses sur les îles environnantes, passa vingt-quatre heures au large, *sans un fil sec sur lui*, mais avec du jambon et du porto *ad libitum*, ce qui l'empêcha de prendre aucun mal. Le Prince est resté fidèle à sa passion pour la mer, comme on peut le voir par la lettre suivante.

A MADAME DE BISMARCK

« Bruxelles, 21 août 1853.

» J'ai quitté Ostende à regret, et aujourd'hui tous mes

désirs se portent de ce côté. J'ai retrouvé là une ancienne bien-aimée, aussi belle et charmante que lorsque j'ai fait sa connaissance. La séparation me paraît tout particulièrement cruelle à cette heure, et j'attends avec impatience le moment où je pourrai la revoir à Norderney et presser son sein mouvant sur mon cœur. Je ne conçois pas que l'on puisse demeurer ailleurs qu'au bord de la mer, ni pourquoi je me suis laissé décider à venir passer deux jours ici, pour contempler des tas de pierres alignées au cordeau, des combats de taureaux, Waterloo et des équipages pompeux ! »

Au reste, l'eau salée ne monopolise pas les préférences de M. Bismarck ; partout où il trouve l'élément liquide, mer, fleuve ou rivière, il s'y plonge avec délices. Qu'on nous permette de citer encore un exploit de ce genre, vraiment original.

« Juillet 1851.

» Samedi, je suis allé en voiture, avec Rochow et Lynar, de Francfort à Rudesheim. Là, j'ai pris un bateau, ramé sur le Rhin et nagé au clair de lune, ne laissant que mes yeux et mon nez hors de l'eau, jusqu'à la tour de la Souris, à Bingen, où le méchant évêque trouva son châtiment. Il y a quelque chose d'étrangement semblable au rêve, à rester étendu sur l'eau tiède, pendant une nuit chaude et tranquille, lentement entraîné par le courant, regardant le ciel étoilé, les collines boisées, les châteaux en ruine, et sans rien entendre, que le faible clapotement de ses propres mouvements. J'aimerais *nager comme cela tous les soirs.* »

Le père de M. de Bismarck mourut en 1845, lui laissant pour sa part d'héritage, Kniephof et Schœnhausen, où il revint s'établir. Pendant deux ans, il mena « une vie de procès, de chasses et d'affaires d'endiguement ». Il confiait à madame d'Arnim que cette existence n'était pas des plus agréables :

« Rien de plus ennuyeux que de faire des inventaires, surtout quand on a affaire à des coquins et à des commissaires-priseurs qui vous plantent là. Outre cela, la grêle m'a détruit une partie considérable de blé et, pour surcroît de malheur, je suis tourmenté d'une toux abominable, bien que je ne prenne pas une goutte de vin, que je cherche soigneusement à éviter tout refroidissement que je ne puisse me plaindre de mon appétit et que je dorme comme une marmotte! Et, quand je dis que je souffre de la poitrine, on se moque de moi, en me disant que je suis démenti par ma belle mine... Après-demain, j'irai à Magdebourg et deux ou trois jours après, je volerai dans tes bras.

» Ton phtisique frère. »

Le seigneur de Schœnhausen allait avoir trente-deux ans et commençait à se fatiguer de sa vie échevelée de célibataire. Il devenait sentimental, à sa manière. Après une énumération de ses ennuis, il terminait ainsi :

« Ajoute à cela que Jean siffle là, au dehors, aussi continuellement que faux, une infâme schottish. Il est évident que, par cette musique, ce garçon cherche à calmer les violents maux d'amour dont il souffre; c'est pourquoi je n'ai pas le courage de lui interdire de siffler. Celle qui était l'idéal de ses rêves vient, sur le conseil de ses parents, de lui refuser sa main et d'épouser un charron! Le cas de ce charron est au reste le mien...

» Quand le diable y serait, il faut que je prenne femme; j'en comprends d'autant plus la nécessité, que, depuis que le père est parti, je me sens seul et abandonné, et que la douce et humide température qui règne me rend mélancolique et enclin à l'amour. Inutile de lutter! Il faudra que je me marie! Tout le monde a décidé que j'épouserais mademoiselle X***, et rien ne paraît plus naturel, puisque nous sommes restés seuls tous deux. Il est vrai qu'elle ne produit sur moi aucune impression; mais il en est de même pour toutes les autres. Heureux sont ceux qui ne peuvent pas changer d'inclination comme de linge, si peu fréquent que soit ce changement!...

» Bonsoir m'amie; je t'embrasse.

» Ton frère qui te chérit,

» B. »

Enfin le cœur d'Hippolyte fut touché. Nouvelle Una, mademoiselle Johanna von Puttkamer enchaîna le lion, et, malgré les premiers refus, les hésitations, les terreurs de sa famille, devint « l'idéal des épouses allemandes ». Il paraît que c'est une variété distincte de la gent conjugale. Enfin, dénouement moins prévu, Otto de Bismarck se transforma en mari modèle.

De ce mariage, célébré le 28 juillet 1847, sont nés trois enfants. La comtesse Marie, en novembre 1848, mariée au comte Rantzau, membre d'une famille du Schlesvig-Holstein, et employé aux Affaires étrangères. La comtesse Marie avait été d'abord fiancée au comte Eulenbourg, qui mourut d'une fièvre typhoïde pendant une visite à Varzin. Le fils aîné, le comte Herbert, né le 28 décembre 1849, est aujourd'hui le sous-secrétaire d'État de son père. Il a épousé récemment la princesse de Carolath-Benthem. Son frère cadet, le comte Wilhelm, filleul de l'Empereur et habituellement appelé le comte Bill, est celui qui ressemble le plus au Chancelier. « Regardez-le, disait un matin son père, à Versailles. Il est si fort, que, de loin, on le prendrait déjà pour un officier de cavalerie d'un certain âge. » Ardent conservateur et membre du Reichstag, le comte Bill a épousé, en 1885, sa cousine Sibylle d'Arnim-Kochlendorff. Les deux frères s'engagèrent dans les dragons de la garde, pendant la guerre 1870-71, et le comte Herbert fut assez grièvement blessé à Mars-la-Tour.

III

Phases philosophico-religieuses par lesquelles a passé M. de Bismarck. — Rationalisme. — Spiritualisme. — Piétisme. — Élément de tristesse. — La religion considérée comme base et défense de l'État. — Opposition aux innovations. — Pratiques religieuses. — Le vieux prussianisme. — La foi de M. de Bismarck. — Ses prétendues superstitions. — Influence de madame de Bismarck. — Le sentiment familial chez M. de Bismarck. — Education de ses enfants.

On conçoit sans peine que la famille Puttkamer, vouée au culte austère des Moraves (les quakers allemands), ait d'abord reculé devant la réputation peu orthodoxe du gentilhomme qui recherchait son alliance. « De la part d'un tel homme, c'est une insolence ! » s'était écriée la mère de famille ; mais mademoiselle Johanna n'était pas de cet avis, et son cœur voyait plus clair que la raison maternelle.

Elle arrivait au moment psychologique. La satiété s'emparait du viveur excentrique et blasé. Sa robuste constitution commençait à souffrir des assauts qu'on ne lui ménageait pas ; la mélancolie montrait sa face jaune.

Le hobereau enragé tournait au Hamlet pessimiste et rêvait d'émigrer dans les forêts polonaises, avec les quelques milliers de thalers qui lui restaient en poche, pour y recommencer une vie nouvelle de simple fermier-chasseur.

Il est facile de suivre les phases philosophico-religieuses par lesquelles a passé l'âme d'Otto de Bismarck, car il les a lui-même décrites sans la moindre réticence. D'abord rationaliste et incrédule, il fut ensuite ramené au christianisme, et même, dans une mesure très restreinte, à la pratique religieuse, qu'il négligea plus tard. La foi en Dieu, en l'ordre divin des choses, en l'immortalité de l'âme, en une existence personnelle, continuée après la mort, tel est, en somme, le *credo* très simple auquel se réduit sa doctrine.

Pendant sa première jeunesse, le rationalisme régnait encore en Prusse; mais bientôt le spiritualisme de Schleiermacher (qui, par parenthèse, confirma le jeune de Bismarck) détrôna les idées de Voltaire et de Rousseau. Après l'accession au trône de Frédéric-Guillaume IV, la piété, ou plutôt le piétisme, devint de mode; la noblesse s'y jeta avec ardeur. L'ancienne incrédulité fut déclarée vulgaire, et le *surnaturel* fournit matière aux conversations esthétiques des *thés de cinq heures,* déjà en vogue dans ces pays lointains.

La libre pensée ne parlait ni au cœur ni à l'imagination; non seulement on la dédaignait, mais on la redoutait comme l'alliée du libéralisme révolutionnaire; Hegel et son rejeton, le jeune hegelisme, menaçaient les institutions; il fallait conjurer le péril, et, pour les âmes pieuses, guidées par les Bunsen, les Stahl, les Gerlach, le christianisme, avec ses enseignements d'abnégation, d'humilité, de sainteté, pouvait seul élever une barrière solide contre « l'hydre de la révolution ». L'usage d'une phraséologie onctueuse et mystique s'implanta dans les plus hautes sphères de la société. Les anciens dogmes du péché originel, de la corruption naturelle à l'homme, reprirent leur empire et parurent destinés à exorciser l'anarchie.

M. de Bismarck, présenté par un ami chez une pieuse et docte dame, madame de Blachenburg, puis à la famille Puttkamer, se trouva tout à coup transporté dans une atmosphère qui agit comme un sédatif sur sa lassitude morale. On voit à quel point il s'en laissa envelopper, pénétrer d'une manière durable, par la lettre suivante, écrite de Francfort à madame de Bismarck, le 3 juillet 1851. « Avant-hier, je suis allé à Wiesbaden, où j'ai contemplé, avec un mélange de mélancolie et de tristesse à l'antique, la scène de mes folies passées. Plaise à Dieu d'emplir de son vin généreux et pur ce vase dans lequel, il y a quatorze ans, le champagne de la jeunesse moussa si inutilement, ne laissant derrière lui qu'un dépôt amer... Combien sont morts, avec qui j'ai eu des amourettes, avec qui j'ai bu, avec qui j'ai joué ! Combien mes jugements sur les choses de ce monde ont subi de transformations dans l'intervalle ! Et toujours la dernière me semblait la meilleure. Combien de choses me paraissent petites, qui me semblaient grandes autrefois, et combien de choses j'honore aujourd'hui, que je méprisais naguère ! Combien de feuilles peuvent encore croître, verdir, frémir et se flétrir, pendant les quatorze années à venir, si nous vivons jusqu'en 1865 ! Je ne conçois pas comment un homme qui médite sur lui-même et qui ne sait rien, ou ne veut rien savoir de Dieu, peut endurer la vie, malgré l'ennui et le mépris qu'elle doit lui inspirer. J'ignore comment autrefois j'ai pu me contenter de cette existence ; si je devais la recommencer sans toi et les enfants, je ne saurais vraiment dire pourquoi je ne m'en débarrasserais pas comme d'une chemise sale. »

Pendant cette excursion sur les bords du Rhin, M. de Bismarck fut saisi de l'esprit de prosélytisme ; en revenant d'une promenade « où il avait secoué la poussière des paperasses, à l'air vivifiant d'une belle nuit d'été », il racontait, à madame de Bismarck, le bain au clair de lune dont nous avons déjà parlé et ajoutait : « J'ai bu ensuite du très bon vin et je suis resté longtemps avec Lynar à fumer sur le balcon, le Rhin à nos pieds. Ma petite Bible et le ciel étoilé nous amenèrent à parler religion. Je secouai longtemps ses idées à la Rousseau, sans arriver à autre chose qu'à le réduire au silence. »

M. Busch pense que l'idée religieuse aurait pris moins d'empire sur le Prince, s'il n'eût existé, dans sa nature morale un élément de tristesse que rien n'a pu détruire et qui trouble l'harmonie de sa vie : si, de plus, le christianisme ne lui avait semblé être la base même de l'État et un moyen de défense contre l'esprit subversif du siècle ; si, enfin, la croyance en un Dieu personnel et en la vie immortelle de l'homme, ne lui avait servi de boussole et d'étoile conductrice, ne fût devenue un principe de force et de consolation dans ses doutes et ses luttes d'homme d'État. « Le pessimisme, dont il souffre plus souvent peut-être qu'il ne l'avoue, trouve un écho sympathique dans le mépris des choses de ce monde, qu'enseigne la doctrine chrétienne, et c'est là surtout, selon le même témoin de sa vie, c'est dans le sentiment profond qu'il a de la brièveté et de l'inanité de l'existence terrestre, qu'il faut chercher la cause et la raison d'être de sa foi religieuse. » Ce sentiment se fait souvent jour dans sa correspondance intime et dans sa conversation. Le 2 juillet 1856, il écrit de Saint-Pétersbourg à sa femme : « Que la volonté de Dieu soit faite ! Tout n'est, ici-bas, qu'une question de temps; les races et les individus, la folie et la sagesse, la paix et la guerre, vont et viennent comme les vagues, et la mer demeure. Il n'y a sur la terre qu'hypocrisie et jonglerie ! Que ce masque de chair nous soit arraché par la fièvre ou par une balle, il faut qu'il tombe tôt ou tard; alors apparaîtra, entre un Prussien et un Autrichien, une ressemblance qui rendra très difficile de les distinguer l'un de l'autre, s'ils sont de la même taille; les squelettes des imbéciles et des gens d'esprit ne diffèrent guère. Si l'on se place à ce point de vue, il est facile de se débarrasser du patriotisme; mais il faudrait désespérer, si l'on en était réduit à ce pis aller. »

Ne croirait-on pas entendre Hamlet au cimetière d'Elseneur ?

Dans une lettre à son beau-frère, M. Oscar d'Arnim, qui venait de perdre un fils, il disait, en 1861 : « Nous ne devons pas nous attacher à ce monde et nous y croire chez nous; dans vingt ou trente ans au plus, nous serons débarrassés de ces soucis, tandis que nos enfants auront atteint notre âge actuel et constateront avec étonnement que leur existence (commencée aujourd'hui si joyeusement) a gravi le sommet et descend la montagne. Si tout devait finir ainsi, la vie ne vaudrait pas qu'on prît la peine de s'habiller et de se déshabiller. »

Les discours du Chancelier proclamèrent, dès le début de sa carrière politique, qu'il considérait la religion comme une des bases et des défenses de l'État. C'est là, pour lui, l'un des premiers et des plus évidents enseignements de l'histoire. Qu'on en juge par ces paroles prononcées, le 15 juin 1847, à la Diète et que nos législateurs pourraient méditer avec avantage :

« Dans ma pensée, la conception d'un État chrétien est aussi ancienne que le ci-devant Saint-Empire romain et que tous les États de l'Europe ; c'est dans ce sol qu'ils ont tous pris racine, et tout État, s'il veut assurer sa durée et prouver son droit à l'existence, doit reposer sur une base religieuse. Pour moi, les mots « par la grâce » de Dieu », que les souverains chrétiens ajoutent à leur nom, ne sont nullement vides de sens. J'y aperçois la reconnaissance de ce principe : que les princes sont appelés à tenir, selon la volonté de Dieu, les sceptres terrestres que la divinité leur confie. Mais je ne peux reconnaître comme volonté de Dieu, que celle qui est révélée dans l'Évangile chrétien... Si nous privons l'État d'une base religieuse, nous trouverons que ce qui reste est simplement une agrégation de lois, faite au hasard, une sorte de barrière élevée contre l'état de guerre perpétuel par la philosophie antique. La législation ne tirera plus ses inspirations des sources de l'éternelle vérité, mais des conceptions vagues et changeantes de l'humanité. Comment il sera possible alors, de combattre les doctrines communistes, qui prétendent réhabiliter le vol et l'assassinat, en faire les armes légitimes contre l'immoralité du capital et de la propriété, j'avoue, pour ma part, ne pas le comprendre. »

Logique jusqu'au bout, il s'opposait alors à toutes les innovations qui, dans sa pensée, « attaquaient ce que le peuple tenait pour sacré : le mariage civil, une tolérance égale envers tous les cultes, l'émancipation absolue des juifs, l'abolition de la peine de mort, et en général toutes les lois « par lesquelles une sensibilité maladive semblait vouloir protéger le criminel avec plus de sollicitude que sa victime ». Entraîné par son ardeur, il s'écriait : « Si nous allons plus loin dans cette voie, j'espère voir le jour où le vaisseau du siècle, avec son équipage de fous et d'imbéciles, viendra s'échouer sur le roc de l'Église chrétienne. »

Depuis cette époque, l'expérience, les nécessités de situation et de circonstance, ont souvent mis ses actes en contradiction avec ses paroles. M. de Bismarck n'a jamais hésité à écarter une théorie qui le gênait dans la pratique; mais, au fond, ses convictions sont restées fidèles à elles-mêmes.

Quant aux pratiques extérieures du culte, il n'y a jamais attaché beaucoup d'importance et il s'en est de plus en plus dispensé. Un de ses premiers biographes, M. Hesekiel, écrivait, il y a longtemps déjà : « Le Chancelier et sa maison fréquentent l'église voisine de la

Trinité, où il fut confirmé par Schleiermacher. Il reçoit la communion de la main du conseiller consistorial (?) Souchon, qui a confirmé tous ses enfants. Quand il est empêché par quelque indisposition de venir à l'église, l'office divin est célébré, pour lui et sa famille, par un jeune chapelain. »

M. Busch déclarait, en 1884, qu'il ignorait à quelle époque ceci se rapportait et que cette assertion avait cessé d'être exacte depuis longtemps.

Le Chancelier reçoit la communion deux fois par an. « Une des raisons qui l'empêchent d'assister plus souvent aux sermons et aux réunions de sa congrégation est, nous dit l'auteur à qui nous empruntons ces détails, très justement exprimée par ce proverbe : « Servez » votre maître d'abord et Dieu ensuite. » — « Dans ma vie, écrivait, en 1865, M. de Bismarck à sa sœur, il y a tant à faire par nécessité, que je peux bien rarement faire ce qui me plaît. » Et il disait, à Versailles : « J'ai tant à faire, qu'il me faudrait des jours plus longs de cinq ou six heures. » Il ne se donne donc guère le loisir d'aller à l'église et il n'en prend aucun pour les plaisirs. En outre, il redoute le froid des temples, qui lui cause de grandes douleurs de tête : or « il n'a pas le temps de se rendre malade ». Peut-être aussi, pense-t-il servir Dieu en servant son maître ; car il proclame hautement sa mission providentielle. Comme tous les hommes appelés à jouer un grand rôle historique, à conduire les peuples, à marquer une époque de leur sceau, il évoque une divinité qui est sienne, qui lui montre la voie et dont il est l'instrument ; divinité complaisante, spécialement occupée à servir les haines, les prédilections, les ambitions de celui qui l'adore. Trop souvent elle n'est qu'un leurre, un moyen dont le grand homme, connaissant bien la puissance de l'élément surnaturel sur l'imagination des masses, se sert pour les exalter et les subjuguer; parfois, aussi, la croyance est réelle et centuple les forces de l'acteur.

Cromwell était un odieux fanatique, mais il était sincère. M. de Bismarck l'est-il toujours? Quand on lui reprochait, pendant les débats du *Kulturkampf*, de ne pas agir en 1872, conformément aux principes qu'il professait en 1849, il répondait : « Je pourrais disposer de cette allusion, en faisant simplement remarquer que j'ai eu l'habitude d'apprendre quelque chose depuis vingt-trois ans, c'est-à-dire pendant les meilleures années de ma virilité, et que, moi, du moins, je ne suis pas infaillible. Mais j'irai plus loin. Tout ce qui, dans mes paroles d'autrefois, a pu être considéré comme une profession de foi chrétienne *vivante* (l'orateur voulait, par ce mot, faire entendre que, pour lui, certains dogmes étaient morts), j'en fais encore ouvertement profession aujourd'hui, en public ou dans ma maison, et en tout temps. Mais c'est précisément ma foi chrétienne, évangélique et *vivante*, qui m'impose l'obligation de protéger, de toutes les manières, les hautes fonctions qui m'ont été confiées dans mon pays natal, pour le service duquel Dieu m'a créé. »

M. Busch affirme que son « chef » n'a jamais reculé, malgré les luttes intérieures et douloureuses qu'il a dû subir, devant le *sacrifice* de ses convictions religieuses au bien de l'État, « ayant été mis où il est, pour faire de la politique et non pour proposer des dogmes ».

Nous voulons bien croire au sacrifice; quant à la souffrance qu'a pu causer cette immolation, elle nous paraît avoir été suffisamment compensée par le succès.

Voici, du reste, comment un ami de M. Busch, et par conséquent un admirateur du Chancelier, a défini le sentiment religieux de celui-ci :

« Bismarck est évidemment un *dilettante* en matière religieuse ; il n'est pas théologien et n'a pas inventé, pour son usage personnel, un système complet de croyances. Sa religiosité est celle d'une personne pratique, qui s'efforce de protéger ses derrières le mieux possible. Il peut beaucoup, mais cependant il sent qu'il ne peut pas *tout*, que des choses et des circonstances sans nombre lui échappent. Quand ce sentiment s'empare de lui, il cherche et trouve un supplément de force ; ce supplément est ce que Napoléon Ier appelait l'*ordre des choses*, et ce que Bismarck appelle Dieu. Ces deux grands hommes ont éprouvé parfois des inquiétudes, malgré toute leur puissance et leur prescience; ils ont été envahis par une sensation d'isolement et se sont plongés, de temps à autre, dans le matérialisme et les généralités, en secouant les entraves de leur individualité. Bismarck reconnaît un autre Dieu que lui-même.

» Toutefois, son sentiment du devoir est *vieux-prussien*. Kant et Fichte aussi sont *vieux-prussiens*, prophètes de l'énergie et de la volition. Bismarck me paraît être une personnification géniale, merveilleuse de la Prusse. Les vrais Prussiens se trouvent dans les rangs de la petite noblesse, de l'armée et des fonctionnaires. Bismarck est le noble, le soldat, le fonctionnaire typique en Prusse. Avec tout cela, et pour former un contraste nécessaire, il ne manque pas d'un léger alliage de *frivolité.* »

Ce jugement est curieux; il explique, par le vieux-prussianisme, l'étrange code de moralité politique, si commodément mis en pratique par la Prusse, et par le léger alliage de frivolité, les fréquentes excentricités de l'homme de fer. Ce qu'il y a de certain, c'est que le nom de son Dieu, quel qu'il soit, se retrouve dans cesse sous sa plume et sur ses lèvres.

Le 4 septembre 1863, après la dissolution des Chambres, il écrit à madame de Bismarck : « Dieu sait à quoi cela servira... Avec l'aide de Dieu, je vais assez bien, mais l'*humilité dans la foi* est bien nécessaire pour ne pas désespérer de l'avenir du pays. »

Le 16 mai 1864, on lit, dans une lettre adressée à M. de Gerlach, à propos du Schlesvig-Holstein : « Plus je m'occupe de politique, moins j'ai foi dans les prévisions humaines. » Et il termine ainsi, après avoir exposé sa manière de voir : « Vous verrez, là dedans, mon opinion au point de vue de l'intelligence humaine; quant au reste, je suis animé d'une reconnaissance de plus en plus grande envers Dieu, pour l'appui qu'il me donne, en me faisant croire qu'il sait tourner à bien jusqu'à nos erreurs. C'est une expérience que je fais chaque jour, à ma profonde et salutaire humiliation. »

C'est une force immense, vis-à-vis de soi-même et des autres, de se persuader et de faire croire qu'on est le bras dont la Toute-Puissance se sert pour diriger et frapper; et ces grands joueurs, dont les peuples sont les jetons, ont tant d'intérêt à s'en convaincre, qu'on peut admettre, jusqu'à un certain point, leur sincérité, sinon au début, du moins lorsque l'expérience leur a démontré l'efficacité du moyen.

En 1847, M. de Bismarck disait à la Diète : « N'abaissons pas le christianisme aux yeux du peuple, en lui montrant que ses législateurs ne le considèrent pas comme une nécessité. Ne le dépouillons pas de la croyance que notre législation émane d'une source chrétienne et que l'État tend à la réalisation du christianisme, quoiqu'il ne puisse pas toujours atteindre ce but. » Il s'agissait alors de l'émancipation des juifs, et le gentilhomme de la Vieille-Marche avouait que « s'il avait à obéir à un israélite, en qualité de représentant de la Majesté très sacrée du roi, il se sentirait foulé aux pieds, écrasé; la joie et l'exaltation d'honneur avec lesquelles il remplissait ses devoirs envers l'État, s'éteindraient en lui ». Trente et un ans plus tard, le 9 octobre 1878, il s'écriait, pendant les débats sur la loi contre les socialistes démocrates : « Je mène une existence bien active ; j'occupe un poste très lucratif; mais, si j'en étais arrivé à partager les idées attribuées à ces hommes, si je ne croyais ni en Dieu, ni en un avenir meilleur, rien de tout cela ne me ferait désirer de vivre un jour de plus. » C'est sous l'influence des mêmes pensées (et peut-être aussi d'un très bon dîner), qu'il avait dit, un soir, à Ferrières, en 1870. « Si je n'étais pas chrétien, je ne consentirais pas à servir le roi une heure de plus; si je n'obéissais pas à mon Dieu, si je ne comptais pas sur lui, je ne me préoccuperais certes pas des affaires de ce monde. J'aurais assez pour vivre et pour occuper une position suffisamment distinguée. Pourquoi me tourmenterais-je et travaillerais-je incessamment? Pourquoi m'exposerais-je aux embarras, aux ennuis, aux calomnies, si je ne me sentais pas obligé de faire mon devoir, pour l'amour de mon Dieu? Si je ne croyais pas à la volonté divine, qui a décrété que la nation allemande deviendrait vertueuse et grande, je ne serais jamais entré dans la carrière politique ou, du moins, j'y aurais renoncé depuis longtemps. J'ignore d'où me viendrait le sentiment du devoir, sinon de Dieu. Les titres et les décorations sont sans charme pour moi. Je crois fermement à la vie après la mort, et c'est pourquoi je suis royaliste! Par nature, je serais plutôt porté à être républicain! C'est à ma foi inébranlable seule, que je dois la force qui m'a permis de résister à tant d'absurdités diverses, depuis dix ans. Privez-moi de ma foi et vous me dépouillez de ma patrie. Si je n'étais fermement chrétien, si mon édifice ne reposait pas sur la base miraculeuse de la religion, vous n'auriez jamais possédé un chancelier fédéral en ma personne. Trouvez-moi un successeur pénétré des mêmes principes, et je me retire immédiatement. Avec quel plaisir je donnerais ma démission! La vie à la campagne, les bois et la nature me ravissent. Séparez-moi de Dieu, et je suis capable de faire mes malles demain, pour aller récolter mes avoines à Varzin. »

M. Busch aura peine, sans doute, à nous pardonner si, dans cet épanchement intime et attendri, nous ne voyons que le délassement d'un homme très fatigué, dont les idées se brouillent un peu, sous l'impression d'un grand bien-être. M. de Bismarck confondait, ce soir-là, les époques et faisait remonter en arrière bien des pensées qui lui étaient venues successivement, ou qui même surgissaient au moment où il parlait; son républicanisme nous paraît avoir été du nombre, et nous doutons fort qu'à son entrée dans la carrière, il ait entrevu si clairement la grandeur future de l'Allemagne, ou se soit tant préoccupé de sa vertu. Quant à ses velléités de retraite, il pouvait les exprimer en toute sécurité, puisqu'il les subordonnait à la découverte peu vraisemblable d'un successeur pareil à lui. L'éventualité n'était pas bien menaçante.

Que M. de Bismarck en soit arrivé progressivement à se modeler une divinité à son image et à sa convenance, c'est très humain et par cela même fort probable; de plus, on ne saurait nier que la pensée de cette divinité le préoccupe et qu'il cherche à mettre sa conscience d'accord avec elle. Quand, le lendemain de la bataille de Sedan, le général Reille fit savoir, le matin, de très bonne heure, au Chancelier, que l'empereur Napoléon III désirait s'entretenir avec lui, on trouva sur sa table de nuit, après sa sortie, un livre de piété, tandis qu'un autre gisait sur le tapis, près de son lit; son valet de chambre, interrogé, répondit que Son Excellence avait l'habitude de lire ces livres avant de s'endormir.

M. de Bismarck est-il tolérant? Oui, absolument, en ce qui touche les dogmes; nous l'avons entendu affirmer que chacun doit aller au ciel par le chemin qui lui plaît;

« il sait qu'il vit au milieu de païens (même dans la vertueuse Allemagne!), mais il n'a pas envie de faire des prosélytes ». Cependant il met à sa tolérance une restriction formidable par son élasticité : l'intérêt de l'État ! Formule redoutable sous toute tyrannie, qu'elle soit monarchique ou républicaine. Où commence et où finit l'intérêt de l'État ?

Un homme de génie peut reconnaître qu'il s'est trompé, qu'il est allé trop loin et, après avoir décrété le *Kulturkampf*, se rapprocher de Rome ; mais on ne possède pas toujours un homme de génie, nous en savons quelque chose, et alors le soi-disant intérêt de l'État sert à justifier toutes les intolérances.

On a fait grand bruit des superstitions de M. de Bismarck. En résumé, elles se réduisent à bien peu de chose ; à une très ancienne et très vague histoire de revenant, dans un vieux château de Poméranie, à une répugnance pour certains jours et certaines dates ; et encore le Chancelier disait-il, en 1883 : « Toutes ces absurdités, au sujet de mes superstitions, ne reposent que sur des plaisanteries, ou sur les égards que j'ai pour les sentiments de certaines personnes. Je prendrai place à une table de treize convives, aussi souvent qu'il vous plaira, et je m'occupe des affaires les plus importantes le vendredi ou le 13 du mois, *si c'est nécessaire.* »

Nous espérons avoir fait connaître, par ce qui précède, un des aspects de la nature morale que nous cherchons à définir, nature, en somme, plus malléable qu'on ne pourrait s'y attendre, si l'on ne connaissait depuis longtemps l'impressionnabilité de M. de Bismarck.

Si nous avons choisi pour traiter ce sujet, le moment où il acceptait le joug conjugal, c'est que l'influence de la femme qu'il associait à sa vie s'est exercée surtout en ces matières.

Ce joug, sous lequel se courbait le *tolle Junker*, en 1847, il l'a porté depuis, avec la meilleure grâce du monde; il ne pouvait, paraît-il, être maté que par la douceur. La main de Johanna von Puttkamer prit et conserva un empire auquel rendent hommage maints passages des lettres de son illustre époux, et, par un raffinement de flatterie, il a voulu donner à cet hommage, l'éclat de la publicité. M. de Bismarck a pu, le 28 juin 1872, en célébrant ses noces d'argent, répéter le triomphant *All right!* qu'il écrivait à madame d'Arnim, en lui annonçant que l'opposition à son mariage avait cessé. M. Busch nous dit que la Princesse, élevée dans la crainte de Dieu, est naturellement vive et gaie, douée d'esprit naturel, de sensibilité, de bon goût; qu'elle aime beaucoup la musique et joue très bien du piano; qu'elle est une maîtresse de maison judicieuse et soigneuse et fort experte en l'usage des simples, comme les nobles dames d'autrefois. Elle a su partager avec intelligence les préoccupations et les espérances de son mari, même en politique; mais elle n'est pas de ces femmes qui se mêlent des affaires de l'État.

La charité chrétienne et la sensibilité de madame de Bismarck ne s'étendent pas jusqu'à la France; il faut en faire notre deuil. Le ministre répondait, à Versailles, au prince Albert de Prusse, qui lui demandait des nouvelles de la comtesse : « Oh! elle va très bien, maintenant que son fils se rétablit; mais elle souffre toujours de sa sombre haine des *Gaulois*, qu'elle voudrait voir fusiller ou passer au fil de la baïonnette, sans en excepter un seul, pas même les petits enfants, qui ne sont vraiment pas responsables d'être nés de si abominables parents! » Quelques jours après, cette douce chrétienne écrivait à son mari : « Je crains que vous ne trouviez pas de bible en France!!! En conséquence, je vous envoie le livre des *Psaumes*, afin que vous puissiez lire la prophétie contre les Français : « Je vous le dis, les impies » seront exterminés ! » — Le prophète voyait de loin !

La noble dame doit bien souffrir, car il en reste encore beaucoup, de cette race impie, malgré le zèle pieux que ses compatriotes ont mis à en occire le plus possible. Nous lui affirmons, pour adoucir un peu sa peine, que l'on trouve en France des bibles de toutes les dimensions et dans toutes les langues !

Dans ses lettres, M. de Bismarck prodigue à cette belle âme les expressions les plus tendres : « Mon cœur, mon cœur bien-aimé, » etc. Il lui écrit de partout, quand et comme il peut ; au parlement : « entre une déclaration faite et une déclaration à faire, en face d'un monsieur qui lui dit des sottises » (7 octobre 1862 !) à la chasse, en suivant le roi. Parfois le temps manque, de telle sorte que le laconisme rappelle la lettre du roi à la reine, dans *Ruy Blas*.

« 22 octobre, neuf heures du soir, 1859.

» Nous avons chassé le daim pendant cinq heures;

nous avons couru quatre lièvres et nous avons été à cheval pendant trois heures ; je m'en trouve très bien ! »

C'est tout, mais l'intention s'y trouve, et madame de Bismarck est « obligée de convenir qu'il est un correspondant exemplaire ».

Il lui envoie du jasmin de Peterhof, des clochettes bleues de Bordeaux, des *Edelweiss* de Gastein. Il n'oublie jamais de lui préparer quelque surprise pour son jour de naissance ; il charge madame d'Arnim d'acheter des bijoux, des robes, *un joli éventail doré, qui fasse frou-frou*, mais ne soit pas trop cher, **car il déteste ces inutilités** » !

Seize ans après son mariage, il refait, à la suite du Roi, une partie de son voyage de noces, et, pour l'anniversaire du grand événement, il écrit à sa femme « que, ce jour-là, elle mit le soleil dans sa vie de garçon ».

Puis, d'Ofen, il lui souhaite le bonsoir de loin et ajoute : « Où ai-je entendu ce refrain qui m'a poursuivi tout le jour : « Par la montagne d'un bleu sombre, sur l'écume » blanche de la mer, reviens, ô toi la bien-aimée ; reviens » à ta maison solitaire. » De Neuchatel, il exprime le regret de n'avoir pu, en allant de Vienne à Salzbourg, où se trouve le Roi, refaire toute la route parcourue autrefois avec elle.

« Schœnbrunn, 20 août 1864.

» Par une singulière coïncidence, j'habite précisément les appartements du rez-de-chaussée, qui sont contigus au jardin réservé, dans lequel, il y a juste dix-sept ans, nous nous sommes introduits, par un beau clair de lune. Lorsque je porte mes regards à droite, j'aperçois, à travers une porte vitrée, cette sombre avenue de hêtres où, savourant la joie intime du fruit défendu, nous nous sommes promenés jusqu'aux fenêtres derrière lesquelles j'habite en ce moment. C'était alors un des appartements de l'Impératrice, et, maintenant, je refais avec plus d'assurance notre promenade d'autrefois. »

Le souvenir attendri du *home* et de la famille et le désir d'en jouir davantage se montrent dans toute la correspondance du chancelier avec mesdames de Bismarck et d'Arnim. A cette dernière, il écrit, le 28 juin 1854 : « J'aspire à la campagne, aux bois, à la paresse, en y ajoutant des femmes aimantes et des enfants propres et bien élevés. Toutes les fois que j'entends crier dans la rue un de ces rejetons plein d'espoir, mon cœur se remplit de sentiments paternels et d'axiomes à leur usage. Comment s'entendent nos successeurs respectifs ? Les miens se conduisent-ils à peu près bien ? »

Arrivé à Saint-Pétersbourg, en 1860, il trouvait, après avoir tant erré depuis 1859, « la sensation de vivre avec les siens, n'importe où et n'importe comment, si délicieuse, qu'il ne pouvait plus s'arracher de la maison ; de cette maison où il était si heureux de voir madame de Bismarck reprendre le commandement ».

La proéminence qui indique sur le crâne de M. de Bismarck, l'amour des enfants, ne révèle que la vérité. Sa sollicitude pour les siens se manifeste dès leur petite enfance; Écrivant en 1850 à sa sœur, pour lui souhaiter sa fête, devoir auquel il ne manque jamais, il lui dit : « Jeanne t'aura dépeint mon sort actuel : le garçon hurlant en majeur, la fille en mineur; deux bonnes d'enfants chantant au milieu des langes mouillés et des biberons, et moi m'occupant de tout en bon père de famille. J'ai résisté longtemps à l'idée d'envoyer Mariette aux bains de mer ; mais, comme toutes les mères et tantes déclaraient unanimement que l'eau de la mer et le grand air pouvaient seuls sauver la pauvre petite, j'ai cédé ; car on m'aurait reproché ma barbarie paternelle et ma lésinerie, à chaque rhume que l'enfant aurait attrapé, jusqu'à sa soixante-dixième année. « Tu vois bien ! » m'aurait-on dit ; « Ah ! si Mariette était allée aux bains de mer ! » Le petit être souffre, du reste beaucoup, depuis quelques jours, de ses yeux qui sont tout larmoyants et collés. Peut-être cela vient-il des dents œillères ? Jeanne est inquiète outre mesure et, pour la satisfaire, j'ai fait venir le docteur de Stendal. »

C'était peut-être bien pour se satisfaire aussi ; car, pendant plusieurs années, les épreuves successives, imposées par la nature à l'enfance, tinrent une grande place dans la vie de l'homme politique et se jetèrent à la traverse des devoirs officiels.

Plus tard, pendant la première jeunesse de ses enfants, ce furent les questions d'éducation qui absorbèrent l'attention du père. A Saint-Pétersbourg, il les examinait chaque samedi, sur les études de la semaine, puis s'entretenait ensuite, avec leurs professeurs, sur les meilleures méthodes d'enseignement. Le terrible climat russe était aussi un sujet de préoccupation ; les mères russes enferment leurs enfants dès que le thermomètre marque 10 degrés de froid; M. de Bismarck allait jusqu'à 15, mais cette limite dépassée, il était inflexible et constatait, avec un soulagement évident, « qu'après trois semaines de prison et les friandises de Noël, les mines restaient assez bonnes ».

Pendant ce temps, mademoiselle Marie « faisait des progrès qui réjouissaient le cœur paternel; elle devenait une petite personne raisonnable, mais restait très enfant, à la grande joie de son père ».

Après 1871, celui-ci s'occupa spécialement de compléter lui-même l'éducation du comte Bill, qui, moins indépendant que le prince Fritz, dut apprendre la langue polonaise.

Quant à l'instruction administrative et politique de ses fils, voire même de son gendre, le Chancelier y ajoute sans cesse, en les appelant tour à tour près de lui, en qualité de collaborateurs.

Nous avons déjà parlé de la lettre qu'il adressait à son beau-frère, M. d'Arnim, dont le fils aîné venait de mourir. Sa première pensée avait été de courir près des parents désolés; mais l'état de sa propre santé l'avait retenu. « Un pareil coup ne saurait être atténué par aucune consolation humaine, disait-il, et cependant on éprouve naturellement le désir d'être près de ceux qu'on aime, lorsqu'ils souffrent, et de mêler ses plaintes aux leurs. C'est là tout ce que nous pouvons faire. Tu ne pouvais guère être atteint d'une plus grande douleur. Perdre ainsi un enfant si aimable et qui prospérait si bien, et perdre, avec lui, toutes les espérances qui devaient faire la joie de tes vieux jours, c'est là un chagrin dont tu ne guériras pas, tant que tu seras sur cette terre; je le sens, à la compassion profonde et douloureuse que tu m'inspires. »

Il écrivait dans une autre circonstance: « J'éprouve pour*** la plus vive compassion. Perdre des enfants est pire que de mourir soi-même; c'est tellement contre nature! Mais il se passe peu de temps avant qu'on les suive dans la tombe. »

Cet homme, à qui la destinée prodigue tout, se réjouit aujourd'hui dans les enfants de ses enfants. Sa fille lui a donné trois petits-fils, « vigoureux petits gaillards » qui viennent égayer le palais de la Wilhelmstrasse, et dont l'aîné porte invariablement la casquette de petite tenue des cuirassiers jaunes, le régiment de son grand-père!

DEUXIÈME PARTIE

CARRIÈRE PARLEMENTAIRE

(1846-1851)

I

Voyage de noces. — Rencontre avec le roi Frédéric-Guillaume IV, à Venise. — M. de Bismarck à la Diète fédérale prussienne. — Plus royaliste que le roi. — M. de Bismarck orateur. — Son dédain pour l'éloquence. — Révolution de 1848. — La *Gazette de la Croix*. — M. de Bismarck journaliste. — Intransigeant royaliste au Parlement. — Violence dans ses discours. — Système gouvernemental de M. de Bismarck. — Le roi est tout, le Parlement n'est rien. — Le Rocher de bronze de Frédéric-Guillaume Ier. — Hobereaux parlementaires. — Horreur du parlementarisme. — Le *salus publica*. — Tout pour et par la Prusse. — L'armée. — Le parlement d'Erfurt. — Accalmie. — — Repos à Schœnhausen. — La buraucratie. — La presse. — Derniers jours de la carrière parlementaire proprement dite. — Olmütz. — L'hégémonie de l'Autriche défendue par M. de Bismarck. — Le roi Frédéric-Guillaume IV le nomme conseiller privé de légation à Francfort. — Le Chancelier au Parlement depuis son omnipotence. — Rareté et importance de ses apparitions. — Son attitude. — Son implacabilité.

Le jeune seigneur de Schœnhausen avait donc rompu avec le célibat et ses folies ; il voyageait en plein pays de Tendre, par la Suisse, l'Autriche, le Tyrol et l'Italie, quand il rencontra, par hasard, à Venise (d'aucuns prétendent qu'on aida au hasard), son maître et seigneur, le roi Frédéric-Guillaume IV. Le Roi invita son féal à sa table. Pourquoi désirait-il voir de près ce jeune homme, considéré par tous comme un cerveau brûlé et s'entretenir avec lui? Pourquoi écouta-t-il avec tant d'intérêt sa parole hardie, et, après l'avoir entendue, se promit-il de ne plus perdre de vue celui qui exprimait mieux que lui sa pensée secrète?

C'est que déjà cette parole audacieuse et vibrante avait retenti et soulevé des tempêtes dans le Parlement, nouvellement assemblé, pour satisfaire aux aspirations libérales de la nation, trop longtemps étouffées.

Lorsque M. de Bismarck épousa mademoiselle von Puttkamer, il était, depuis quelques mois, membre de la Diète fédérale prussienne, où il avait apporté sa violence et conservé très justement son surnom de *tolle Junker*. Aussitôt qu'il parla, il devint l'enfant terrible du parti réactionnaire. Plus royaliste que le roi, il arriva, résolu à enrayer de toutes ses forces le mouvement libéral.

Le chevalier de la Vieille-Marche incarna en lui, le sentiment féodal d'attachement personnel au souverain et combattit ce souverain lui-même, quand il crut le voir s'engager dans la voie des concessions dangereuses.

Son premier discours déchaîna un tumulte qui se renouvela dans presque toutes les circonstances, pendant les trois années qui précédèrent sa nomination à Francfort. Si l'on consulte les annales parlementaires de cette période, on voit que chaque apparition du jeune orateur est accompagnée de ces remarques : « Acclamations, profonds murmures, grand tumulte, interruption orageuse, commotion, sensation, exclamations, » etc. Néanmoins cette parole impétueuse, violente, inégale, frappait par ses excès mêmes et forçait l'attention, à défaut de grande estime.

Ici se pose cette question : M. de Bismarck est-il un orateur ? Non, sans doute, au point de vue strict des règles de l'art; oui, certes, si l'originalité, la spontanéité, la force de l'expression, et la profondeur de la pensée donnent des droits à ce titre. Lui-même n'y prétend pas; il professe un certain dédain pour l'éloquence proprement dite. « J'ai déjà fait observer, disait-il à la Chambre, le 4 février 1866, que je ne suis pas un orateur. Je ne peux ni vous émouvoir, ni obscurcir les faits, en jonglant avec les mots; ma parole est simple et sans art. »

Il aime à rappeler que Macaulay, Kant et d'autres grands penseurs, ont exposé, comme lui, les dangers de l'éloquence, le mal qu'elle a causé dans les parlements, le temps qu'elle a gaspillé. A l'appui de sa thèse, il citait un jour le conseil fédéral : « Il ne fait pas étalage d'éloquence, disait-il, et cependant il a fait plus que personne pour la cause allemande. Je me souviens qu'au début, il paraissait vouloir entrer dans cette voie, mais je coupai court par ces mots : « Messieurs, il n'y a rien à gagner » ici, par les beaux discours, attendu que chacun de vous » apporte ses convictions, autrement dit ses instructions, » dans sa poche. L'art oratoire n'est qu'une perte de temps. » Bornons-nous à exposer les faits. » C'est ce qu'ils firent.

Personne, après cela, ne prononça un long discours, et notre besogne s'accomplit promptement. »

Il soutient, non sans raison, que, « dans tout grand orateur, il y a un poète, et que, par conséquent, il ne peut se restreindre à la vérité. Il faut qu'il soit inflammable, pour enflammer son auditoire ; d'où je conclus qu'il ne peut être un homme d'État *sûr*. La sensibilité, et non le bon sens, doit dominer dans sa nature, et je crois incompatible avec la constitution physique de l'humanité qu'un homme soit jamais, en même temps, un grand orateur et un juge de sang-froid ».

L'occasion de décocher une de ses flèches aux Français, était trop belle pour la laisser échapper. « Tout ce qu'il leur faut, selon lui, c'est une attitude majestueuse, un langage pompeux, un maintien imposant. Peu importe ce que contient un discours, pourvu qu'il résonne bien et promette quelque chose. »

Les annales de l'éloquence française peuvent dédaigner une telle attaque, bien étrange de la part d'un homme qui sait l'histoire.

Ce n'est donc pas par l'élégance, le brio, la rhétorique, l'agencement des parties, que se distingue la parole du Chancelier. Les frivoles Gaulois (on affecte, au delà du Rhin, de nous désigner ainsi), qui ont la faiblesse de prendre en considération ces futilités, pourraient lui appliquer le mot de Diderot, à propos de Frédéric : « C'est dommage que l'embouchure de cette belle flûte soit gâtée par quelques grains de sable du Brandebourg ! »

Pas plus que Cromwell, M. de Bismarck n'est un rhétoricien de race. Ses gestes manquent de grâce ; sa voix de ténor enroué, n'est ni musicale, ni puissante. « Non seulement il parle lentement, mais encore, au commencement de son discours, il s'arrête tous les trois ou quatre mots; on pourrait le croire obligé de surmonter quelque difficulté organique, pour prononcer ses paroles. Il se balance en avant et en arrière, roule ses pouces et, de temps en temps, regarde un petit papier, sur lequel il a jeté quelques notes. Quelqu'un qui ne le connaîtrait pas le croirait embarrassé, voire même intimidé. Il n'en est rien. Il prend en considération ceux qui l'écoutent, mais leur présence le gêne probablement moins que tout autre orateur. Il met son cœur et son âme dans ce qu'il dit; il veut exprimer tout ce qu'il pense sur la question en cause et ne se préoccupe guère de savoir si sa manière de parler plaît ou non. Quand il s'arrête, ses auditeurs sentent qu'après tout, ils ont écouté quelque chose qui en valait la peine, que chacun des mots dont Bismarck s'est servi, après s'être donné tant de peine pour le trouver, était bien le mot de la situation. Quelqu'un l'interrompt; il ne réplique pas avec la promptitude de l'éclair, mais après quelques secondes; le temps de peser ce qu'il vient d'entendre; alors une réponse écrasante tombe lourdement sur l'interrupteur et fréquemment fait rire à ses dépens. Bientôt l'orateur s'échauffe et la fin de son discours est très bonne, même au point de vue exclusivement oratoire. La plus grande partie de ce qu'il dit, pendant le débat, ne perd pas à la lecture (quoique, selon un autre écrivain, la phrase imprimée soit parfois longue d'un pied) : c'est plein de sens commun, de logique et dépourvu de phrases sonores et creuses. Si ce que dit Bismarck était sans valeur et sans force, on n'y ferait aucune attention ; mais, en général, ce qu'il énonce, a tant de poids, que, tout en parlant mal, il se fait écouter plus que personne[1]. »

Comment s'en étonner devant tant de force, de richesse d'idées, de profondeur et de lucidité ? Quelle adresse perfide, quel *humour* mordant, quelle ironie incisive et souvent cruelle ! Quelle habileté à dissimuler son objectif réel, quant il le croit nécessaire ! A faire étalage de franchise, quand elle peut égarer ; à exposer les contradictions, le manque de sens pratique chez ses adversaires, sans révéler le fond de sa propre pensée ! N'a-t-il pas fait croire, pendant longtemps, qu'il était incapable de cacher ses projets ? Que de béquilles ce Sixte-Quint moderne a jetées ! Et comme il a joui des mystifications qu'il a semées partout ! Combien de fois il a pu dire, comme à propos de son discours sur l'admission du grand-duché de Bade dans la confédération du Nord, le 24 février 1870 : « Mon discours dissimulait un important mouvement en avant, que *ces bonnes gens* n'ont pas remarqué. J'ai seulement tâté le terrain. »

Cependant l'habile homme se rappelle la maxime de son prédécesseur, Frédéric : « La réputation de fourbe est aussi flétrissante pour le prince, que désavantageuse à ses intérêts » ; et, confiant dans la *badauderie* humaine, il essaye de faire croire à son impeccable loyauté, en la proclamant à tout propos.

---

1. *Le Prince de Bismarck*, par un de ses contemporains, M. Ludolph Lindau.

« Il croit comprendre l'honneur prussien (encore une variété spéciale, comme l'idéal de l'épouse allemande!) aussi bien que personne et pense l'avoir prouvé par toute sa conduite... Il prie ses adversaires de croire qu'il a une conscience, qu'il est homme d'honneur et que, si on ne lui accordait pas ce caractère, il n'aurait pu conserver si longtemps l'administration d'un peuple auquel l'honneur est cher ; et si, s'appuyant sur sa conscience, ce dont il a le droit pour le moins autant que tout autre (il dit : conscience pour conscience), on ne veut pas faire comme il fait, il dépose son mandat et la triste question de cabinet, etc., etc. ». On connait cette rubrique ! Ces protestations de franchise, de droiture, de bonne foi et de désintéressement deviennent suspectes par leur trop fréquente répétition.

Parfois l'abondance des idées embrouille, enchevêtre la parole de l'orateur ; la phrase lourde, heurtée, décousue, semble péniblement travaillée ; puis tout à coup, de ce chaos, de ces obscurités, jaillissent l'éclair et la foudre. Une image saisissante jette des flots de lumière : un mot définit un homme, résume une situation, un long passé, ouvre les horizons de l'avenir. Tout lui est bon alors ; il emprunte aux langues étrangères, au théâtre, aux chansons, aussi bien qu'à la Bible et aux grands poètes. Ne trouva-t-il pas un jour, dans le libretto du *Freischütz*, une de ses plus heureuses inspirations oratoires ? C'était en 1848 ; les ultra-libéraux offraient à Frédéric-Guillaume IV la couronne impériale : « C'est le radicalisme qui apporte au roi ce cadeau, s'écria le Junker député ; tôt ou tard le radicalisme se dressera devant le Roi, réclamera sa récompense et, montrant l'emblème de l'aigle, sur le nouveau drapeau impérial, il lui dira : « Pensais-tu que cet aigle fût un don gratuit? »

Ce sont les propres paroles que, dans le drame, le démon, sous les traits de Robin, adresse à Max, quand il exige son âme, en échange des balles enchantées.

Pour bien expliquer sa pensée, M. de Bismarck ne recule ni devant les métaphores risquées, ni devant les expressions familières. C'est rude et trivial souvent, mais c'est toujours fort. On les connaît ces mots terribles, inoubliables, qui ont sillonné l'Europe comme des traits de feu, laissant derrière eux une lueur sinistre; et nous aurons, en avançant, l'occasion d'en rappeler quelques-uns. On peut sans injustice, lui appliquer ce qu'il a dit de son adversaire Windthorst : « L'huile de ses paroles n'est pas de l'espèce qui cicatrice les blessures, mais de celle qui entretient les flammes. » Il en donna l'avant-goût dès son début au Parlement et montra, du premier jour, à quelle intrépide insolence on allait se heurter. Assailli par des apostrophes qui couvraient sa voix, il tira de sa poche un journal qu'il se mit à lire tranquillement; puis, le tumulte apaisé, il répéta, sans y rien changer, ce qu'il avait déjà dit, et descendit de la tribune sur ces mots prophétiques: « On me rappelle que je suis jeune, que je n'ai rien fait pour mon pays et que je n'ai pas de leçons à donner; soyez sans crainte : le jour n'est peut-être pas éloigné, où je ferai pour mon pays ce que vous me reprochez de n'avoir pas fait. »

La révolution de mars 1848 éclata; une constitution

libérale fut arrachée au poétique, bien intentionné, mais faible et indécis monarque, Frédéric-Guillaume IV. Pendant que le sang coulait sur les barricades et que les meneurs habituels de ces sortes de drames déclamaient dans toutes les villes de la Confédération, le gentilhomme de la Vieille-Marche, frémissant de colère, déclarait, sans ambages, « que toutes les grandes cités devraient être détruites et rasées de la terre, comme des foyers éternels de révolution ». Pour lui, la révolution, c'était le vol et pas autre chose. Il se tenait à l'écart, farouche et dédaigneux, ne comprenant pas « pourquoi le Roi ne débarrassait pas les rues et le gouvernement par une bonne volée de mitraille ».

Mais il n'était pas fait pour rester longtemps inactif dans la tourmente. S'il dédaignait de siéger dans une assemblée de démocrates, il pouvait servir sa cause par d'autres moyens. Il revint à Berlin, se jeta résolument dans le parti réactionnaire, et, puisqu'on ne faisait pas appel à son épée, il prit une plume pour frapper d'estoc et de taille, dans la *Gazette de la Croix*.

Le Roi, qui n'avait pas oublié les conversations de Venise, appelait souvent son fidèle serviteur à Sans-Souci. Un jour, il lui demanda s'il approuvait sa politique constitutionnelle. M. de Bismarck répondit hardiment : « Non ! — Alors vous n'êtes pas décidé à me soutenir dans mes réformes libérales ? — Logiquement, Votre Majesté, je ne le puis. — Et quoi ! pas même comme vassal assermenté de la couronne ? »

Le gentilhomme s'arrêta, changea de couleur et réfléchit. Le Roi avait touché la corde sensible. Eh bien, oui, il serait fidèle à Sa Majesté jusqu'au bout, même dans l'aventure téméraire et sans espoir, où elle s'était engagée !

A partir de ce jour, il fut l'homme du Roi quand même, plus par conscience que par conviction. Afin de le mieux servir, il se fit élire député au premier parlement prussien, qui se réunit le 26 février 1849, pour reviser et sanctionner la constitution accordée par la couronne. C'est naturellement à la tribune parlementaire qu'il a eu le plus d'occasions d'exprimer ses idées en matière gouvernementale ; c'est donc à ses discours de simple député ou de ministre que nous laisserons le soin de nous les faire connaître. En somme, elles n'ont jamais varié quant au fond, et nous répéterons ici ce que nous avons dit à propos de ses convictions religieuses : les circonstances ont pu lui arracher des concessions, le mettre en contradiction apparente avec lui-même, mais ses principes autoritaires sont restés inébranlables.

Le député de Brandebourg défendit exclusivement les parties de la constitution qui confirmaient le droit divin de la monarchie. Intransigeant pour le trône et pour l'autel, il se fit gloire « d'appartenir à une opinion accusée d'obscurantisme et de tendances moyen âge ». Il n'admettait nullement la souveraineté du peuple et déclarait que le suffrage universel, introduit plus tard par lui dans tout l'empire allemand, était un péril social et un outrage au bon sens. Le vieil esprit prussien ne reconnaissait que les droits de la couronne, et ce vieil esprit, disait-il, « est un Bucéphale qui se laisse monter par son maître légitime, mais qui jettera par terre tout cavalier d'occasion ».

Jamais il n'accepta le parlementarisme comme on l'entendait en Angleterre et en France, parce que les conditions n'étaient pas les mêmes. — Allait-on, chaque fois que la couronne se prévaudrait des droits que lui réservait la constitution, ouvrir un feu roulant d'adresses, de votes hostiles, etc., jusqu'à ce que le ministère se rendît à discrétion? Ce serait admettre que le pouvoir exécutif est transféré à la Chambre basse; que les ministres ne sont pas les serviteurs du Roi, mais de la Chambre, et que, en fait, il ne reste au souverain que les symboles extérieurs du pouvoir. « J'espère, Messieurs, que, grâce à Dieu, nous n'en arriverons pas là! », s'écriait M. de Bismarck, le 22 janvier 1864.

Contraint de subir le Parlement qu'il déteste, il le brave plus souvent qu'il ne le flatte, et frappe, sans se lasser, sur ses ignorances, ses présomptions, ses curiosités indiscrètes; il relève ses attaques virulentes et souvent grossières, par des répliques plus violentes encore, et se vante néanmoins, avec audace, de n'avoir jamais dépassé les limites d'une liberté permise. Il est vrai qu'il a étrangement reculé ces limites. Se permet-on de rire, quand cet apôtre de l'absolutisme parle du *libéralisme exagéré* de la Prusse, il répond :

« Vous pouvez penser avec quelle hilarité intérieure, j'entends vos rires, qui témoignent d'une telle ignorance des faits ! » Un député suggère-t-il que les opinions de M. de Bismark paraissent inhérentes à l'habit qu'il porte : « Je ne traite des questions de toilette, réplique-t-il, qu'avec les gens qui ont ces questions-là dans leur ressort ! » Voici comment il s'adresse à un homme considérable, M. de Bunsen : « Quant à ce qui se passe dans les séances du conseil des ministres, le préopinant n'en a qu'une idée obscure. Je lui dirai seulement que, dans ces séances, quoi qu'il arrive, personne ne s'étonne. Nous départirions-nous de cette habitude, si l'on nous tenait un discours comme celui qu'on vient d'entendre, avec cette prétention de se donner une importance d'homme d'État ? c'est ce que je ne peux aussi sûrement affirmer. »

La colère est mauvaise conseillère, et, sous son influence, M. de Bismarck se laisse emporter à des invectives qui rabaissent singulièrement son caractère et sa dignité. N'eut-il pas le triste courage de répondre par un misérable jeu de mots, aux *adversaires aveugles* qui plaidaient la cause du roi de Hanovre? Et, quelques jours plus tard, à propos de la légion hanovrienne, réunie en France, et des mesures de surveillance occulte, prises à son égard, ne trouvait-il pas des expressions grossières, pour qualifier les émigrés restés fidèles à leur serment et à l'infortune : « Partout où la *pourriture* s'est mise, dit-il, foisonne une vie que l'on ne peut guère saisir avec des gants propres. Retirez donc vos reproches d'espionnage. Je ne suis pas né pour le métier d'espion ; ce n'est pas là ma nature. Mais nous devons poursuivre ces *reptiles* jusque dans leurs repaires et voir ce qu'ils y font. C'est par là que nous mériterons vos remerciements. Essayez vous-mêmes de toucher de la poix sans vous salir les mains. » Et la Chambre écoutait sans protester ! Comment s'étonner, après cela, des insolences du maître?

Un orateur de la droite se permet, un jour, de désigner du doigt le ministre; avec un bon goût qu'on appréciera, celui-ci prétend que « monsieur le député n'avait pas besoin d'employer *force gesticulations* qui laissent à désirer sous le rapport de la grâce ».

Enfin, comble de modération, le 2 juin 1865, M. de Bismarck proposait poliment à M. de Virchow, l'orateur de la gauche qui a, peut-être plus que tout autre, le don de l'exaspérer, de se couper la gorge ensemble!

Que faisait, pendant ce temps, le président? Que pouvait-il faire? M. de Bismark, rappelé un jour à l'ordre, en 1863, avait « dénié » à M. le président le droit de faire une interruption disciplinaire, au sujet des paroles prononcées par lui. « Je n'ai pas l'honneur, avait-il ajouté, d'être membre de cette Assemblée; je n'ai pas fait votre règlement; je n'ai pas pris part à l'élection de votre président; je ne suis donc pas soumis aux règles disciplinaires de la Chambre. Le pouvoir de M. le président a pour limite la place que j'occupe ici. Je ne reconnais d'autorité supérieure à la mienne que celle de Sa Majesté le Roi... Je parle ici en vertu, non pas de votre règlement, mais de l'autorité que Sa Majesté m'a conférée et du paragraphe de la constitution qui prescrit que les ministres, en tout temps, devront obtenir la parole, s'ils la demandent, et être écoutés (*Interruptions*). Vous n'avez pas le droit de m'interrompre! » Depuis, les présidents se le sont tenu pour dit.

Conclusion : M. de Bismarck ne se reconnaît responsable qu'envers le Roi; or le *Roi règne et gouverne*. La constitution lui en confère le droit, et, quels que soient les compromis qu'on ait acceptés pour arriver à s'entendre, le droit de la couronne n'a jamais été sacrifié. Sur ce point, les discours du Chancelier n'ont varié en aucune circonstance ; en 1882, comme en 1849, il déclarait à la Chambre que les prérogatives de la monarchie sont immuables en Prusse. Il disait, le 24 janvier de cette année : « Je trouve, dans l'admirable ouvrage de M. Taine sur *l'Origine de l'histoire contemporaine*, la définition du gouvernement que vous voudriez avoir : le Roi, tel que le rêvaient les girondins, serait une sorte de président honoraire de la république, auquel on donnerait un conseil exécutif, nommé par l'Assemblée. » C'est ce que la Prusse n'a jamais vu et ne verra jamais, tant que son grand homme d'État restera au gouvernail. Ce serait une opposition flagrante avec la tradition, l'histoire, le sentiment populaire, qui est absolument monarchique, et la constitution, qui veut que le Roi gouverne, décide la paix et la guerre, choisisse ses ministres, et que les lois rejetées par lui ne soient plus proposées.

M. de Bismarck défendait la même cause, quand il s'écriait, en 1864, mû par une de ces inspirations pittoresques dont il a le privilège : « Le rocher de bronze de Frédéric-Guillaume Ier n'est pas ébranlé ; il représente la fondation de l'histoire prussienne, de la renommée prussienne, du rang de la Prusse parmi les grandes puissances, de sa monarchie constitutionnelle. Vous ne réussirez pas à ébranler ce roc par vos associations nationales, vos résolutions et votre *liberum veto*. »

M. de Bismarck réduit, autant que possible, la Chambre

des députés à la portion congrue. Il lui refuse le droit, reconnu partout ailleurs, de fixer le budget; si elle résiste, il passe outre; on l'a vu administrer ainsi pendant des années, pourvoir, de son autorité privée, aux dépenses qu'exigeait la réorganisation des armées allemandes et venir ensuite réclamer un bill d'indemnité, signé : Sadowa!

S'il y a conflit, peu lui importe; trois volontés sont en présence : celle du Roi, celle des seigneurs et celle des députés; elles sont égales d'après la constitution, donc il faut transiger; mais, pour le Chancelier, la volonté du Roi est supérieure à tout, et l'idée qu'elle puisse céder, est inadmissible. Et les seigneurs? Là, c'est très simple; on nomme, au besoin, un certain nombre de nouveaux membres, pour se faire une majorité ministérielle. Mais on s'est autrefois élevé très énergiquement contre ce procédé? Ce n'est pas une raison; n'a-t-on pas déclaré qu'on s'instruisait avec le temps? En conséquence, si le Parlement parle économie, on lui répond utilité publique; s'il prétend savoir pourquoi et comment on fera la guerre, on « lui donne l'assurance, ainsi qu'à l'étranger, que, si l'on juge nécessaire de faire la guerre, on la fera *avec ou sans* son approbation ». S'il se montre trop curieux de la politique étrangère, il s'entend dire « que la voie adoptée entre gouvernements, pour s'arranger, est celle de la correspondance diplomatique et *non celle de la déclamation publique* ».

L'ancien hobereau en vient à qualifier ceux qui lui font de l'opposition « de hobereaux parlementaires, abusant de leurs privilèges ».

Et le bon Parlement accepte tout, comme on l'a dit, « avec une soumission de cadavre ».

Donc, en matière gouvernementale, M. de Bismarck n'admet que l'ombre du régime constitutionnel : il l'a proclamé hardiment : « Ce qu'il veut, c'est une dictature, pour une politique allemande. » L'État, c'est le Roi; et le vrai roi, c'est le Chancelier; aussi met-il à défendre son pouvoir, tout ce qu'il a d'audace, d'habileté ou de violence, selon le cas. Lorsque, le 16 avril 1869, on proposa la création d'un ministère fédéral, chargé d'assurer l'administration régulière de la confédération du Nord, il bondit sous le coup et se déclara prêt à résigner ses fonctions, « plutôt que de devenir une cinquième roue à un carrosse »; rappela tout ce qu'il avait accompli, se plaignit « que, pour lui faciliter la tâche, on voulût lui lier les pieds et les mains et le faire tenir en laisse par des collègues, quand, pour lui, l'idéal d'un bon gouvernement serait *un seul* ministre responsable »; et il ajouta : « Ce ne serait pas me faciliter le travail que de me donner des collègues, et *je ne suis pas homme à en accepter*. Je m'appuie sur les droits que me donne la constitution. Tel l'office de la chancellerie fédérale est institué, tel j'ai accepté de le maintenir. Me donner un collègue, ce serait nommer mon successeur. »

La question de cabinet et le spectre français sont les deux épouvantails, au moyen desquels le Chancelier réduit son Parlement à l'esclavage le plus complet. Ils ont beaucoup servi et ils n'ont rien perdu de leur puissance terrifiante!

Faut-il s'étonner d'entendre M. de Bismarck « remercier le ciel de ce que le système parlementaire des Anglais, des Français, des Belges et des Italiens, ne règne pas en Prusse? De ce que la constitution de son pays ne livre pas, de jour en jour, son bien-être et sa prospérité à la merci des majorités ». N'a-t-il pas le droit d'affirmer que rien n'est plus lourd à porter que le joug de celles-ci, et de croire que rien ne protège plus réellement les intérêts des faibles, qu'un pouvoir monarchique, fort et solide, capable de contenir les représentants du peuple, avec leur fanatisme pour les doctrines *à la mode*?

Pas n'est besoin d'être Junker, pour craindre les effets de ces doctrines. L'expérience en a démontré quotidiennement le danger, aussi bien pour leurs partisans que pour leurs adversaires, et les paroles prononcées, en 1848, par le député de la Vieille-Marche, apparaissent en lettres de feu, comme un *Mané Thecel Pharès* menaçant : « Ce ne sont pas les débats et les majorités parlementaires qui décideront entre les deux principes hostiles; mais, tôt ou tard, le Dieu des batailles tranchera la question d'un seul coup de son dé de fer. »

Dès la première rencontre, le *tolle Junker* entra en lutte avec les démocrates. L'un d'eux, M. d'Ester, lui dit un jour : « Monsieur de Bismarck, vous êtes le seul de votre parti qui nous combattiez courtoisement. En conséquence, nous vous proposons un arrangement : si nous sommes vainqueurs, nous vous protégerons; dans le cas contraire, vous en ferez autant pour nous? » La proposition n'agréa pas au Junker. « Non, répondit-il poliment;

si votre parti l'emportait, mon petit d'Ester (M. d'Ester était en effet très petit), la vie n'aurait plus aucun charme pour moi; si nous l'emportions, le gibet serait à l'ordre du jour, mais toujours poliment, jusqu'au dernier degré de l'échafaud, nous vous pendrions avec une corde de soie! »

C'est à ce même M. d'Ester qu'il montrait, après une discussion à la Chambre, une petite branche d'olivier cueillie sur la tombe de Pétrarque et de Laure, à Vaucluse, en lui disant que, quelque jour, il la tendrait au parti progressiste. On sait qu'il a tenu parole.

Les compromis ne l'effrayent pas; il a peu à peu accepté cette maxime d'Odilon Barrot, « que le régime constitutionnel est une série de compromis ». Si la loi devenait immuable, « elle détruirait la liberté individuelle, le progrès, et cristalliserait les aspirations les plus élevées d'un peuple. Toutefois les conflits ne sont que des épisodes, pendant lesquels il faut combattre vaillamment, mais qu'il ne faut pas considérer comme une institution permanente ».

M. de Bismarck « ne regarde pas comme son devoir de ministre, de fermer les voies, ou de rejeter les moyens qui modèrent l'acrimonie des antagonismes et unissent les adversaires, pour atteindre un but élevé ». Il s'empresse, au contraire, de tendre la petite branche d'olivier. Il est avant tout pratique. Pour lui, penser et agir en homme d'État, c'est savoir ce que l'on veut, penser et agir conformément aux enseignements de l'histoire et à la nature des choses, ne désirer que ce qui est possible et ne pas dédaigner le bien, parce qu'on ne peut pas atteindre au mieux; faiblesse qui, s'il faut l'en croire, caractérise la race germanique.

Le Chancelier affirme que l'homme d'État *ignore la vengeance et l'arrogance*, et ne fait la guerre que pour assurer la paix. Il se pose en instrument impassible du destin, sans passion d'aucune sorte; c'est le char de Jaggernaut écrasant, sans le savoir, tout ce qui se jette, ou est jeté sous ses roues! Il y aurait là de quoi confondre, s'il n'avait reconnu hautement la *jobarderie* (le mot est de lui) de l'humanité. On le retrouve mieux, quand il déclare « que la seule base solide d'un grand État est l'égoïsme, et qu'il est indigne de tout grand État, de combattre pour autre chose que pour son intérêt ».

Ici, encore, nous reconnaissons le disciple de Frédéric, pour qui « l'avantage de la nation faisait la règle et constituait tout le devoir du souverain ». Aussi M. de Bismarck méprise-t-il, au suprême degré, le *sentiment* en politique et n'y voit-il qu'inintelligence ou pose. C'est pourquoi il se vante de n'avoir jamais, quoi qu'on ait prétendu, été inféodé à un parti, et de s'être rapproché de tous, tour à tour et invariablement, dans l'intérêt de la Prusse et de l'Allemagne.

De même qu'en 1850 il disait aux libéraux : « Démontrez-moi que l'intérêt de mon pays veut la guerre, et je vote avec vous; » de même, trente ans plus tard, il se rapprochait d'eux, parce qu'ils avaient une majorité incontestable dans la Chambre et qu'avant tout il fallait maintenir le prestige de l'empire à l'extérieur, et faciliter sa politique étrangère, en prouvant que l'union et l'harmonie régnaient à l'intérieur.

Un discours, prononcé le 14 février 1881, résume nettement le système progressif du Chancelier et, en même temps, donne un excellent spécimen de son éloquence familière. On lui reprochait d'avoir trop souvent et trop brusquement changé sa manière de voir sur différentes questions.

« Oui, répliquait-il, il y a vingt ans, vous et moi, nous pensions de même, nous étions aussi sages l'un que l'autre; aujourd'hui, je suis plus sage que vous, car j'ai appris quelque chose. Mais ce n'est pas ainsi que j'entends m'excuser. Pour moi, une seule boussole a jamais existé : le *salus publica*. J'ai souvent agi témérairement et sans assez réfléchir; mais, toutes les fois que j'ai eu le temps de la réflexion, j'ai tout subordonné, tant que je n'ai été que Prussien, à cette question : Qu'est-ce qui vaut le mieux pour mon pays natal? Qu'est-ce qui sera le plus utile à ma dynastie? Et aujourd'hui, j'ajoute : Qu'est-ce qui convient le mieux à la nation allemande? Je n'ai jamais été un doctrinaire; tous les systèmes par lesquels les partis se considèrent liés ou désunis, ne sont, pour moi, que des considérations secondaires; avant tout, il y a la nation, son rang à l'extérieur, son indépendance, son organisation à l'intérieur, afin qu'elle puisse respirer à l'aise dans le monde, comme un grand peuple. Après cela, libéraux, réactionnaires, conservateurs, constitutionnels, j'avoue très franchement, Messieurs, que tout cela n'a plus pour moi qu'une importance très relative et que les doctrines ont une bien mince valeur. Avant de bien meubler la maison, il faut la construire solidement. Élevons d'abord un édifice durable, fortifié au dedans comme au dehors, et solidifié par des liens nationaux ; ensuite vous pourrez me consulter sur la manière plus ou moins libérale de décorer l'intérieur. Peut-être vous répondrai-je : Je n'ai pas à ce sujet d'opinion préconçue ; faites-moi des propositions, et, si elles agréent au souverain que je sers, vous ne vous heurterez pas, par ma faute, à des obstacles insurmontables. Il y a plus d'une façon d'arranger les choses ; tout chemin mène à Rome (M. de Bismarck y est allé par celui du *Kulturkampf*). Parfois il est nécessaire de gouverner d'après des principes libéraux ; d'autres fois, une dictature est nécessaire ; tout change, rien n'est éternel ici-bas ! »

On ne saurait être plus accommodant. Malheureusement on risque, en courtisant tous les partis, de n'en contenter aucun, et c'est ce qui est arrivé à M. de Bismarck. Il a été traité de renégat par les uns et de faux ami par les autres, mais tous lui ont servi, et il a pris philosophiquement son parti, du reste. « J'ai été haï par tous et aimé d'un très petit nombre, » disait-il en 1866 ; et encore en 1874 : « Il n'y a pas d'homme si bien détesté que moi, de la Garonne à la Néva. Lorsqu'en 1862, j'acceptai le ministère, vous devez vous rappeler à quelle hauteur s'éleva contre moi, la haine que je me permettais de qualifier d'antipatriotique ; je ne lui permis pas de m'égarer et je n'en tirai pas vengeance. »

Le Chancelier en est arrivé à qualifier de mansuétude, son dédain pour ce qui ne le gêne pas, et de strict accomplissement du devoir, l'annihilation de ce qui lui fait obstacle ; le patriotisme autorise et excuse tout. Ce sentiment donne à son œuvre une unité, une logique absolues, malgré la diversité des moyens. *Tout pour et par la Prusse.* L'Allemagne se ferait d'étranges illusions, si elle croyait qu'il a travaillé pour elle. Elle n'a été que l'instrument de l'agrandissement de son pays natal, et le mot de la reine Victoria à sa fille la princesse Alice de Hesse, est resté vrai après Sedan, comme après Sadowa : « On voit bien plutôt une Prusse agrandie, qu'une Allemagne unifiée. »

M. de Bismarck, qui prétendait, dans un discours du 9 juillet 1859, n'avoir eu pour objectif que cette unification, ne voulait pas, au début, en entendre parler; mais il sait que l'on mène les hommes avec des mots, et, quand il eut reconnu la magie de celui-là, il en usa, sans se préoccuper de ses dédains passés.

Avec quelle âpreté, quelle ironie cruelle et quelle audace, il combattit, en 1849, « ces doctrinaires qui, depuis le *Contrat social*, n'avaient rien appris, mais avaient oublié beaucoup! Ces théoriciens dont les fantaisies avaient coûté à la nation plus de sang, d'argent et de larmes, en six mois, que l'absolutisme en trente-trois ans » !

Avec quelle ardeur il défendit le Roi, qui refusait la couronne impériale, et chanta les louanges de l'armée prussienne, de ses antiques vertus d'honneur, de dévouement à la monarchie, d'obéissance et de bravoure! Cette armée, sur les épaules de laquelle l'État prussien, avait dit Frédéric, « repose aussi fermement que le ciel sur les épaules d'Atlas ». « Cette armée, s'écriait-il, ne ressent pas un *enthousiasme tricolore*. C'est la bannière blanche et noire qu'elle veut suivre et, guidées par elle, ses légions mourront pour leur pays avec joie. Les vieilles marches de Dessauer et de Hohenfrieberg lui sont familières et chères, mais jamais, jusqu'ici, je n'ai entendu un soldat prussien chanter la *patrie allemande*. Le peuple, d'où cette armée est tirée et qu'elle représente avec le plus de vérité, n'a aucun désir de voir son royaume prussien se fondre dans la *fermentation putride* de l'anarchie de l'Allemagne du Sud... Nous désirons tous voir l'aigle de Prusse étendre ses ailes puissantes et protectrices, de Memel au Donnersberg; mais nous le voulons libre, non pas enchaîné par une nouvelle diète de Ratisbonne, et les ailes coupées par la serpe égalitaire, brandie à Francfort, comme une arme offensive contre le prussianisme et les ordonnances de notre roi. Prussiens nous sommes, et Prussiens nous resterons! Je sais que, par ces paroles, j'exprime la croyance de l'armée et de la majorité de mes concitoyens, et j'espère que Dieu nous permettra de rester Prussiens, longtemps après que ce chiffon de papier (la constitution allemande) sera tombé en poussière, comme une feuille morte d'automne. »

L'échec de Francfort ne découragea pas Frédéric-Guillaume IV; il réunit un second parlement à Erfurt, pour essayer d'arriver à former une sorte de gouvernement fédéral, par l'union restreinte; parlement soi-disant allemand, qui ne contenait que les délégués de la Prusse et de quelques États secondaires.

M. de Bismarck s'y laissa élire à contre-cœur, prévoyant « que la Prusse y sacrifierait beaucoup de son autorité, au seul profit des petits États », et, dans cette même église des Augustins où Martin Luther avait dit sa première messe, Otto de Bismarck vint démontrer à ses compatriotes comment l'unité nationale *ne pouvait pas se faire!*

Le Roi voulut que son premier ministre, M. de Manteuffel, amenât, si c'était possible, une entente entre les libéraux modérés et le parti prussien, et, dans ce but, MM. de Gagern et de Bismarck se rencontrèrent. Voici comment celui-ci a raconté l'entrevue : « Je pris Gagern corps à corps et lui expliquai ma position sobrement et sérieusement. Alors, si vous l'aviez entendu ! Il prit son masque de Jupiter, leva ses sourcils, hérissa ses cheveux, roula ses yeux, puis les fixa sur le plafond à les faire sortir de l'orbite et me lança ses grandes phrases, comme si j'eusse été une réunion publique ! Bien entendu, cela ne me fit aucun effet. Je lui répondis avec beaucoup de sang-froid, et la séparation demeura aussi complète. Il est horriblement stupide ; une borne-fontaine de phrases ; il n'y a rien à faire avec lui. »

Le parlement d'Erfurt ne fut jamais, aux yeux de M. de Bismarck, qu'une mauvaise plaisanterie ; il ne doutait pas que les gouvernements alliés ne déchirassent promptement le filet de fraternité germanique, jeté tout à coup sur leurs têtes, et que la constitution nouvelle n'eût bientôt le sort du malade de La Fontaine, entre les deux médecins. En effet, le « tournoi des langues » ne dura qu'un mois ; la charte resta lettre morte, et le château de cartes fut dispersé dans toutes les directions, par la première brise réactionnaire ».

Une accalmie permit alors à M. de Bismarck de se retirer, comme il le disait en riant, « sous les canons de

Schœnhausen ». Le 30 juin, il écrivait de sa retraite, au rédacteur en chef de la *Gazette de la Croix* : « Je mène une vie incroyablement paresseuse, fumant, lisant, errant à l'entour et jouant au père de famille. Je ne lis rien de politique, si ce n'est la *Gazette de la Croix*, et ne cours donc aucun danger de contagion hétérodoxe. Cette solitude idyllique me va très bien. Je m'étends sur l'herbe lis des poésies, écoute de la musique et attends que les cerises mûrissent. En vérité, je ne serais pas du tout surpris que cette vie pastorale donnât à mes prochaines élucubrations politiques, à Erfurt ou à Berlin, quelque chose de mystique, un souvenir des douces brises d'été, chargées des parfums des fleurs! Je n'ai pas lu la loi sur la presse; il sera temps, lorsqu'approchera la discussion; je ne sais donc si je souscris à toutes vos critiques... Selon moi, l'erreur consiste, moins en la trop grande influence des fonctionnaires, que dans leur caractère général. Un État qui ne peut pas, au moyen d'un bon coup de tonnerre, se détacher d'une bureaucratie comme la nôtre, est et reste voué à la destruction, puisqu'il lui manque les instruments nécessaires pour remplir toutes les fonctions incombant à un État; fonctions qui ne se bornent pas à la surveillance de la presse.

» Je ne peux nier que j'ai, comme le calife Omar, un certain désir, non seulement d'annihiler tous les livres excepté le « Coran » chrétien, mais aussi les moyens de les faire renaître. L'art de l'imprimerie est l'arme choisie de l'Antechrist, plus en vérité que la poudre à canon; celle-ci, à l'origine, semblait être le principal ou, du moins le plus apparent engin capable de bouleverser l'ordre politique naturel, mais elle assume de plus en plus le caractère d'un remède salutaire contre les maux qu'elle a créés. Peut-être bien entre-t-elle dans la catégorie de ces remèdes employés par le médecin qui guérissait un cancer à la face, en coupant la tête du patient ! »

Dans cette lettre, M. de Bismarck touche à deux questions sur lesquelles il s'est exprimé avec son énergie habituelle : la bureaucratie et la presse. Il désire restreindre la première le plus possible et surtout la tenir à l'écart des discussions parlementaires, où elle apporte son esprit ergoteur et oublie trop qu'elle doit défendre le gouvernement dont elle dépend. La seconde, qui est en quelque sorte le corollaire du parlementarisme, partage, avec celui-ci, l'aversion du Chancelier. Comme un de ses anciens collègues, il placerait volontiers une potence à côté de chaque journal, pour y accrocher les folliculaires. Il qualifie la presse de *taupe*, d'*oie imbécile*, mais néanmoins c'est une puissance avec laquelle il faut compter. Il le reconnaissait dès 1849, en devenant l'un des plus actifs écrivains de la *Gazette de la Croix*, « pour s'opposer avec force au démon de la révolte et s'occuper spécialement du développement intérieur de la Prusse et de l'Allemagne ». On sait par le premier directeur du journal, M. Wagener, le triste héros du *krach* prussien, en 1873, que, « pendant la session parlementaire, à cette époque, il était rare que le journal ne contînt pas un article plus ou moins long du *tolle Junker*. En tout ce qui concernait les Chambres, c'était le meilleur collaborateur ». M. von Unruh, président de l'Assemblée constituante, lui demanda comment il pouvait permettre à cette feuille, d'être remplie à ce point de calomnies et de mensonges, sans même épargner des femmes honnêtes. Il répondit que c'était contraire à son sentiment, mais qu'on lui avait assuré que dans la lutte on ne pouvait éviter cela; « et mon observation que de telles armes déshonoraient ceux qui s'en servaient, resta sans effet, ajoute M. von Unruh. « J'aurais pu conclure de cet incident, ce qui devint tout à fait évident plus tard : à savoir, que Bismarck n'était pas fort scrupuleux dans le choix des moyens, pour atteindre son but. En vérité, c'est mal à lui d'avoir été si dur pour les jésuites, car il a pratiqué toutes les pires doctrines qu'on leur attribue. »

Tout en déplorant amèrement le mal que fait la presse, en temps de paix et plus encore en temps de guerre, la soif de nouvelles à sensation qu'elle entretient, le tort qu'elle fait souvent aux affaires, les idées fausses et subversives qu'elle répand dans les masses, les antagonismes qu'elle nourrit, le Chancelier reconnaît qu'elle fait du bien, en exposant les griefs légitimes et parfois les moyens d'y remédier, en communiquant promptement des informations utiles, en exprimant et stimulant, en cas de conflit avec l'étranger, le sentiment national; il admet qu'elle est une puissance politique pour le bien comme pour le mal, et que tout gouvernement doit s'en servir, *pour éclairer ou corriger l'opinion publique.* Le clergé catholique n'y manque pas, et l'évêque Ketteler, qui écrivait assidûment dans les journaux cléricaux, dit un jour : « Si saint Pierre était de ce monde aujourd'hui, il fonderait certainement un journal. »

Pendant toute sa carrière diplomatique, M. de Bismarck fit grand usage de la presse. D'après son biographe Hesekiel, c'était sa principale occupation à Francfort, où la direction du bureau de la presse lui avait été confiée; par ce moyen et sur le désir de M. de Manteuffel, il élucidait les questions commerciales pendantes.

En janvier 1854, un de ces hasards qui ont souvent favorisé la Prusse, depuis le jour où le traité d'alliance conclu contre lui tomba dans les mains de Frédéric II, un de ces heureux accidents, disons-nous, mit le gouvernement prussien en possession de la correspondance autographe de l'envoyé autrichien, M. de Prokesch, avec des agents de la presse. Il s'agissait de l'impulsion qu'il conviendrait de donner à une agitation antiprussienne, dans la presse allemande. A cette correspondance étaient joints plusieurs modèles d'articles vigoureux. Comment utiliser tout cela? M. de Manteuffel consulta son envoyé à Francfort et reçut une série de conseils et de suggestions, dont la finesse perfide prouva une fois de plus, combien il est vrai que la parole a été donnée à l'homme pour déguiser sa pensée! Il n'y avait même que cela de vrai dans ce morceau de littérature diplomatique. Les pauvres petits *reptiles* de Vienne n'étaient plus que d'innocentes couleuvres, comparés à ce *cobra-capello*.

M. Busch assure qu'à Francfort, M. de Bismarck souffrit beaucoup de l'attitude antipatriotque des journaux prussiens. Le 8 décembre 1854, il écrivait à M. de Manteuffel : « Si j'avais voix au chapitre, j'accorderais plus de liberté aux journaux, en ce qui touche les affaires intérieures, mais j'insisterais inexorablement pour que la politique étrangère du gouvernement, non seulement ne fût pas attaquée, mais fût défendue par toute feuille prussienne, et que tout journal imprimant une seule *virgule* contre elle, fût supprimé sans autre avertissement. Cette manière de contraindre au patriotisme ne resta pas, je crois, désapprouvée par l'opinion publique ! »

Plus tard, il pressait M. de Manteuffel de prier officiellement le sénat de Francfort d'exercer une surveillance plus stricte sur la presse locale ; il demandait l'interdiction de certains journaux, fulminait contre les agissements de l'Autriche, et, aussitôt au pouvoir, s'empressait de les imiter en les perfectionnant. Comment?... M. Busch refuse méchamment de nous le révéler. Mais M. de Bismarck a été assez explicite, du moins quant à ses principes. Il est évident pour lui, et ce doit l'être pour tous, que le premier ministre d'un grand État a besoin d'être représenté et soutenu dans la presse. Il n'est pas moins clair et indiscutable que, dans un État organisé plus ou moins bureaucratiquement, le journalisme favorable au gouvernement doit être, au moins en partie, confié à des fonctionnaires et payé par les deniers publics. Il faut donc que le premier ministre ait à sa dévotion, au moins un journal, outre la feuille officielle. Cependant, en l'état actuel des choses, il est aussi désirable et légitime que les informations et la manière de voir, émanant des cercles gouvernementaux, soient communiquées au public par l'intermédiaire de la presse indépendante. Le gouvernement ne fait que son devoir, quand il s'efforce d'influencer autant que possible, l'opinion publique... Toutefois les inspirations et informations ne peuvent émaner que d'une seule source, placée dans le *voisinage immédiat* du premier ministre. L'action gouvernementale doit être aussi uniforme dans la presse que dans la diplomatie, autrement elle égare et jette l'incertitude.

Tout système a ses inconvénients, et M. de Bismarck s'est plaint plus d'une fois qu'on abusât du mot *officiel* pour faire passer bien des absurdités sous son nom, « déposer bien des œufs de coucou dans son nid ». Mais comment jongler chaque jour avec des reptiles, sans être piqué de temps à autre ?

Sait-on avec quoi fut formé ce fameux « fonds des reptiles », et d'où lui vint son nom ? Le fait vaut la peine d'être rappelé ; car il montre à quel raffinement de malignité peut descendre un esprit supérieur, uni à une âme sans grandeur. Le roi Georges de Hanovre, dépossédé de son royaume, avait reçu, par un acte de *magnanimité sans égal*, une partie des sommes dont on le dépouillait et, par une *noire ingratitude*, continuait à *intriguer contre son bienfaiteur* avec un certain nombre d'amis fidèles, que M. de Bismarck qualifiait de *reptiles*. Il parut de bonne guerre à ce dernier de tourner contre l'ennemi les canons capturés, autrement dit, d'employer les revenus séquestrés, au service secret du gouvernement, à la lutte occulte contre tout ce qui résisterait à sa politique intérieure ou étrangère. Seulement il arriva que la conscience publique stigmatisa désormais de ce nom injurieux de reptile, dont on avait prétendu flétrir les courtisans du malheur, les instruments vénaux du pouvoir.

Personne ne les méprise plus que M. de Bismarck lui-même ; il les regarde comme « les parias de la société », mais « il accepte un allié quand il le trouve ». Et il en a certes trouvé dont le zèle a été presque féroce. Il traite selon les circonstances cette puissance utile et dangereuse. Tantôt il la dénonce aux populations comme un *poison moral;* tantôt il demande pour elle une liberté sans limite, s'il s'agit, par exemple, de combattre un adversaire redoutable, comme l'Autriche ou la France ; ou bien, il demande, pendant une période de conflit, des lois restrictives, auprès desquelles les ordonnances de M. de Polignac sont un jeu d'enfant. Il s'est borné, en dernier lieu, à faire édicter une loi dont le but est « d'établir, dans l'esprit de tout publiciste, un équilibre salutaire entre la crainte et la liberté ».

Autrefois, il y avait à Berlin un bureau chargé spécialement de réfuter les mensonges et les calomnies dirigés contre le Chancelier ; mais la tâche devint si lourde, qu'on y renonça, au moins d'une manière régulière. Il eût fallu organiser un ministère tout entier.

Rien n'a mieux prouvé l'importance attachée par M. de Bismarck au rôle de la presse que le soin avec lequel il organisa ce service pendant la guerre de France, l'activité qui ne cessa d'y régner et la part qu'il y prit lui-même. Jouer d'un instrument avec cette habileté, c'est rendre un hommage éloquent à la valeur qu'on lui attribue.

La virtuosité du Chancelier est si hautement appréciée

par delà l'Océan, que les Yankees, dont l'audace, comme on sait, ne connaît pas d'obstacle, eurent, un jour, l'idée stupéfiante d'embaucher M. de Bismarck, en qualité de collaborateur à l'un de leurs plus importants journaux. Une fois par semaine, dans un article court ou long, à son choix, il exposerait ses opinions sur telles matières qu'il lui plairait, deviendrait ainsi le phare politique du monde entier et, comme pour être Chancelier de l'empire, on n'en est pas moins homme, on ajoutait, aux arguments platoniques, l'offre pratique de 130,000 dollars, environ 650,000 francs par an! Le Prince rit beaucoup, mais n'en fit pas moins répondre sérieusement que ses nombreuses occupations l'empêchaient d'en accepter de nouvelles! Puis, aussitôt que la réponse fut partie, il s'écria, en se tournant vers son fils aîné : « Que je suis stupide ! nous aurions pu leur offrir une lettre de toi, à moitié prix ! »

Lorsque M. de Bismarck lançait, en 1850, de Schönhausen, sa boutade contre l'imprimerie et la presse, sa carrière parlementaire proprement dite approchait de la fin. Les derniers jours en furent mémorables. Une semaine à peine s'était écoulée depuis l'ajournement du Parlement d'Erfurt; la presse libérale n'avait pas assez d'encre pour noircir l'égoïsme et l'esprit rétrograde du parti junker, qu'elle accusait d'avoir fait échouer le projet de confédération. Tout à coup l'Autriche, soutenue par la Russie et plusieurs des petits États antiprussiens, proposa une réunion plénière de l'ancienne Diète. Peu à peu les partisans de la Prusse, assemblés à Berlin, l'abandonnèrent pour accepter l'invitation de l'Autriche, et la rivalité secrète des deux grandes puissances éclata ouvertement. L'électeur de Hesse, menacé par « une révolution en pantoufles et en robe de chambre », faillit mettre le feu aux poudres; mais, la Russie ayant déclaré, par la voix de l'empereur Nicolas, « qu'elle ferait feu sur le premier qui tirerait un coup de fusil », la Prusse remit son mousquet au râtelier; son ministre, le comte de Brandenburg, en mourut de chagrin et fut remplacé par M. de Manteuffel, considéré, alors, comme l'homme de la paix à tout prix. Celui-ci courut à Olmütz, pour négocier avec le prince Félix de Schwarzenberg, l'habile ministre du jeune empereur François-Joseph, et, le 21 novembre 1850, la Prusse dut souscrire aux dures concessions exigées, renoncer à ses projets d'union restreinte, permettre l'exécution fédérale dans la Hesse et les duchés de l'Elbe, afin d'écraser la rébellion contre l'Électeur et le roi de Danemark, et consentir au rétablissement de l'ancienne Diète, sous la présidence de l'Autriche. Depuis Iéna, on n'avait pas vu de journée aussi néfaste! Et, chose étrange! celui qui devait plus tard en ressentir si haineusement l'humiliation, travailler avec tant d'ardeur et de succès à en détruire les effets, à en venger la blessure, celui-là fut *le seul* dont la voix s'éleva pour répondre aux attaques passionnées, pour défendre la politique qui en était responsable. Avant tout, il applaudissait à la défaite de la démocratie, et s'il fallait, pour la compléter, se subordonner à l'Autriche, il y consentait. L'unité nationale était moins pressante; on avait le temps d'y penser.

« L'honneur national ne consistait pas, pour la Prusse,

à jouer au don Quichotte, partout en Allemagne, au profit de célébrités parlementaires mortifiées, qui voyaient leur constitution en danger, mais plutôt à se tenir à l'écart d'une alliance honteuse avec la démocratie... Si l'on partait en guerre pour cette idée d'unité, des mains violentes auraient bientôt fait d'arracher aux fédéralistes leur manteau d'unité, pour ne leur en laisser que la doublure *rouge*. Il ne pouvait comprendre pourquoi l'on refusait de regarder l'Autriche comme une puissance allemande, sous prétexte qu'elle avait l'honneur de régner sur différentes races subjuguées par les armes de l'Allemagne ; il considérait l'empire d'Autriche comme le représentant et l'héritier d'une antique puissance, qui avait souvent et glorieusement porté l'épée nationale. La guerre qu'on prétendait lui faire, serait une guerre de propagande démocratique ; mais le drapeau prussien n'était pas fait pour indiquer le lieu de réunion de tous les condamnés politiques d'Europe. Quant à lui, il appelait, sur tous ceux qui pourraient empêcher cette guerre et ne le voudraient pas, la malédiction de tout honnête soldat exposé à mourir pour une cause que, dans son cœur, il méprisait et condamnait. »

L'événement répondit au désir de M. de Bismarck. « La course de Phaéton, dans la région des nuages et de la foudre », fut brusquement arrêtée ; « la colonne renversée du droit, fut relevée », le *statu quo* rétabli aussi complètement que s'il n'avait jamais été question de débats, de combats, de luttes sanglantes, de discours royaux, d'efforts patriotiques et de rêves philosophiques. La joie du Junker éclata bruyamment ; dans sa maison,

« il chevaucha sur une chaise, autour de la table, en se versant force rasades de champagne »; à la Chambre, il défia ses collègues de lui montrer une époque, dans l'histoire de l'Allemagne, depuis les Hohenstaufen, excepté pendant la suprématie espagnole de Charles-Quint, où le pays eût été plus respecté au dehors, où son union politique eût été plus complète, son autorité diplomatique plus grande, que pendant la période où la Diète, tant décriée, avait présidé aux relations étrangères de l'Allemagne.

Le roi Frédéric-Guillaume IV jugea qu'avec de telles opinions si hautement exprimées, M. de Bismarck serait *persona grata* auprès de la Diète et de l'Autriche, à Francfort. Il le nomma donc, sans qu'il eût passé par la filière officielle, conseiller privé de légation et secrétaire du ministre prussien, M. de Rochow, avec promesse de le remplacer prochainement. Sa carrière parlementaire était close; désormais il ne devait plus paraître dans les assemblées, comme simple député, mais comme la plus haute expression de l'autorité gouvernementale et royale. Il s'y est montré plus ou moins assidûment, il a monté à l'assaut et combattu sur la brèche, avec plus ou moins d'acharnement, selon les circonstances; toujours sa présence a été un événement politique, dont le monde entier s'est occupé....

« Qu'il parle debout ou assis, comme ses infirmités l'y obligent souvent, écrivait, en 1882, un témoin oculaire, le Reichstag présente toujours un spectacle frappant. Les membres dispersés se précipitent vers la salle des séances; le bourdonnement des conversations s'éteint; on entendrait tomber une épingle, et les députés de toute nuance, se massent devant le siège du Chancelier, avec l'air d'étudiants attentifs devant la chaire du professeur. Il est curieux d'observer leur physionomie, pendant que le Prince avance dans son discours, absorbant verre sur verre, de son breuvage parlementaire favori : un léger mélange d'eau et de cognac, ou de vin de Moselle. Qu'il défende la doctrine en décadence du droit divin, sonne le glas de sa force à son déclin, ou flagelle l'esprit querelleur des partis; qu'il adresse une audacieuse réprimande, à quelque gouvernement malveillant, ou un appel pathétique en faveur de la *misera contribuens plebs*; qu'il interpelle, en arpentant l'étroite tribune, son athlétique stature frémissant d'émotion, la voix et le geste menaçants, celui qui l'a interrompu ou sifflé; ou bien encore, qu'il s'élève, dans une péroraison indignée, contre les tentatives du libéralisme qu'il combattra jusqu'à sa mort; quoi qu'il dise, les députés mêmes qui dédaignent de joindre leurs applaudissements à ceux de la droite, laissent percer, malgré eux, une sorte d'admiration étonnée pour la force titanique de l'adversaire qu'ils combattent, sans pouvoir se passer de lui[1]. »

Nous joindrons à ce témoignage d'un admirateur fanatique, dont on pourrait suspecter l'impartialité, quelques lignes empruntées à un écrivain américain, M. Herbert Tuttle, et publiées, en 1882, dans l'*Atlantic Monthly* : « Le Chancelier ne se montre plus régulièrement ni fré-

---

1. *Le Prince de Bismarck*, par Charles Lowe.

quemment à la Diète... Il annonce rarement son intention d'y paraître, même à ses meilleurs amis, et leurs questions à ce sujet, sont toujours inutiles. Cependant, sans autre donnée qu'une idée vague de la voie dans laquelle entrera la discussion tel ou tel jour, le public paraît avoir l'instinct infaillible de la part qu'y prendra le Prince. Il semble qu'un courant électrique, une prescience de l'événement, se communique à la société de la capitale. »

Des députés peu zélés, dont on voit rarement les visages, se glissent à leur place, quand tinte la sonnette du président. Un adjudant ou un secrétaire du palais, parfois un membre de la famille impériale, vient écouter par procuration, pour l'Empereur; les diplomates, armés de leurs cannes à pomme d'or, attendent leur maître à tous; les *reporters* ont l'air important et nerveux, et des galeries publiques mille regards se concentrent sur la place que le Chancelier occupe ordinairement.

Il est rare que l'auditoire soit désappointé. Il peut être plus ou moins tard, mais le Prince, qui, de chez lui, a suivi le cours des débats, arrive au moment critique. Soit peu avant le vote, soit pendant le discours d'un adversaire de prédilection, une porte s'ouvre au fond de la salle, et, d'une pièce située derrière le siège du président, sort un personnage de haute taille, vêtu du petit uniforme de général de cavalerie, la main posée sur la poignée d'un sabre massif. Un vif regard jeté sur l'assemblée, un salut au président, et il s'avance vers le premier des sièges élevés, réservés aux membres du gouvernement. Sa manière d'être est si constamment la même, qu'il semble obéir à une sorte de discipline. Il s'installe sur

7.

son siège, parcourt des yeux les notes prises par un de ses subordonnés, lit les lettres qui se trouvent sur son pupitre, examine les derniers télégrammes disposés commodément pour son regard, puis, ces formalités remplies, il se renverse sur le dossier de son fauteuil, croise une jambe sur l'autre et lorgne l'assemblée. Tout cela peut durer dix minutes. Alors commencent les affaires sérieuses. Si les débats se traînent et ne demandent pas son intervention immédiate, il ouvre les portefeuilles qu'on peut avoir envoyés du ministère, et voit les dépêches ou autres documents originaux qu'il doit corriger ou signer. Dans le cas contraire, il écoute attentivement les discours et prend souvent des notes, de sa grosse écriture griffonnée, avec un crayon long de vingt pouces environ.

Quelle cible facile il devient alors, pour les flèches d'un antagoniste malicieux! Au Parlement, sous les traits acérés d'un Windthorst ou d'un Richter, le Chancelier semble perdre entièrement l'admirable sang-froid qui fait de lui un diplomate accompli. Il devient nerveux, agité, tortille sa plume, chiffonne son mouchoir, parfois même porte la main à son épée et trahit son irritation de mille petites manières, qui seraient fatales à un homme réduit aux seules ressources de l'orateur et du *debater*. Un adulateur dirait que c'est la faiblesse du lion tourmenté par le moucheron et condamné à ne se défendre qu'avec les armes, la tactique et les procédés de l'insecte. En tout cas, ce lion-là, quand il est excité, sait piquer, à son tour, par une répartie à nulle autre seconde. Sans égard pour les personnes et prodigue d'esprit, il possède, plus qu'aucun de ses adversaires, la faculté de donner à quelque vérité frappante, à quelque aspiration nationale, une forme nette, familière et cependant pittoresque, qui devient aussitôt une maxime inoubliable.

En général, il hait les phrases, même les phrases patriotiques. Évitant avec raison, un style dans lequel des centaines de rhétoriciens anciens et modernes sont au moins ses rivaux, il préfère un humour caustique, grotesque au besoin, qui lui est plus naturel et ne produit pas moins d'effet. En cela, il n'a pas de supérieur. Tous ses discours en sont assaisonnés et en conséquence ne manquent jamais d'amuser, malgré les sophismes exaspérants qu'ils présentent de temps à autre, aux spécialistes. Avec toute son humeur querelleuse et tout son esprit, il n'est pas habile à invectiver. Il lui manque la déclamation pathétique et indignée; et les explosions de pétulance enfantine, au moyen desquelles il répond aux critiques hostiles, affligent l'Assemblée par leur contraste avec les vastes proportions de sa force physique et politique. Sa colère s'exprime trop aisément par des rires dédaigneux, qui se retournent contre lui. Justement pénétré des difficultés de sa situation et sachant qu'il possède la confiance du pays, il s'offusque des sages avis que donnent les conseillers choisis par la nation, comme d'obstacles jetés avec ingratitude sur sa route. Pour échapper aux discours d'Eugène Richter, un antagoniste obstiné, mais toujours courtois, il ne trouva rien de mieux un jour, que de s'enfuir. Lasker et Schorlemer le mettent invariablement en fureur. Comme il faut s'y attendre, il n'est jamais moins éloquent que dans ses colères; aussi ses plus judicieux amis sont toujours inquiets lorsque, la voix tremblante, les mains agitées, son corps robuste frémissant d'émotion, il s'efforce de répondre aux attaques personnelles d'un *debater* de sang-froid et expérimenté.

Les jours où M. de Bismarck paraît à l'Assemblée ne sont pas jours de fête pour les sténographes. Quand circule ce bruit : « Le prince de Bismarck est ici ! » l'inquiétude règne au banc des reporters officiels, situé au-dessous du conseil fédéral, de sorte que l'orateur parle par-dessus leur tête.

Ce n'est pas tant qu'il s'exprime plus rapidement que bien d'autres, mais il est très inégal et généralement parle le plus vite aux moments les plus intéressants. Souvent il s'interrompt par des phrases incidentes ; et puis il a un style tout particulier, des tournures de phrase inattendues ; il mêle à son discours des citations, fréquemment en langue étrangère ; et vers la fin d'une période, sa voix devient si basse, qu'elle arrive à peine jusqu'aux sténographes. Leur tâche est rendue encore plus difficile par la foule de députés qui les entourent, interceptent le son et laissent échapper des exclamations de louange ou de blâme.

Et comment ne pas se sentir oppressé par l'importance de ce qu'on écrit, de ces paroles que toute l'Europe écoute ? Enfin, dernière fatigue : par ordre du « Chancelier de fer », les sténographes doivent, en recopiant son discours, qu'il corrige ensuite lui-même, écrire deux fois plus gros qu'à l'ordinaire.

Lassé par les années, la maladie et un labeur incessant, le Chancelier se retire de plus en plus des assemblées parlementaires; mais les circonstances nécessitent-elles son action personnelle, il reparaît tout entier, « résolu à combattre, ainsi qu'il le disait en 1879, avec la vivacité qui continuera, il l'espère, à le caractériser tant qu'il vivra, dans toutes les questions qu'il croira concerner le bien de son pays et les droits de son souverain ».

Pour se convaincre que le vœu a été exaucé jusqu'ici, il suffit de lire le discours prononcé par le Prince, le 28 janvier 1886, après cinq années de silence [1]. Tel il était il y a quarante ans, tel on le revoit : avec les mêmes ironies, les mêmes perfidies, les mêmes violences; avec ses haines tenaces, ses dédains insolents, ses fureurs contre tout ce qui échappe à la force brutale. Aucune de ses passions n'a désarmé. La moindre résistance suffit pour détruire la joie et l'orgueil des triomphes passés. Cet homme a un pied dans la tombe; tout en lui trahit l'affaiblissement physique; le jour approche où il devra rendre compte des terribles responsabilités qu'il a assumées, et l'âme reste implacable. Il craint qu'on n'oublie sa politique de fer et de sang; il la rappelle avec ostentation! Il craint qu'on ne laisse les vieilles haines s'assoupir; il les secoue et les réveille! Il craint que le sentiment de sécurité n'engendre l'aversion pour ce fléau barbare qui est la guerre; il tire, de

---

[1]. Tout ce que nous disons à propos de ce discours peut s'appliquer à ceux que vient de provoquer la discussion de la loi pour le renouvellement du septennat militaire et s'appliquera très probablement à tous ceux que le Chancelier prononcera par la suite lorsqu'on fera de l'opposition à sa volonté (mars 1887).

son arsenal aux épouvantails, des spectres auxquels il croit moins que personne. Ceux qu'il qualifiait autrefois de *reptiles*, sont aujourd'hui des *laquais.* Il frémit de rage à l'idée que des âmes lui échappent et il les frappe, les torture dans tout ce qu'elles ont de cher et de sacré : leur culte, leur patrie, l'avenir de leur famille ; et, pour tenter un triomphe impossible sur deux millions de Polonais, cette Prusse, qu'il a faite forte, mais qu'il n'a pas pu ou voulu faire grande, renouvelle, à la fin du xixe siècle, les plus condamnables agissements des époques d'absolutisme et de demi-barbarie.

L'élève de MM. Prévost et Bonnel, ces exemples vivants de ce que l'intolérance peut enlever de forces vives et intelligentes à un pays, recommence la révocation de l'édit de Nantes par celle des mesures éclairées de Frédéric-Guillaume IV, en dépit de l'expérience, en dépit de deux siècles d'émancipation dont a joui la pensée humaine.

Plus d'illusion possible ! laissez toute espérance, vous tous qui subissez la loi du Chancelier de fer !

TROISIÈME PARTIE

CARRIÈRE DIPLOMATIQUE
1851-1862

I

Situation difficile de M. de Bismarck à son entrée dans la diplomatie. — Caractère de sa correspondance et de ses dépêches officielles. — La Diète. — Dédain de M. de Bismarck pour ses agissements. — Lettres à madame de Bismarck et à M. Wagener. — Portraits des Envoyés à la Diète. — La littérature diplomatique. — Lettre à madame d'Arnim. — Antagonisme de M. de Bismarck et des Envoyés autrichiens. — Changement de ses sentiments envers l'Autriche. — Opinion exprimée par M. de Rochow, délégué prussien, sur M. de Bismarck, qui le remplace. — Confiance du roi Frédéric-Guillaume IV en M. de Bismarck. — Amitié croissante du prince de Prusse. — Sentiments de la Diète à l'égard de l'Autriche et de la Prusse. — Le comte de Thun. — Mort du prince de Schwarzenberg. — La question du Zollverein. — Voyage de M. de Bismarck en Autriche et en Hongrie. — Lettres. — Retour à Francfort. — Attaques contre M. de Bismarck. — Lettre à M. de Manteuffel.

La carrière diplomatique de M. de Bismarck commençait dans des conditions difficiles ; l'impétuosité de son humeur avait fait hésiter son ministre, le général de Manteuffel, et jusqu'au Roi lui-même, malgré son penchant marqué pour le gentilhomme de la Marche. Celui-ci l'avait mis à l'aise, en lui disant : « Votre Majesté peut toujours faire l'essai avec moi ; si cela ne marchait pas, elle serait bien libre de me rappeler au bout de six mois, et même avant. » On ne le changea qu'au bout de huit ans, lorsque déjà, dans sa pensée, il avait signé l'arrêt de mort de cette Diète, créée à une époque où la voix intelligente de la diplomatie dominait encore le tonnerre brutal du canon, cette Diète, « qui garantissait les *États-tampons* destinés à prévenir ou amortir le choc entre les États-colosses ». Ils gênaient ; on les a supprimés, et il n'est resté en présence qu'un petit nombre de géants se surveillant d'un œil jaloux et toujours prêts à s'entre-déchirer, à mettre en pratique le nouveau système de compensation inventé par M. de Bismarck, pour son usage personnel, système qui peut se définir ainsi : toutes les fois que n'importe qui s'agrandit d'une manière quelconque, tous ceux qui disposent de forces suffisantes ont le droit, ou même le devoir, de prendre quelque chose à leur tour, sous prétexte de rétablir l'équilibre ; c'est l'anéantissement des faibles, le retour à la barbarie de fait, avec les terribles engins de la soi-disant civilisation en plus !

M. de Bismarck était encore loin de ces idées, lorsqu'il arriva, en mai 1851, à Francfort, surveillé avec inquiétude par son gouvernement, avec aversion par le parti libéral, avec dédain par les vieux diplomates.

Les correspondances diplomatiques, intimes et confidentielles, qu'il a fait ou laissé publier, ont jeté sur toute cette période, une lumière éclatante et crue, dont certains yeux, intéressés à faire un peu d'ombre, ont dû se plaindre amèrement, mais dont se félicitent tous ceux qui veulent comprendre l'homme et son époque; car les rapports et les lettres de M. de Bismarck reflètent son temps autant que lui-même. S'il est souvent diffus, défectueux, inégal comme orateur, il mérite, comme écrivain, l'éloge que lui a décerné un juge compétent, M. de Sybel, en déclarant que la valeur classique du Chancelier n'était surpassée par personne en Allemagne.

Ne visant jamais à l'effet, n'employant les superlatifs qu'avec une grande sobriété, lucide, concis, concentré, il va néanmoins toujours au fond des choses, ne quitte un sujet qu'après l'avoir épuisé, et n'est ni froid, ni compassé, ni solennel; la vie et la chaleur circulent dans ses phrases; les mots heureux abondent; on retrouve, plus encore peut-être dans ses rapports diplomatiques que dans ses discours, une clairvoyance, une pénétration dans les jugements, une intelligence des situations et une prescience des événements, qui donnent à ces documents un puissant intérêt. Dans ses lettres à M. de Manteuffel, qui est à la fois son chef et son ami, M. de Bismarck se permet une franchise d'allures, une vivacité d'expressions que l'on n'est pas habitué à rencontrer en pareil lieu. Cependant le style varié, tantôt vigoureux, abrupt même, tantôt fin, spirituel, familier, n'est jamais négligé. Le chauvinisme, fanatique jusqu'à la férocité, éclate sans que son égoïsme transcendant soit, en aucun cas, à ses yeux, autre chose qu'un devoir et une vertu. Observateur infatigable, impassible, maître de lui, il cherche non seulement à comprendre, mais à deviner;

un jeu de physionomie, une attitude, un geste suffisent pour l'éclairer, qu'il soit à la table du Conseil, à un dîner, à une partie de chasse. Aussi pénètre-t-il rapidement le caractère de ses collègues et de ses adversaires, la politique des puissances, leurs côtés vulnérables; et la facilité avec lequelle il arrive à ce résultat lui inspire un certain dédain pour les marionnettes dont il prévoit que bientôt il tiendra les fils.

La Diète n'était pas un théâtre qui pût convenir au talent et à la nature de M. de Bismarck. Il n'y avait pas là, matière aux grandes luttes des parlements; or le conseiller prussien était fait surtout pour la lutte. Corps essentiellement modérateur et par cela même forcément modéré, la Diète ou *Bund* n'était qu'une ligue plus ou moins, étroite de souverains unis dans le but de maintenir l'ordre chez eux et de résister à l'agression étrangère. Elle avait, en 1848, failli à la première partie du programme, et rien ne prouvait que, le cas échéant, elle remplirait mieux la seconde. Ses délibérations secrètes, prolongées, méticuleuses; ses intrigues de clocher, ses rivalités de personnes, les petites ambitions, les infimes chicanes, les perfidies des uns, les impertinences des autres, eurent vite écœuré celui que plusieurs de ses collègues appelaient « le nourrisson diplomate », et que la presse libérale attaquait sans relâche et sans mesure.

Quelques jours seulement s'étaient écoulés depuis son arrivée à Francfort, lorsqu'il écrivait à madame de Bismarck :

« Francfort est odieusement ennuyeux. J'ai été gâté

par l'affection et le travail de Berlin, et je commence à m'apercevoir de mon ingratitude... Il n'y a ici que méfiance et espionnage. Encore, si l'on avait quelque chose à cacher ou à découvrir! Mais les gens d'ici se tourmentent de puérilités pures, et ces diplomates, avec leur pompeux commerce de bric-à-brac, me paraissent beaucoup plus ridicules que tel député de la seconde Chambre, dans tout l'orgueil de sa haute situation. A moins que des complications extérieures ne se produisent, et nous autres délégués fédéraux, avec notre superlative sagacité, sommes parfaitement incapables de les faire naître ou d'en sortir, je sais exactement ce que nous ferons en une, deux, ou cinq années, et je m'engagerais à le faire en vingt-quatre heures, si les autres voulaient être sensés et sincères un seul jour.

» Je n'ai jamais douté que ces messieurs ne fissent leur cuisine à l'eau, mais ce potage, fade et sans le moindre œil de graisse, me confond, je l'avoue. Envoyez-moi votre maître d'école ou votre agent-voyer, et, s'ils sont lavés et peignés, ils feront d'aussi bons diplomates que ceux d'ici. Je fais des progrès gigantesques dans l'art de ne rien dire en un nombre infini de mots; j'écris des lettres de plusieurs pages, claires et nettes comme des articles de fond et si, après les avoir lues, Manteuffel peut me dire ce qu'il y a dedans, il est plus avancé que moi... Personne, pas même le plus méchant des démocrates, ne peut concevoir ce qu'il y a de nullité et de charlatanisme dans la diplomatie. »

D'autre part, il disait à son ami M. Wagener, rédacteur en chef de la *Gazette de la Croix :* « Tout est incroyablement ennuyeux ici; le seul homme qui me plaise, est Schele, l'envoyé de Hanovre. Sous le masque d'une espèce de bonhomie fanfaronne, les Autrichiens intriguent et cherchent à nous mettre hors du jeu, au moyen des futiles questions de forme, qui ont été jusqu'ici notre seule occupation. Les hommes des petits États sont, pour la plupart, de simples caricatures de la diplomatie en perruque, qui prennent immédiatement leur physionomie officielle, si je leur demande d'allumer mon cigare, et qui étudient leurs paroles et leur attitude avec le plus grand soin, quand ils demandent la clef du lavabo !

» Avec nous autres Prussiens, chacun chante sa chanson, médit des autres et envoie des rapports spéciaux à Berlin... Mais, si jamais je réussis à me tenir ici sur mes propres jambes, ou je débarrasserai mon champ des mauvaises herbes, ou je retournerai chez moi plus que soudainement ! »

Il ne fallut pas beaucoup de temps au jeune Envoyé, pour assumer l'attitude qu'il voulait prendre et prouver à M. de Manteuffel qu'il y avait, dans la diplomatie, autre chose que « de la nullité et du charlatanisme ».

Ses rapports furent vite appréciés par le Roi, comme par le ministre; celui-ci ne tarda pas à posséder une galerie de portraits à la plume, qui lui montrèrent la plupart des Envoyés de la Diète sous un jour peu favorable. Ceux d'Autriche y étaient particulièrement maltraités; M. de Bismarck, qui se pique de franchise, leur reprochait surtout leur peu de respect pour la vérité.

M. de Thun l'avait assez cavalièrement reçu, en fumant son cigare, et sans lui offrir un siège pendant qu'il attendait ; le nouveau venu lui donna sur-le-champ une première leçon, s'assit dans un fauteuil et pria très poliment l'ambassadeur étonné, de lui donner du feu pour allumer son propre cigare.

« Le comte de Thun, écrit le conseiller de légation, affecte des allures d'étudiant et même, quelque peu, de *roué* viennois. S'il commet, en cette dernière qualité, quelques péchés mignons, il cherche à les racheter à ses propres yeux, ou à ceux de la comtesse, par la stricte observance des pratiques de l'Église. Au cercle, il joue au baccara jusqu'à quatre heures du matin ; il danse de dix à cinq, sans s'arrêter et avec une passion vraie ; il boit en même temps, force champagne frappé, fait la cour aux belles femmes des négociants, avec un sans-gêne qui ferait croire qu'il tient autant à étonner les spectateurs qu'à s'amuser lui-même. Sous ces dehors, le comte cache, je ne dirai pas un puissant esprit politique et une haute intelligence, mais une force extraordinaire de calcul et de sagacité. Ces qualités, il les déploie avec une grande présence d'esprit et sous le masque d'une tranquille bonhomie, dès que la politique entre en jeu. C'est un adversaire dangereux pour quiconque se fie à lui sans arrière-pensée, *au lieu de le payer en même monnaie...* Si j'en puis juger par mes impressions de si fraîche date, les hommes d'état de l'école de Schwarzenberg, ne prennent jamais le droit pour base de leur politique, par la seule raison qu'il est le droit; leur conception me paraît être celle du joueur qui observe les chances favorables, les exploite et y cherche un aliment à sa vanité, en se drapant dans l'impertinente insouciance d'un dandysme aux allures cavalières. On peut dire d'eux, avec ce couvreur qui tomba du toit : « Ça va bien, pourvu que » ça dure ! »

» La comtesse de Thun est une belle et jeune femme, d'une réputation sans tache; elle ressemble à ma sœur. Les deux époux ont une teinte de chauvinisme tchèque; la comtesse ne parle que la langue tchèque avec ses enfants et ses femmes.

» Le second personnage, à l'ambassade d'Autriche, est le baron Nell de Nellembourg, excellent publiciste, à ce qu'on dit; il touche à la cinquantaine; poète à ses heures, sentimental, il a la larme facile au théâtre; d'abord facile, il est bienveillant d'approche; il boit plus qu'à sa mesure. On raconte qu'il a eu des malheurs de famille.

» Le vrai faiseur de l'ambassade impériale semble être le baron Brenner, grand, bel homme, âgé de quarante ans environ. Avant de venir à Francfort, il exerça, paraît-il, une certaine influence sur la direction imprimée à la politique autrichienne en Italie. Il fait l'impression d'un homme de grand talent et de grand savoir. On le dit ultramontain, ce qui ne l'empêche pas de rendre hommage au beau sexe et de descendre même, pour des entreprises de ce genre, dans les couches moyennes de la société francfortoise. En face des hommes, et surtout à l'égard des nôtres, il observe une retenue hautaine. »

Chacun *pose* à son tour devant le redoutable portraitiste. Puis viennent les historiettes de société, les réunions chez madame de Vrints, sœur de madame de Meyendorff et du comte Buol, dont le salon est le quartier général féminin de l'Autriche, et où les femmes jouent un jeu d'enfer; les fêtes chez lord Cowley, où la jeune princesse de Nassau danse avec toutes les puissances, *excepté la Prusse;* les sauteries dont la diplomatie se montre avide, les cotillons dansés par des envoyés plus que mûrs, etc.

Ce mélange de politique et de reportage mondain a une saveur particulière, qui plaisait beaucoup à Berlin.

Plus tard, à Versailles, M. de Bismarck, rappelant ses souvenirs de Francfort, disait des trois envoyés autrichiens qui s'y étaient succédé : « Je pouvais m'entendre avec de Thun; c'était un homme très convenable, en somme. Rechberg, à tout prendre, n'était pas trop mauvais non plus; c'était du moins un homme personnellement très honorable, quoique extrêmement violent et emporté. En sa qualité de diplomate autrichien, appartenant à l'école de ce temps-là, il ne pouvait pas, bien entendu, respecter scrupuleusement la vérité. Mais Prokesch n'était, sous aucun rapport, de mon goût. Il avait rapporté d'Orient les plus viles intrigues. La vérité lui était absolument indifférente. Je me rappelle qu'un jour, dans une grande réunion, on fit allusion à des paroles qui ne s'accordaient pas avec les faits. Élevant la voix de manière à ce que je l'entendisse, il s'écria : « Alors, si cela n'est pas vrai, j'ai *menti* au nom du gouvernement impérial et royal. » Il me regardait; je le regardai

à mon tour et dis d'un air dégagé : « Précisément, Votre
» Excellence! » Il tressaillit visiblement et, jetant ses regards autour de lui, ne vit que des yeux baissés, au milieu
d'un silence qui me donnait raison. Il sortit et se rendit
dans la pièce où l'on avait dressé le souper. Après le
souper, il vint à moi, un verre plein à la main, et je
crus qu'il allait me provoquer ; au lieu de cela, il me
dit : « Allons, faisons la paix! — Oui, répondis-je, mais
» il faudra modifier le protocole. » Il sourit et répliqua :
« Vous êtes incorrigible! » Ce fut tout, mais on modifia
le protocole, ce qui était reconnaître qu'il contenait un
mensonge. »

On peut, d'après ces quelques exemples, se former une
idée de la franchise cynique avec laquelle le Chancelier
laisse imprimer ses opinions sur des personnages dont le
souvenir est encore vivant chez tant de leurs contemporains. Nous n'avons pas besoin d'ajouter que, de tous les
diplomates, celui qu'il dédaigne le plus, c'est le diplomate sentimental. Il s'est montré sans pitié pour Jules
Favre, « qui avait voulu l'apitoyer, prétendait-il, en se
donnant l'air d'avoir pleuré, s'était mis du blanc sur les
joues et du vert autour des yeux, et s'était fait de plus en
plus vieux, affaibli et brisé de douleur, afin d'exciter sa
compassion ».

Un peu moins dur pour M. Thiers, il disait cependant
de lui : « Il n'a rien du diplomate ; il est bien trop sentimental pour le métier. Il n'est pas fait pour négocier ;
il se laisse percer à jour et trahit tous ses sentiments...
En somme, il me plaît ; il a une intelligence lucide, de
bonnes manières et raconte admirablement. Je le plai-

gnais souvent, car sa position était pénible; mais on n'y pouvait rien[1]. »

Si M. de Bismarck dédaigne les diplomates, il n'estime pas davantage ce qu'il appelle leur littérature ; pour lui, ce n'est que de l'encre et du papier, cela ne peut en rien aider l'historien, et l'on a bien tort de ne pas ouvrir les archives des affaires étrangères plus facilement, attendu qu'elles ne sont intelligibles qu'aux initiés. Beaucoup de ces écrits sont assez agréables, mais ne contiennent rien d'essentiel; ce sont des *feuilletons* politiques. On se dit tout le temps en les lisant : « Ça va venir; le style est bon, coulant; on lit, on lit, et ça ne vient jamais, et, quand on a fini, on s'aperçoit qu'il n'y a rien. »

Il faut ranger cette boutade au nombre des paradoxes auxquels se complaît le grand politique; il s'est donné, lui-même, un démenti trop éclatant, pour croire si absolument à l'inanité des documents diplomatiques, et, du reste, il a su rendre parfois ample justice, à certains de ses collaborateurs ou adversaires; mais le nombre en est petit, et l'on est surpris du peu que pèsent, dans son estime, des hommes qui ont passé pour être vraiment supérieurs.

1. Cette compassion s'exprimait parfois d'une façon inattendue, comme certain soir où le Chancelier, voyant frissonner de froid et tomber de sommeil le négociateur octogénaire qu'il faisait impitoyablement discuter jusqu'au milieu de la nuit, dans une chambre où le feu s'était éteint, exigea qu'il s'étendît près de lui sur un canapé, le couvrit lui-même d'une grande fourrure et lui dit tranquillement : « Reposez-vous; dormez; je vous attendrai. » Et attendit en effet, sans quitter son éternel uniforme.

De M. von der Goltz, l'ancien ambassadeur à Paris, par exemple, il disait : « Habile dans un certain sens, oui, sans doute, il l'est, et vif au travail et instruit, mais indécis dans son appréciation des gens et des relations, séduit tantôt par l'un, tantôt par l'autre, et souvent par les gens les plus dissemblables. Et puis toujours amoureux des souveraines près desquelles il était accrédité, que ce fût Amélie de Grèce ou Eugénie (M. de Bismarck appelle familièrement les princesses par leur nom de baptême). Persuadé qu'il aurait fait bien mieux par sa supériorité, ce que je faisais, grâce à *ma chance*, il intriguait sans cesse contre moi, quoique nous nous fussions connus enfants, et passait son temps à écrire au Roi, des lettres de plaintes que Sa Majesté me montrait, et auxquelles je répondais sans qu'il se décourageât. Ses subordonnés le détestaient ; je pourrais même dire qu'ils le haïssaient. » Quant à Bernstorff, l'ambassadeur d'Allemagne à Londres, le Chancelier déclarait n'avoir jamais réussi à noircir tant de papier pour raconter des choses insignifiantes, et avoir été contraint de se fâcher pour s'en débarrasser.

On ne doit donc pas s'étonner qu'avec une si pauvre opinion du monde diplomatique en général, M. de Bismarck, enfermé à Francfort, dans un cercle étroit, d'où les grandes combinaisons étaient exclues, ait senti son dédain de la Diète augmenter chaque année et qu'il ait écrit un jour à sa sœur : « Je suis à une séance du *Bund* : un très honoré collègue lit un rapport démesurément ennuyeux, sur la situation anarchique de la Lippe supérieure, et je pense ne pouvoir mieux utiliser ce moment qu'en me livrant à une effusion de sentiments fraternels. Ces chevaliers de la Table ronde, qui m'entourent au rez-de-chaussée du palais Taxis, sont des hommes fort honorables, mais fort peu récréatifs... Je prends l'habitude de me faire à toute chose, avec le sentiment d'une innocence qui bâille. J'en suis arrivé à une lassitude insouciante, après avoir réussi à convaincre peu à peu la Confédération de sa désespérante nullité. Te rappelles-tu le *lied* de Heine : *O Diète! ô chienne! tu n'es pas saine*, etc.? Eh bien, ce *lied* sera bientôt, et par vote unanime, élevé au rang de chant national des Allemands! »

La guerre, plus ou moins souterraine, que lui faisaient les envoyés autrichiens, entrait, pour sa bonne part, dans la lassitude de M. de Bismarck. Ses sentiments envers l'empire des Habsbourg subirent, à Francfort, une transformation assez prompte et tout à fait radicale. Il partageait absolument, à l'arrivée, ceux que son roi avait exprimés, en 1848, dans une lettre à Metternich, alors obligé de fuir devant la révolution : « Mes relations personnelles avec vous, écrivait Frédéric-Guillaume IV, restent ce qu'elles ont été depuis si longtemps, mais rajeunies et fortifiées par nos malheurs communs. J'éprouve pour l'Autriche ce que je ressentais en 1840. Je ferai loyalement tout ce que je pourrai, afin d'obtenir le rang impérial romain, héréditaire pour votre empereur; il faut que l'empereur des Romains redevienne le chef héréditaire de la nation allemande. Un César, comme chef électif spécial d'un royaume spécialement allemand, paraît inévitable, mais je ne veux pas être ce César.

J'ambitionne de devenir le généralissime de l'empire. Que Dieu soit avec vous, honoré Prince, et vous garde pour des temps meilleurs! »

Dans une autre circonstance, le monarque prussien avait déclaré qu'il considérerait comme le plus heureux jour de sa vie, celui où il tiendrait le *lave-main*, au couronnement d'un Habsbourg comme empereur d'Allemagne!

Le député de la Vieille-Marche faisait écho dans les Chambres de son pays, aux sentiments de son souverain; il aimait, dans l'Autriche, une alliée contre ce qu'il détestait le plus au monde : la révolution. Jusquelà, cette passion avait dominé toutes les autres ; mais son cœur changea, lorsqu'il trouva cette même Autriche sur son chemin, comme un obstacle permanent aux aspirations de son ardent chauvinisme.

Reçu, ainsi qu'on l'a vu, avec assez de hauteur par M. de Thun, n'inspirant qu'une confiance très limitée à son chef, le général de Rochow, le nouveau conseiller obligea promptement tout le monde à compter avec lui. Six semaines seulement après son arrivée, M. de Rochow, nommé ambassadeur à Saint-Pétersbourg, écrivait à M. de Manteuffel : « Il faut, pour le poste de Francfort, la décision et la fermeté du caractère, la dignité dans la vie, la bienveillance dans les relations, la mûre connaissance des hommes, la prudence dans les paroles, le don d'éveiller la confiance et d'inspirer le respect, en même temps que l'expérience des affaires.

» L'homme distingué que Sa Majesté, en son auguste sagesse, a daigné choisir pour remplir ces fonctions épineuses, possède des qualités d'intelligence et de caractère si éminentes, qu'il supplée à ce qui lui manque peut-être, pour le moment, en expérience, par d'autres qualités excellentes et par des talents supérieurs, tels qu'il s'en rencontre rarement. M. de Bismarck est, sans conteste, l'ornement de la noblesse prussienne. Je n'hésiterai même pas à affirmer qu'une personnalité de ce genre est, sous beaucoup de rapports, trop éminente pour le poste de Francfort. M. de Bismarck est si bien doué, qu'il semble plutôt appelé à une action énergique, dans une des plus hautes positions à l'intérieur de notre patrie... Je ne veux pas dire, par là, qu'il ne réponde pas complètement, ici et dans n'importe quel pays étranger, à l'attente de Sa Majesté le Roi et de Votre Excellence. »

Ce fut donc avec la confiance de son roi et de son ministre, que « Son Excellence le lieutenant[1] » entra dans ses nouvelles fonctions d'envoyé prussien à la Diète. Cette confiance augmenta si rapidement, et le désir de consulter verbalement le diplomate hors de page, devint si fréquent, que, dans une seule annnée, il fit *treize fois* le voyage de Berlin. Il finit même par trouver cet exercice d'écureuil fort ennuyeux, d'autant plus que, rentré à Berlin, les intrigues de la Chambre lui paraissaient désespérément mesquines et misérables. « Celui qui vit toujours là dedans, disait-il à madame de Bismarck, s'abuse lui-même et finit par se prendre au sérieux. Lorsque j'arrive de Francfort, en pleine possession de

---

1. On l'appelait ainsi, parce qu'il portait, le plus souvent possible, son uniforme de lieutenant de la Landwehr.

mon sang-froid, je me fais l'effet d'un homme à jeun, qui tombe dans une compagnie de gens ivres. Je voudrais être à Constantinople ; une fois là-bas, du moins, l'on n'est pas obligé de revenir ici à tout instant. »

Si le Prince de Prusse, le futur empereur Guillaume, avait regretté que le délégué n'eût pas quelques cheveux gris, il se rassura vite et, dans son gouvernement de Mayence, apprit à connaître celui qui devait lui donner un jour la couronne impériale.

Tous deux étaient faits pour s'entendre. M. de Bismarck respectait Frédéric-Guillaume IV, parce qu'il était le Roi ! Mais il aima le Prince de Prusse, aujourd'hui empereur, parce qu'il n'avait comme lui qu'un but : la grandeur de son pays, et qu'un moyen : la force ! Tandis que Frédéric-Guillaume, idéaliste et doux, demandait conseil aux hommes de loi, de science et de pensée, philosophes ou littérateurs, son frère ne consultait que des officiers, ne songeait qu'à l'armée, à l'instrument aveugle, qui frapperait quand on le lui ordonnerait ; n'était-ce pas là un souverain selon le cœur de celui qui devait faire, *du fer et du feu*, ses agents favoris ?

Aussi le courant sympathique s'établit-il promptement, et, l'année qui suivit la rencontre à Francfort, le Prince prouva-t-il son estime pour l'homme qu'il semblait deviner, en consentant à être le parrain de son second fils, le comte Wilhelm.

Toute cette période de la vie du Chancelier est connue presque jour par jour, et sous tous ses aspects, grâce à ses rapports officiels, à ses lettres confidentielles au ministre, et à sa correspondance avec sa famille.

Si les événements qui se précipitèrent quelques années plus tard, n'avaient laissé des souvenirs terribles et tragiques, on ne pourrait lire, sans sourire, certaines élucubrations des publicistes inféodés à M. de Bismarck (M. Busch en tête), et les entendre soutenir, avec un aplomb imperturbable, que, si les adversaires de la Prusse ont souffert, c'est par l'aveuglement qui les empêchait de voir leurs propres intérêts, par l'obstination avec laquelle ils ont voulu maintenir des *droits vieillis* et des *prétentions déraisonnables* envers et contre l'intelligence, le génie et la volonté destinés à réaliser les aspirations allemandes vers une existence historique.

Vouloir garder ce qu'on possède, comme le Danemark et l'Autriche; prétendre exister, comme le Hanovre; conserver sa nationalité, comme l'Alsace et la Lorraine; parler sa langue, comme la Pologne, autant de cas pendables! On le leur a fait voir de par la raison du plus fort.

M. de Bismarck, affirme M. Busch, arrivait à la Diète avec les dispositions les plus conciliantes, l'humeur la plus *suave*, mais, naturellement, il fallait faire violence à cette suavité accommodante, si les intérêts et la dignité de la patrie l'exigeaient. Or il se trouva que l'on avait en face de soi un ministre autrichien prévoyant, hardi, agressif, résolu à conserver aux Habsbourg la haute main sur la Confédération, et que la Confédération, ayant étudié la carte d'Allemagne, en était venue à se méfier de la Prusse, gênée sur ses frontières capricieuses, par plusieurs souverainetés indépendantes, qu'elle pourrait bien vouloir incorporer un jour.

Avec l'Autriche, on n'avait pas de ces craintes, et, par cela même, la majorité des voix lui était acquise à la Diète.

La Prusse pouvait-elle tolérer qu'une majorité de petits États sans importance lui fît la loi? Si c'était ainsi que l'on comprenait le dualisme allemand, on combattrait pour la priorité absolue, et le sort déciderait si l'Allemagne devait rester unie sous l'hégémonie de l'Autriche, ou sous celle de la Prusse. Cela briserait la Confédération. M. de Bismarck ne demandait pas mieux, et, s'il eût été écouté à Berlin, on n'eût pas tant tardé, car « le jour approchait où la lutte avec l'Autriche deviendrait une question vitale ». En attendant, il ne fallait témoigner aucune considération aux gouvernements allemands qui ne se donneraient pas la peine de le mériter.

Dans les petites comme dans les grandes choses, le nouvel envoyé se fit un devoir de prouver à l'Autriche qu'il entendait placer son pays sur un pied d'égalité parfaite. M. de Thun, président de la Diète, fumait seul pendant les séances ; de quel droit ? Pour la seconde fois, M. de Bismarck lui demanda du feu. Ce fut un événement ; on en référa à toutes les cours, et il fallut six mois pour qu'elles se résolussent à sauvegarder leur dignité, en ordonnant à leurs représentants respectifs, d'allumer un cigare ! Ceux de Wurtemberg et de Darmstadt, qui ne fumaient pas, se dévouèrent sur l'autel de la patrie, quitte à se donner des nausées !

Dès lors, l'Autriche trouva sans cesse l'envoyé prussien sur sa route ; tout ce qui ne servait pas les intérêts de la Prusse, devint inconstitutionnel ; la presse et le parlement, jusque-là si malmenés, parurent bons à quelque chose, puisqu'ils pouvaient discuter les actes, les droits et même l'utilité de la Diète ; en un mot, l'Autriche prit la place de la révolution dans les ressentiments de son ancien champion. Il n'en fit même pas mystère; un officier autrichien lui ayant demandé à une revue, avec un peu de hauteur, où il avait gagné ses décorations, M. de Bismarck répondit : « Toutes devant l'ennemi, ici, à Francfort! » Aussi le surveillait-on de très près, de trop près même, et était-il forcé d'écrire à sa femme : « N'oublie pas que tes lettres ne sont pas seulement lues par moi, mais aussi par les espions de la poste, et n'attaque pas si fort les autres; car ce serait aussitôt rapporté au personnage intéressé et mis à mon compte. »

C'est surtout dans les lettres confidentielles à M. de Manteuffel qu'il faut chercher la pensée réelle de son délégué. Là, M. de Bismarck laisse voir sans détour, son antagonisme toujours croissant contre l'influence autrichienne, « la nécessité absolue d'exiger égard pour égard, concession pour concession, et de rendre coup pour coup; la conviction que le cabinet impérial aura, dans un avenir prochain, plus besoin de l'alliance prussienne que la Prusse de l'alliance autrichienne », et que « la Diète n'est qu'une écorce, sous laquelle se développeront les éléments sains et pratiques, inhérents à la politique unitaire, écorce qui tombera d'elle-même, quand l'amande sera mûre ».

Peu à peu, l'ancien défenseur d'Olmütz en arrivait à déclarer « qu'il n'aurait plus une goutte de sang prussien dans les veines, s'il conservait une amitié, même modérée, pour l'Autriche telle qu'elle était comprise par ses gouvernants actuels ».

La première de ces *chances* politiques, qui ont si bien servi les desseins du Chancelier, fut, en 1852, la mort prématurée du prince de Schwarzenberg, du ministre qui avait affirmé « qu'après avoir abaissé la Prusse, on l'écraserait » ; qui avait travaillé sans relâche à absorber la politique prussienne par une politique fédérale autrichienne, et avait assez réussi pour faire dire à M. de Bismarck : « La crainte de la Prusse, ou le besoin de secours de la Prusse, forme, aujourd'hui, le seul lien entre les États allemands et nous. »

On affirmait que la politique autrichienne ne serait pas changée, c'est-à-dire, qu'on réduirait la Prusse à son vrai rôle historique, rôle qui n'était pas de disputer la primauté à l'Autriche, à qui elle revenait de droit, mais d'offrir aux autres États de l'Allemagne, sa protection et sa garantie contre tout abus de pouvoir de l'Autriche ; ce qui signifiait, d'après le commentaire de M. de Bismarck, que la Prusse devait être, à la Diète, « le tribun du peuple, plutôt que le deuxième consul ; seulement un tribun très simple et très modeste ».

Toutefois, il était très différent d'avoir à combattre un Schwarzenberg ou un Buol, dont « l'ignorance des affaires en général et des choses de l'Allemagne en particulier, semblait « réellement incroyable » à l'envoyé prussien, et la lutte devenait de moins en moins intéressante. « C'est assommant, s'écriait « Son Excellence le lieutenant », de vivre toujours avec le même *Zollverein*, dont tout le programme consiste à toujours dire *non* à la Prusse ! »

Cette opposition systématique valut du moins au jeune diplomate, un très intéressant voyage en Autriche et en Hongrie, voyage auquel nous devons quelques-unes de ces lettres intimes, écrites de partout et souvent en courant, et qui font connaître un Bismarck très différent du grand politique ; elles révèlent une tendresse, une grâce, un sentiment de la nature et une facilité de plume, pour exprimer tout cela, qui surprennent toujours à nouveau, chez cet homme si implacable lorsque ses ambitions sont en jeu.

Antagonistes dans la question du commandement de la flotte fédérale à entretenir dans la Baltique, la mer du Nord et la Méditerranée, pour la défense des côtes, la Prusse et l'Autriche l'étaient peut-être plus encore dans celle de l'union douanière. L'hégémonie commerciale de la première, acceptée depuis 1834 par un grand nombre des États allemands, semblait être un premier pas vers l'unité politique, et le prince de Schwarzenberg s'était fiévreusement efforcé de substituer à la direction de Berlin, celle de Vienne, sous le couvert de la Diète. A sa mort, son successeur, le comte Buol, avait déclaré vouloir suivre les mêmes errements; mais la Prusse, par la voix de M. de Bismarck, lui avait répondu que la Diète ne pouvait être considérée que comme une institution de police et de direction militaire, à laquelle échappaient les affaires commerciales. De plus, elle s'était empressée de fondre son Zollverein avec celui de quatre États que dirigeait le Hanovre. D'autre part, l'Autriche fit appel à tous les États du Sud, opposés à la Prusse et désignés sous le nom de coalition de Darmstadt, et leur proposa de constituer un nouveau Zollverein, d'où la Prusse serait exclue. Moins éloignés de cette puissance au point de vue commercial qu'au point de vue politique, ces États répliquèrent par une troisième proposition d'union douanière générale pour toute l'Allemagne, basée sur un traité de commerce préliminaire avec l'Autriche ; la Prusse répondit, en signalant comme condition devant précéder une convention avec l'Autriche, que le Zollverein. portant son pavillon commercial, serait d'abord reconstitué sur le principe de son entente avec le Hanovre ; et, pour tenter d'aplanir des difficultés en apparence insurmontables, on envoya M. de Bismarck remplacer officieusement à Vienne, en juin 1852, l'ambassadeur, M. d'Arnim-Henrischsdorff, qui avait demandé un congé de six semaines. Dès le 11 juin, le nouvel envoyé écrit à sa femme :

« Je ne me plais pas du tout ici, où pourtant il faisait si bon avec toi, en « 47 » (c'était l'année de son voyage de noces) ! Non seulement ta société me manque, mais je me sens inutile, et ceci est plus sérieux que je ne peux le faire comprendre à ton esprit non politique... Les affaires sont dans le marasme ; ces gens n'éprouvent pas le besoin de s'arranger avec nous, ou bien ils supposent que ce besoin est, chez nous, plus grand qu'il ne l'est en réalité. Je crains que l'occasion de nous entendre ne nous échappe, ce qui aurait chez nous un contre-coup funeste ; car l'on pense avoir fait, en me confiant cette mission, un grand acte de conciliation. On ne reverra pas de sitôt, ici, un homme aussi bien disposé et aussi prêt aux concessions que moi...

» Je me dessèche moralement à faire ce métier et je crains de finir par y prendre goût... Hier, je suis allé à Schœnbrunn, où les grandes haies et les blanches statues, blotties au milieu des buissons verts, m'ont rappelé notre aventureuse expédition par le clair de lune. J'ai revu le petit jardin réservé, où nous avons erré d'abord, séjour interdit aux profanes et gardé, comme autrefois, par une sentinelle, qui nous défendit même d'y jeter un regard. »

M. de Bismarck, chargé de présenter à l'empereur François-Joseph, une lettre autographe de son souverain, éprouva des retards qui lui parurent devoir être attribués à la mauvaise volonté du comte Buol, « un peu piqué de n'avoir pas été prévenu de sa mission ».

« Il m'est resté de notre premier entretien, écrivait l'envoyé à M. de Manteuffel, l'impression générale qu'on ne s'attendait pas à nous voir décliner si catégoriquement les propositions de la conférence douanière. Aussitôt après, le comte Buol a tenu conseil avec les autres ministres, et le comte de Platen[1] me dit, quelques heures plus tard, qu'ayant dîné chez lui, il l'avait trouvé extraordinairement maussade et l'avait entendu se plaindre des mauvaises nouvelles apportées par moi. »

L'empereur d'Autriche était à ce moment en Hongrie ; M. de Bismarck aurait voulu le rejoindre sur-le-champ. Le comte Buol lui conseilla d'attendre à Vienne, prétextant l'incertitude de l'itinéraire impérial, l'envahissement des logements, etc., « ce qui prouve qu'il ne veut

1. Alors ambassadeur de Hanovre à Vienne.

pas que je voie l'Empereur sans lui et sans préparation »,
ajoutait le diplomate impatienté. Entre temps, il fréquentait les salons de Vienne, entrait en relation avec les personnalités politiques importantes, y compris les femmes, comme mesdames de Meyendorff, de Linden et autres ; car « la diplomatie des dames paraît être restée en Autriche, plus en vigueur qu'en Prusse ». Il envoyait à son ministre, des détails curieux sur le caractère des gens et de la société, sur les plaisirs de Vienne et son esprit frondeur, sur la nature et la conduite du souverain, « dont l'initiative personnelle augmentait tous les jours et inquiétait M. de Buol ».

Voici le portrait de Sa Majesté, tracé de main de maître : « L'Empereur s'applique à tout, avec une ardeur rare pour son âge, depuis ses devoirs de souverain jusqu'à la chasse. Il se fatigue trop à danser, à monter à cheval, et ne dort pas assez. Il se lève à quatre heures, travaille sans relâche, ne parle à tous les fonctionnaires que de ce qui est du ressort de chacun, coupe court à toute demande, à tout conseil qui dépasse leurs attributions et fait mettre partout au premier plan, matériellement et moralement, de la manière la plus ostensible, les décisions qu'il prend de sa propre initiative, toujours laconiques et fermes. La peine qu'il se donne pour remplir ses devoirs, lui fait supposer chez les autres, comme une chose toute naturelle, la même intensité d'efforts et toute défaillance l'étonne. Il ne se montre jamais brusque dans la forme. On loue son grand amour de la vérité. »

Après avoir enfin rejoint François-Joseph à Ofen, M. de Bismarck complétait le portrait en ces termes :

« La personne de l'Empereur me fait une excellente impression; il a la compréhension vive, un jugement sûr et réfléchi; la simplicité et la franchise de ses manières inspirent la confiance. »

Avec la correspondance politique, marchait de pair celle que recevait madame de Bismarck. Aussitôt arrivé à Ofen, il s'entretient avec elle.

« 23 juin 1852.

» ... L'Empereur a eu la bonté de me donner mes quartiers dans son château, et me voici installé dans une grande salle voûtée, près de la fenêtre, d'où j'entends toutes les cloches du soir, à Pesth. La vue que l'on embrasse d'ici est ravissante. Voici, dominant le paysage, le château-fort; immédiatement au-dessous, le Danube, sur lequel est jeté un pont de bateaux; puis, au delà, Pesth, avec la plaine immense qui se déroule plus loin; le tout noyé dans la lueur bleuâtre et rosée du crépuscule. A la gauche de Pesth, je vois le Danube, qui remonte loin, bien loin; à ma gauche, il baigne la ville d'Ofen. Puis, derrière, des montagnes bleues, plus bleues encore, et enfin tintées de brun par le crépuscule qui les illumine. Entre les deux villes s'étend, comme un miroir, une vaste plaine d'eau coupée par le pont et par une île boisée. Le chemin qui y conduit, de Gran à Pesth, aurait fait tes délices... Si, du moins, tu étais ici pour un instant, et que tu pusses voir, comme moi, le Danube aux flots d'argent mat, les montagnes sombres, dont la masse se détache sur un fond rouge pâle, et contempler avec moi, les lumières de Pesth qui brillent au-dessous de nous ! Tu vois, que, moi aussi, je rêve aux beautés de la nature ! »

C'est dans cette lettre toute charmante, qu'il se rappelle certaine vieille chanson anglaise. Qui donc *la lui a chantée*, dans le vieux temps passé ? *In old lang syne!*

Viennent ensuite les fêtes de la cour et les chasses. Le jeune diplomate produit « une impression favorable sur le jeune empereur, qui l'emmène partout avec lui ».

Le 24 juin, nouvelle lettre... « Après le dîner, toute la cour a fait une excursion dans la montagne, chez « la Belle Bergère », morte, il est vrai, depuis longtemps ; car le roi Mathias Corvin l'aimait, il y a quelques centaines d'années. Une fête populaire avait attiré des milliers de personnes; on se pressait autour de l'Empereur, qui se mêlait, sans façon, à la foule, et l'on poussait de sauvages *eljen*! Tout le monde dansait des czardas et des valses, chantait, jouait de divers instruments, grimpait aux arbres et enveloppait la cour. On avait dressé, sur une pente de gazon, une table de vingt couverts, tous les sièges placés du même côté, afin que de l'autre côté on pût voir les bois, le château, la ville et la campagne. Au-dessus, s'élevaient de grands hêtres, dans les branches desquels des Hongrois avaient grimpé. Immédiatement derrière nous était la foule pressée et pressante, tandis qu'au loin, on entendait alternativement des instruments de cuivre et les chants des tziganes. La lune et la rougeur du soleil couchant nous éclairaient. Ça et là, des torches brillaient dans le bois. C'était comme un grand tableau dans une féerie... Que les anges te gardent ! Moi, je suis gardé par un grenadier à bonnet à poil, dont la baïonnette, illuminée par un rayon de lumière, dépasse de six pouces le bord de ma fenêtre ; il monte sa garde sur la terrasse du Danube et pense sans doute à sa Nanette. »

Le gentilhomme de Brandebourg sentit son amour des aventures se réveiller, lorsqu'on lui parla des brigands qui infestaient le district de Szolmok, « d'où l'on aperçoit au loin la ligne bleue des Carpathes ».

On n'avait pas de ces chances-là dans son monotone pays ! Il brûlait de « faire connaissance avec ces bandits à cheval, avec leurs grandes pelisses, leurs fusils à deux coups toujours dans la main, leurs pistolets à la ceinture ; avec les chefs à masques noirs, appartenant parfois, dit-on, à la petite noblesse indigène et qui tombent sur les voyageurs, traitent courtoisement les gens convenables, ne leur prennent qu'une partie de leurs valeurs, attaquent les fermes et disparaissent en un instant ».

Il partit par un soleil brûlant qui lui fit peler le visage, fit 90 milles en douze heures, dans une charrette basse de paysan, remplie de sacs de paille, traînée par des chevaux sauvages, qu'il fallait saisir au vol avant de les atteler, et conduite par un indigène aux longs cheveux d'un brun foncé et luisant, aux moustaches tombantes, coiffé d'un chapeau à larges bords, vêtu d'une chemise qui s'arrêtait à l'estomac et laissait voir, jusqu'à la naissance du pantalon, une ceinture large comme la main de chair nue et brune. Le pantalon était blanc, et chaque jambe, descendant jusqu'au genou, était aussi large qu'un jupon de femme. A partir des genoux apparaissaient des bottes éperonnées. Le voyageur traversa, au grand galop, une plaine gazonnée, interminable, unie comme une table, ayant pour compagnon un aimable lieutenant bronzé au soleil, armé, comme lui, de pistolets chargés, et, pour escorte, une compagnie de uhlans, la carabine au poing. Ceci fit réfléchir les brigands, et l'envoyé du roi de Prusse revint nager dans le Danube, pour se rafraîchir, sans avoir vu poindre la plus petite aventure ; il avait probablement, disait le lieutenant, été salué au passage par quelques-uns des prudents mécréants, mêlés aux paysans, qui s'inclinaient jusqu'à terre, aux relais ; car l'arrivée d'un ambassadeur étranger, dans ces régions, était un phénomène si extraordinaire, qu'on s'évertuait à lui rendre tous les honneurs imaginables. Il traversait ainsi des foules pittoresques et bigarrées, où il remarquait des femmes généralement grandes et bien faites, souvent remarquablement belles, laissant tomber sur les épaules leurs longues tresses d'un noir de jais, auxquelles se mêlaient des rubans rouges, noués sur le devant ; portant sur la tête, si elles étaient mariées, soit des fichus verts et rouges, soit des coiffes de velours rouge brodées d'or, et, sur les épaules et la poitrine, un autre fichu de soie d'un très beau jaune. Si l'on ajoute à cela une jupe courte, bleu d'azur, et des bottines de maroquin rouge, montant jusque sous la robe, un teint brun et basané et de grands yeux très noirs, on comprendra que cette gamme de couleurs éclatantes ait frappé le regard du touriste.

Peu après ces courses vertigineuses dans les plaines de Hongrie, M. de Bismarck reprenait le chemin de

Francfort; il avait revu M. de Buol, qui s'était montré, cette fois, gracieux et même cordial, sans que néanmoins la discussion reprise eût fourni des éléments nouveaux, pas plus d'un côté que de l'autre, de sorte que le retour à Francfort paraissait nécessaire; « car, en demeurant plus longtemps, il eût fallu s'expliquer plus catégoriquement sur la question douanière; on ne pouvait plus guère, comme on l'avait fait jusqu'à ce jour, se tenir entre le oui et le non, sans exciter le mécontentement. »

En outre, on attendait la naissance d'un second enfant (ce fut le comte Bill); l'envoyé revint donc à son poste près la Diète. La considération qu'on lui témoignait en haut lieu, n'était pas sans exciter certaines jalousies; on essayait même d'éveiller les méfiances de M. de Manteuffel, en lui représentant son protégé comme un ambitieux qui aspirait à prendre sa place. Celui-ci se défendait comme on va le voir, dans une lettre à son ministre :

« 23 juillet 1852.

» J'avais deviné que les articles de la *Gazette de Spener* venaient du camp Prokesch. L'insinuation de Klenze[1] met le comble à ses mensonges. Je me rappelle que Platen me demanda, un jour, si je croyais que Votre Excellence garderait ses fonctions; je répondis : « Sans » doute, tant que Son Excellence le voudra, à moins d'acci- » dent imprévu; mais M. de Manteuffel est parfois bien » las. » Autre demande: « Qui pourra bien lui succéder? »

---

1. Klenze, directeur général des contributions à Hanovre.

Réponse : « Peut-être Rochow, peut-être Bunsen. M. de
» Manteuffel, s'il quitte et si je vis encore, me proposera
» probablement au Roi ; Sa Majesté n'y consentira peut-être
» pas. » Voici, lui dis-je, mes châteaux en Espagne, mes
rêves d'avenir : encore trois ou cinq ans à Francfort,
puis tout aussi longtemps à Vienne ou à Paris, puis dix années, *avec succès*, ministre, puis mourir dans mes terres.

» Ce plaisant rêve est sans doute, avec des articles
supplémentaires, la base d'une relation de Platen, ou des
exagérations de Klenze. Que Votre Excellence me pardonne cette franchise : je serais fou d'aller échanger
volontairement ma position actuelle contre celle de
ministre; sans compter que, si j'étais pris soudain d'une
passion irrésistible pour la couronne d'épines, c'est peut-être à vous que je parlerais en premier lieu, et sans
détours, de cette démangeaison. Je remercie sincèrement
Votre Excellence de l'agréable et honorable champ
d'activité que j'ai ici et ne nourris d'autre désir que celui
de rester où et ce que je suis. »

Laissant momentanément de côté les taquineries de la
politique, M. de Bismarck consacra l'été de 1853 à
diverses excursions en Belgique, en Hollande, en Westphalie; mais les négociations se poursuivirent, et enfin
l'Autriche, inquiète de certains symptômes qui apparaissaient en Orient, reconnaissant peut-être l'impossibilité de créer une union douanière sans la Prusse, se
résigna aux concessions et signa, avec sa rivale, un traité
par lequel la question de son admission dans le Zollverein resterait en suspens jusqu'en 1859.

La Prusse était donc victorieuse et son ardent conseiller la poussait à user largement de son triomphe, en exigeant la retraite des ministres de coalition, tels que MM. de Beust en Saxe et Dalwigk en Hesse-Darmstadt; mais son gouvernement, plus modéré ou plus faible, se contenta des lauriers déjà cueillis.

II

La question d'Orient. — Rôle de la Prusse. — Accord entre M. de Bismarck et le prince Gortchakof. — Sentiments de M. de Bismarck à l'égard de Napoléon III. — Possibilité d'une alliance de la Prusse avec la France. — Voyage de M. de Bismarck à Paris, en 1855. — Affaire de Neuchatel. — Bienveillance témoignée en France, à M. de Bismarck. — La question des Duchés de l'Elbe. — M. de Bismarck défenseur du Danemark. — Voyage en Suède et en Courlande. — Préliminaires de la guerre d'Italie. — Note de Napoléon III portée par le marquis Pepoli au roi de Prusse. — Efforts de M. de Bismarck en faveur de la non-intervention. — Le ministère de l' « ère nouvelle ». — M. de Bismarck nommé ambassadeur à Saint-Pétersbourg. — *Le Petit Livre.* — Lettre à M. de Schleinitz. — *Ferro et Igni.*

Si l'Autriche s'était montrée tout à coup disposée aux temporisations dans l'affaire du Zollverein, c'est qu'elle entrevoyait des complications au milieu desquelles la bienveillance de la Prusse lui serait précieuse. De gros nuages s'amoncelaient du côté de l'Orient ; la France et l'Angleterre s'unissaient pour barrer le passage à l'ambition de la Russie, et cette question d'Orient paraissait devoir ouvrir un champ plus vaste aux combinaisons des diplomates; d'autres questions pouvaient surgir à la suite et amener des changements favorables à diverses convoitises. Quel serait en tout cela le rôle de la Prusse? Il fut, au dire de ses plus chauds admirateurs, louche et tortueux; basé, d'une part, sur le désir de ne pas s'aliéner la Russie, de l'autre, sur l'idée bien arrêtée de ne pas s'humilier devant l'Autriche. « C'est une politique qui va vous conduire à Iéna, dit le marquis de Moustier à M. de Bismarck. — Pourquoi pas à Leipzig ou à Waterloo? » répondit insolemment le fougueux envoyé. Le roi Frédéric-Guillaume IV voulait épargner la Russie, par considération pour le passé; son conseiller songeait à l'avenir, se rappelant sans doute ces lignes du grand Frédéric : « De tous les voisins de la Prusse, l'empire de Russie est le plus dangereux, tant par sa puissance que par sa situation locale : nos successeurs auront lieu de cultiver l'amitié de ces barbares. » M. de Bismarck avait précisément cultivé, à Francfort, l'amitié du plus important et du plus civilisé de ces barbares, le prince Gortchakof, ministre plénipotentiaire à Stuttgard, accrédité en même temps à la Confédération, ami personnel du czar, élève émancipé de Nesselrode, adversaire obstiné de l'Autriche, partisan (plus tard renégat) de la France, esprit fin, délié, brillant, lettré, retors, plus moderne qu'aucun ministre russe, et le premier qui ait été déclaré *national*.

Parler d'amitié entre M. de Bismarck et le prince Gortchakof, c'est employer le mot dont on abuse le plus; en affaires, il n'y a jamais eu pour le chancelier prussien, que des instruments plus ou moins sympathiques, ou des ennemis. Dans la question d'Orient, la Prusse inclinait pour la Russie; le représentant de cet empire pouvait, le cas échéant, devenir un atout puissant dans le jeu de son collègue en diplomatie! on se lia donc, mais sans grande illusion de la part de M. de Bismarck. Dès 1852 (11 avril), il se moquait de son nouvel ami, dans une lettre confidentielle à M. de Manteuffel :

« J'ajouterai, à simple titre de curiosité, disait-il, que le prince Gortchakof, lors de son séjour, il y a deux mois, croyait avoir obtenu, par son influence, la réconciliation de la Prusse et de l'Autriche, en attribuant ce mérite, non à lui-même, mais à cette circonstance qu'il est *le faible écho de la voix de l'Empereur!* La vérité, c'est qu'à l'arrivée du Prince, l'entente était déjà faite avec l'Autriche. »

En 1854, l'accord était parfait entre les deux hommes d'État; d'autant plus parfait que M. de Bismarck s'aperçut très vite que les velléités guerrières des États secondaires, favorables d'abord à la Russie, seraient promptement paralysées par l'Autriche et que la sympathie de la Prusse n'en deviendrait plus précieuse. La Prusse n'avait pas d'intérêts à sauvegarder sur les rives du Danube; l'Autriche, au contraire, en avait de si importants et de si opposés à ceux de l'empire slave, qu'elle se voyait, pour ainsi dire, condamnée à l'ingratitude envers le czar. Il l'avait sauvée de la révolution triomphante avec Kossuth, et cependant, lorsque vint l'heure de témoigner sa reconnaissance, en se déclarant pour son sauveur, contre les agressions d'Occident, elle entrevit, dans l'avenir, une Russie maîtresse de la mer Noire, de Constantinople, du Danube, c'est-à-dire campée aux portes de Vienne, et l'ingratitude lui sembla une nécessité, presqu'un devoir. Jamais le czar et Gortchakof ne pardonnèrent cette désertion de leur cause et, plus tard, la France subit le contre-coup de cette rancune, si ardente qu'on ne sut pas la sacrifier même aux intérêts de l'empire.

Quand on lit les dépêches de M. de Bismarck à M. de Manteuffel, et qu'on se rappelle ses voyages répétés à Berlin, pendant la guerre de Crimée, on se rend compte de l'influence occulte, mais toujours grandissante, qu'il exerçait sur son gouvernement. Les puissances étrangères ne savaient pas alors à quel point leurs efforts pour entraîner la Prusse étaient contre-balancés par l'action de ce jeune conseiller encore relativement peu connu. Ce qu'il redoutait le plus, c'était une politique de sentiment qui déciderait son pays « à chercher plaies et bosses pour les beaux yeux de qui que ce fût, ou pour la simple gloire *d'y avoir été*. Si l'on pouvait y trouver quelque profit, ce serait une autre affaire ».

L'Autriche désirait se joindre à la France et à l'Angleterre contre la Russie et entraîner les autres États allemands. « Je serais dans l'angoisse, écrivait M. de Bismarck, si, pour nous abriter contre la tempête, nous allions attacher notre coquette et solide frégate à ce vieux trois-ponts mangé aux vers. C'est nous qui sommes le meilleur nageur des deux et, pour tout le monde, un allié bienvenu. Dès que nous voudrons renoncer à l'isolement et à la stricte neutralité, nous pourrons poser les conditions de notre alliance... *Les grandes crises for-*

ment la température nécessaire à la croissance de la Prusse. Nous en avons profité sans crainte, *peut-être même sans vergogne.* Mais, si nous voulons continuer à croître, il faut que nous ne craignions pas de rester seuls avec 400,000 hommes, surtout aussi longtemps que les autres se battront... En tout cas, la valeur de notre alliance ne fera que croître au cours des événements et *on nous en donnera* plus tard, plus qu'aujourd'hui. »

N'y a-t-il pas là tout le cynisme politique dont M. de Bismarck a fait la base de son système?

Insensible aux avances de l'Autriche, il répondait de même aux puissances occidentales; il mettait successivement à néant, objections, menaces et efforts de persuasion. Chargé par son roi d'une mission spéciale auprès des États moyens, il fut reçu avec un empressement marqué, par tous ces pauvres souverains qu'il devait déposséder ou amoindrir si peu de temps après. Aussi l'on peut se figurer sa colère, quand il apprit que son gouvernement avait signé, le 20 avril 1854, un traité d'alliance offensive et défensive avec l'Autriche. « C'est fait, s'écria-t-il, pour désappointer l'attente des États allemands et discréditer la Prusse à leurs yeux ; car ils verront maintenant que l'Autriche est la maîtresse. » Mais la diplomatie est riche en ressources, et il faut croire que les termes de la convention étaient d'une certaine élasticité ; car, cinq jours après, M. de Bismarck écrivait au ministre : « Le traité du 20, dans les six articles que j'ai sous les yeux, offre un excellent point d'appui à notre système (un veto efficace dans la politique commune), pourvu que nous en maintenions résolument, dès le début, l'*interprétation dans notre sens*... Les États allemands constitueront un excellent sabot pour enrayer les idées belliqueuses prématurées de l'Autriche. »

Quels étaient, à cette époque, les sentiments de M. de Bismarck envers la France et Napoléon III ? On est aujourd'hui amplement édifié à cet égard.

L'élection du Prince à la présidence de la République française avait été accueillie assez dédaigneusement en Allemagne. « Il nous est très indifférent, avait dit le prince Schwarzenberg, de voir placer à la tête du gouvernement français *M. Bonaparte*... Comme moralité, il ne peut pas soutenir la comparaison avec le général Cavaignac ; mais ce dernier est l'incarnation de ce dont l'Europe ne veut pas, tandis que *l'autre* représente, je veux pas dire ce que nous demandons, mais au moins le contraire de ce que nous ne voulons pas. » M. de Bismarck ne se montra guère plus gracieux, lorsqu'arriva la nouvelle de l'avènement au trône de Napoléon III ; néanmoins, en sa qualité de délégué-président de la Diète, pendant l'absence de M. de Thun, il regretta les lenteurs et les arguties puériles des petits États et reçut avec les égards convenables M. de Tallenay, ambassadeur de France près la Diète.

On s'est trompé lorsqu'on a cru que, dès cette époque, M. de Bismarck avait excité son roi contre notre pays. Il écrivait, au contraire, à M. de Manteuffel : « Je voudrais que l'antibonapartisme de notre roi fût moins connu du public. Il ne faut pas dire : « Fontaine, je ne boirai pas de » ton eau ; » du moins, il ne faut pas que les gens comptent sûrement qu'on préférerait mourir de soif, plutôt que de boire. Je ne veux nullement plaider en faveur des sympathies françaises, mais on peut se servir de tout, *comme épouvantail.* »

Il déplorait ensuite les articles violents de la *Gazette de la Croix*, au sujet du mariage projeté de Napoléon III, et revenait ainsi à la charge : « Je suis, autant que personne, bien loin d'avoir des sympathies pour une alliance française; mais il me semble utile, dans l'intérêt de notre position politique, d'éviter tout ce qui peut avoir l'air d'une provocation et de garder, jusqu'à un certain point, notre indépendance vis-à-vis de nos alliés de l'Est. Celle-ci disparaîtra dès que nous aurons rendu notre hostilité contre la France, irrévocable... Nos voisins, et surtout l'Autriche, abuseront de notre situation, quand on ne croira plus à la possibilité d'une alliance avec la France, et quand on pensera que l'attaque principale, en cas de guerre, serait dirigée contre nous. Alors c'est *nous* qui serons obligés de rechercher et d'acheter l'alliance de l'Autriche et de la Russie. Or c'est à *elles* de briguer et d'obtenir notre assistance, tant que nous n'aurons pas brûlé nos vaisseaux sur l'autre bord. Je suis persuadé que l'alliance française serait un grand malheur pour la Prusse; mais nous ne devons pas nous enlever, aux yeux de nos alliés, la possibilité de choisir, entre deux maux, le moindre, quand même nous n'en userions jamais. »

Et voilà l'homme sur qui Napoléon III croyait pouvoir compter!

Il est facile de concevoir qu'avec des arrière-pensées

si compliquées, l'envoyé à la Diète devait scruter assidûment celles des personnages appelés à jouer un rôle important en Europe. On commençait, du reste, à se préoccuper de lui; un article du *Moniteur*, sur certaines paroles agressives, prêtées au délégué prussien, devenait le sujet de démêlés diplomatiques.

M. de Bismarck n'était pas seul à donner pour cause à la guerre de Crimée le désir de détourner l'attention du peuple français des questions intérieures et de l'éblouir par la gloire militaire. On prétendait que, si l'on échouait à Sébastopol, on essayerait de prendre Constantinople : « D'après ce que j'ai entendu dire, dans ces dernières années, du caractère de Louis-Napoléon, écrivait M. de Bismarck, par des gens qui le connaissent depuis un quart de siècle, il semble que la disposition à faire précisément ce à quoi personne ne s'attend soit, chez lui, une véritable maladie, encouragée par l'impératrice. Un vieux diplomate, qui ne s'émeut pas facilement, me disait naguère : « Cet homme va nous perdre ;
» il finira par faire sauter la France pour un de ces ca-
» prices que l'impératrice débite à son déjeuner ; il fau-
» drait leur faire un enfant pour les rendre raisonnables! »

Une occasion favorable s'offrit bientôt de venir étudier la situation à Paris. M. de Hatzfeldt, ambassadeur de Prusse près la cour des Tuileries, invita M. de Bismarck aux fêtes données, en 1855, en l'honneur de la reine Victoria. L'impression produite sur celle-ci par le diplomate prussien, ne fut pas sympathique ; elle le trouva trop Russe et trop *Gazette de la Croix*. L'Empereur fut aimable et cordial, causa surtout de la santé du Roi, fit des compliments à l'hôte de M. de Hatzfeldt, et la comparaison dans les égards témoignés aux étrangers, fut très évidemment en faveur des Prussiens.

M. de Bismarck, redoutant toujours l'éventualité d'une alliance franco-russe, quand la guerre d'Orient serait terminée, ne pensait pas que son pays fût en situation de se ranger parmi les adversaires de cette alliance et, pour se ménager toutes les chances, conseillait de témoigner à l'Empereur *une petite amitié à bon marché*, et de repousser toute prétention que pourrait avoir la Russie de prendre la Prusse à la remorque.

Sébastopol tomba, le congrès se réunit à Paris. La Prusse y serait-elle admise? L'Angleterre et l'Autriche disaient non. La France fit pencher la balance en sens contraire. On affecta plus tard de dire que l'on n'aurait pas perdu grand'chose à rester en dehors ; mais, dans le moment, on fut très heureux de ne plus faire antichambre et de participer « à l'aimable échange de décorations auquel se livraient les monarques ». — « Vous pouvez être certain, avait dit M. de Bismarck à son chef, que Napoléon, avec sa cour tout battant neuf et sa vanité personnelle, sera plus sensible à toute omission ou commission d'un témoignage d'amitié, que les souverains de vieille date. Faisons donc nos foins pendant que le soleil brille, ajoutait-il ; envoyez votre plus bel ordre, et invitez même l'Empereur à une revue des troupes prussiennes, comme il en a exprimé le désir, devant quelques-uns de nos officiers.

» Comme il parle rarement sans avoir un but, on peut en conclure qu'il désire être invité à Berlin. Je considérerais cette visite comme la conclusion triomphante de notre politique pendant la guerre d'Orient. L'autocrate français exerce, en ce moment, une influence si décisive sur la politique européenne, et son amitié, voire même le semblant de son amitié, est si avidemment recherché par les plus puissants monarques, que ce serait à la fois un témoignage de satisfaction de sa part et un fait politique important, que de le voir aspirer à *l'honneur* de faire visite à notre gracieux souverain, avant tout autre. *Nous pouvons le regretter*, mais nous ne pouvons changer les faits, quoique nous puissions les utiliser, et, dans mon opinion, la visite de l'Empereur serait une victoire et omettre de l'inviter, une erreur politique. »

Napoléon III semblait sérieusement disposé à se rapprocher de la Prusse; le prince Napoléon, dans une soirée, s'occupait assez exclusivement de M. de Bismarck, pour le mettre mal à l'aise. Une alliance entre la France et la Prusse, « c'est-à-dire entre les deux peuples les plus civilisés du monde », serait, selon le Prince, très naturelle et également avantageuse aux deux pays.

De retour à Francfort, l'envoyé de Prusse entretenait presque seul des relations cordiales avec le nouvel ambassadeur de France, M. de Montessuy, qu'il présentait à M. de Manteuffel dans les termes suivants :

« Mon collègue français, M. de Montessuy, attache, en somme, trop d'importance à la presse et en extrait beaucoup d'informations peu dignes de figurer dans ses rapports; car il ne comprend pas bien les façons d'agir et le caractère de nos journalistes allemands. Il continue à faire ses rapports avec un zèle persévérant et se fait, en quelque mesure, craindre de nos collègues allemands, dont il trouble l'importance mystérieuse par des questions directes et ses efforts pour se faire révéler ce qui se passe à nos séances. Socialement parlant, il n'a pas réussi à se faire une bonne situation ici, et le blâme doit surtout en retomber sur sa femme ; car les « dames fédérales » ne la trouvent pas assez polie, pour lui pardonner ses prétentions et ses diamants ; ses invitations donnent lieu à des griefs répétés, parce que, dans le choix et la manière de placer ses convives, elle ne considère pas assez les nombreuses questions de rang et de prérogatives qui existent ici. Quelques-uns des envoyés fédéraux ne vont même plus chez les Montessuy ; mais je suis du petit nombre de ceux qui sont en bons termes avec le mari et la femme ; le seul reproche que j'adresse à leur maison s'applique à leur mauvaise table et à leurs vins plus mauvais encore, mais, avec mon dévouement habituel au service de Sa Majesté, je supporte tout sans murmurer ; car, du reste, Montessuy est pour moi un agréable collègue. »

Un nouvel incident politique fournit, en 1857, à M. de Bismarck, l'occasion d'étudier encore le caractère de Napoléon III et de son entourage. La question de Neuchatel avait surgi vers la fin de 1856. Ce canton, admis depuis 1815, dans la Confédération Helvétique et en même temps vassal du roi de Prusse, s'était révolté en 1848, contre son suzerain, et constitué en république. En 1856, le parti royaliste essaya de reprendre le dessus, fut vaincu et laissa entre les mains du pouvoir républicain, des prisonniers qui furent condamnés à mort. Frédéric-

Guillaume IV menaça le canton d'une intervention armée, si les captifs n'étaient pas rendus à la liberté; Napoléon III, à qui ce voisinage ultra-démocratique ne plaisait guère, témoigna une sympathie très sincère à son frère de Berlin; mais l'Autriche, mécontente de l'intimité qu'elle voyait croître entre les deux puissances, éleva une foule d'objections au passage d'une armée prussienne sur les territoires fédéraux.

« On dit ici, écrivait M. de Bismarck, alors à Francfort, que l'attitude hostile de l'Autriche est due surtout à sa jalousie et à cette pensée qu'il lui faudrait se résigner à un rôle secondaire, pendant que la Prusse déploierait ses forces contre Neuchatel et, par ce fait, établirait des relations plus intimes avec l'Allemagne du Sud et avec la France. »

L'Autriche dénonçait donc l'accord entre la Prusse et la France, « faisant manœuvrer son cheval fourbu d'une manière vraiment risible, disait son ironique adversaire, et répétant ce qu'elle ferait et aurait fait depuis longtemps pour la France, si la Prusse ne la retenait par le pan de son habit... En vérité! s'écriait M. de Bismarck, je voudrais bien savoir qui elle croit encore tromper par ses basses courtisaneries à l'Ouest et ses indignes hâbleries à l'Est! »

L'Angleterre, en cette conjoncture, se montrait assez malveillante. Lord Palmerston avait déclaré, d'un air dédaigneux, « que la Prusse dépenserait beaucoup d'argent, puis, qu'en Janvier, la Suisse condamnerait les prisonniers et les gracierait ensuite; donc la farce serait finie et la Prusse en serait pour ses frais ».

Il résulta de cette situation que, lorsque l'Autriche proposa de soumettre la question à l'arbitrage d'un congrès des grandes puissances, M. de Bismarck lui-même, très prudent quand les circonstances le commandent, conseilla d'accepter la proposition et d'éviter ainsi le risque d'une coalition contre son pays. M. de Hatzfeldt représentait naturellement la Prusse au congrès réuni à Paris, mais M. de Bismarck fut envoyé avec une mission secrète, qu'il dissimula sous un prétexte de *vacances*.

Les vacances furent bien remplies. « L'Empereur se montra très bon et très aimable. Il est vrai qu'il ne put accéder à la demande du roi Frédéric-Guillaume, de permettre à ses troupes de passer par l'Alsace-Lorraine pour marcher contre la Suisse, parce que la France s'en serait trop émue ; mais, en toute autre chose, il approuva l'entreprise, disant qu'il serait trop heureux de voir détruire ce nid démocratique. »

Comme toujours, M. de Bismarck entretint, pendant ce séjour à Paris, une correspondance suivie avec sa famille, et, dans cette correspondance, on trouve non seulement des détails intimes et personnels, mais le complément de sa pensée politique. Nous citerons à l'appui une lettre adressée en avril 1857, à madame d'Arnim :

« Hôtel de Douvres.

» J'ai cinq cheminées, et j'ai très froid ; cinq pendules qui marchent, et je ne sais jamais l'heure ; onze grandes glaces, et mon nœud de cravate est toujours de travers. Il me tarde de rentrer chez moi ; depuis novembre, je vis en vagabond, et je n'ai pas eu le sentiment de la vie régulière et domestique, depuis ton séjour avec nous à Schwalbach, l'été dernier. Et maintenant, pour comble, on voudrait me rappeler à Berlin pour l'impôt sur le sel! Si même j'en avais le temps, je ne pourrais pas prendre part à ces débats. Avec mes opinions, je ne peux donner ma voix au gouvernement, et, si je me joignais à l'opposition, il ne serait vraiment pas convenable de demander à quitter mon poste pour cela; en outre, considérant les bruits qui courent de mon entrée dans le ministère (et au sujet desquels Johanna, se basant sur les informations, m'écrit avec désespoir), on pourrait croire que j'ai agi en vue de toutes ces absurdités. »

On sait maintenant en quoi consistait la mission secrète, que masquait le voyage de vacances. La question même de Neuchatel n'était que secondaire; celle du Danemark commençait à préoccuper vivement l'Europe, et M. de Bismarck avait offert à son gouvernement d'aller sonder l'empereur Napoléon et son entourage à ce sujet.

Le diplomate prussien désirait ardemment alors que la monarchie danoise conservât son intégrité absolue, dans la crainte que l'élément germanique qu'elle renfermait, ne tombât, une fois séparé d'elle, sous une influence étrangère et hostile à la Prusse. C'est dans ce but qu'il avait amené le duc d'Augustenbourg à vendre au roi de Danemark, ses droits éventuels aux Duchés de l'Elbe et lui avait fait signer cette renonciation dans sa propre maison, à Francfort, le 31 décembre 1852. Mais, depuis, des complications s'étaient produites; le roi de Danemark voulait amender la constitution de son royaume, dans un sens qui semblait aux États allemands, devoir porter atteinte aux libertés légitimes du Schleswig-Holstein; ils menaçaient le Danemark d'une exécution fédérale, c'est-à-dire, d'une intervention armée dans les Duchés, et la Prusse s'efforçait de faire revenir le Roi sur ses déterminations, afin, tout en obtenant satisfaction pour ses sujets allemands, d'éviter une intervention qui pouvait aboutir à un démembrement; ce même démembrement effectué plus tard par la Prusse et à son profit! L'heure n'était pas venue, et, si la Prusse réussissait à l'ajourner, ce serait une première revanche d'Olmutz. Il importait de savoir de quel côté pencherait la France, en cette affaire. M. de Bismarck y travailla avec son habileté ordinaire. L'Empereur répondit « qu'il ne voulait que la paix de l'Europe et promit de soutenir la Prusse à Copenhague, si rien, dans ce qu'elle demandait, ne devait mettre en péril l'existence de la monarchie danoise. »

Muni de cette assurance, l'envoyé officieux repartit pour Berlin et se plaignit hautement au retour, du ton inconvenant de certains journaux prussiens, la *Gazette de la Croix* entre autres, à l'égard de Napoléon III et de sa famille.

Le prince Jérôme Napoléon était alors l'hôte de la Prusse, galopait dans les revues à côté du Roi, et celui-ci portait sa santé en ces termes : « Je souhaite que l'illustre famille à laquelle appartient mon hôte, fasse longtemps le bonheur de la France et que cette nation reste toujours l'amie de la Prusse. »

Le passage suivant d'une dépêche écrite quelques

mois après par M. de Bismarck, montre à quel point il croyait pouvoir alors travailler à l'entente cordiale des deux pays :

« Dans mon opinion, disait-il, il n'y a pas lieu d'appréhender que la France cherche à faire de cette question un prétexte de rupture avec l'Allemagne. Il est très possible que, si elle avait le soutien de l'Angleterre, la France cherchât éventuellement à faire avec elle, une démonstration en faveur du Danemark. Mais, si la France veut une guerre continentale, sans l'aide de l'Angleterre, je ne peux pas croire l'empereur Napoléon assez peu sage, pour choisir l'affaire du Holstein comme le point de départ d'une aggression. S'il est une question qui, en ce moment, soulèverait le sentiment national de toute l'Allemagne et unirait tous les gouvernements allemands contre la France, même en dépit de leur volonté, ce serait assurément la question du Holstein... Donc quiconque propage cette opinion, que l'Empereur des Français choisirait pour prétexte de nous attaquer, une question qui, depuis des années, passe pour le symbole de l'honneur national allemand, et a été le plus sûr moyen employé pour gagner la faveur de l'opinion publique, doit avoir des raisons spéciales pour exciter des appréhensions de cette nature, ou pour calomnier le bon sens de l'empereur Napoléon. »

Le Danemark apprécia-t-il, à ce moment, l'influence grandissante de l'envoyé à Francfort, et voulut-il à son tour, encourager ses sympathies? Toujours est-il que, peu après son retour de Paris, M. de Bismarck, dont on connaissait la passion pour la chasse, fut invité par le Prince

Frédéric de Hesse, à faire avec lui, le Prince héritier de Danemark et quelques notabilités politiques du Nord, un très curieux voyage en Suède et en Courlande. C'était une trop favorable occasion de joindre l'utile à l'agréable, pour la laisser échapper ; l'invitation fut donc acceptée, et l'excursion racontée par le principal héros, dans des lettres charmantes, adressées à madame de Bismarck.

On quitta Copenhague dès les premiers jours d'août, pour aller, dans des contrées perdues, chasser le chevreuil, l'élan, le canard sauvage, la gélinotte, le coq de bruyère, le loup même à l'occasion, et loger chez des paysans, en emportant ses vivres et sa cuisine.

La première lettre est cependant datée d'un « château très blanc et très élevé, perché sur une presqu'île et entouré d'un grand lac. De la fenêtre, le voyageur aperçoit, à travers un lierre épais, l'eau et les collines, et entend parler un patois suédois très primitif. On est dans le désert ; pas de villes, pas de villages aussi loin que la vue peut atteindre ; seulement quelques cabanes en bois, isolées et entourées d'un petit champ d'orge et de pommes de terre, perdu au milieu des arbres rabougris, des rochers et des broussailles.

« Figure-toi, écrit le voyageur à sa femme, environ cent milles carrés, sans interruption, de hautes bruyères alternant avec des herbes à ras de terre, des marais, des bouleaux, des genévriers, des sapins, des hêtres, des chênes, des aunes, tantôt serrés, tantôt clairsemés ; le tout entremêlé de roches innombrables, souvent grosses comme une maison et exhalant une odeur de romarin et de résine ; çà et là, des lacs aux contours bizarres, bordés de collines, de bruyères et de forêts. C'est vraiment le pays de mes rêves ; car il est inaccessible aux dépêches de mes collègues ; malheureusement, il l'est aussi aux tiennes ! Je voudrais posséder, au bord d'un de ces lacs tranquilles, un petit pavillon de chasse et le peupler, pour quelques mois, de tous les êtres chéris qui sont à présent réunis à Reinfeld. »

On part de ce château par une chaleur torride ; on fouille bois, marais et collines, on se fatigue beaucoup, mais on y gagne de pouvoir dormir sur les lits très durs d'un étrange pavillon de chasse, où murailles et meubles sont faits de sapin brut. Les jolis tableaux se succèdent et font vraiment voir ces installations primitives, ces tentes où se mêlent, affairés, les veneurs, les domestiques, les cochers, les piqueurs et les paysans ; et cette petite cité canine avec sa rue en miniature, formée d'une vingtaine de niches d'où l'on voit sortir la tête des chiens fatigués. Et ces sites magnifiques, ces grands lacs aux bords superbes et semés d'îles, ces torrents qui s'élancent du haut des montagnes sur des rochers, ces rives de granit couvertes de sapins et de massives roches grises, ces plaines sans habitations ni culture, en un mot, « ce pays tel que Dieu l'a créé, forêts, champs, bruyères, marais et lacs, et l'on sympathise avec ce cri d'enthousiasme : Bref, il est probable que je finirai par émigrer ici ! »

Un jour, emporté par son ardeur, le chasseur tombe blessé légèrement au tibia gauche, reste forcément pendant vingt-quatre heures, aux mains du médecin (personnage phénoménal, tel que les indigènes n'en avaient pas vu depuis vingt ans), et « il ne peut s'empêcher de penser, *avec une agréable jalousie*, que les autres ne pourront rien tuer, la saison étant trop avancée. »

Cependant quelques jours après, il résume ainsi son séjour et ses derniers exploits : « Les habitants de ce pays ont tous été pour moi, d'une amabilité touchante, qu'un étranger rencontrerait difficilement ailleurs. Sans compter plusieurs daims et chevreuils, j'ai tué cinq élans dont un cerf magnifique, qui, des pieds jusqu'au garrot, mesurait six pieds huit pouces, et par là-dessus portait une tête colossale... A peine avais-je accompli cet exploit, que j'ai vu arriver un autre cerf, plus grand encore, qui passa si près, qu'Engel (le domestique) courut se cacher derrière un arbre, pour n'être pas renversé; quant à moi, je dus me contenter de regarder innocemment l'animal, attendu que je n'avais plus de coup à tirer. Je ne suis pas encore consolé de ce guignon, et j'avais besoin de te conter ma peine. »

Le congé expirait, il était même un peu dépassé, et le diplomate, en flagrant délit d'école buissonnière, n'éprouvait guère de remords; car, pour rester dans la stricte limite, il lui eût fallu renoncer à la plus belle de ses chasses et ne pas voir l'essieu d'un chariot de paysan se rompre sous le poids de son grand cerf !

Il y a dans toute cette correspondance, un souffle de jeunesse, d'ardeur, d'amour de la nature, nous ajouterions volontiers, de naïveté, qui est vraiment une révélation pour quiconque n'a vu dans M. de Bismarck que l'homme d'État insatiable et dur.

Le joli entr'acte terminé, il fallait retourner « à l'odieuse politique ». L'épithète, en ce moment du moins, était injuste; car, au retour de son excursion dans le Nord, M. de Bismarck eut la satisfaction de voir triompher la conduite conseillée par lui, à l'égard du Danemark. En novembre 1858, le Roi rappela les diverses ordonnances de 1854, 1855, 1856. On renonça pour le moment à l'exécution fédérale et l'envoyé prussien reçut les félicitations de la Diète, pour avoir obtenu un résultat diamétralement opposé à celui qu'il poursuivit quelques années plus tard !

Il est vrai que la situation différait grandement et que ses préoccupations se portaient d'un autre côté. Son mauvais vouloir de plus en plus accentué envers l'Autriche, l'opposition violente de celle-ci, par l'organe de l'atrabilaire comte de Rechberg, et la crainte d'une alliance exclusivement franco-russe, faisaient juger la situation et la politique générale de son pays par M. de Bismarck avec une clairvoyance prophétique, que ne partageait pas toujours son gouvernement. Ce fut à cette époque qu'il adressa au ministre Manteuffel ce rapport si lucide, si complet, si puissamment logique dans ses déductions, qu'on le surnomma le *rapport magnifique*. Il y exposait, avec une clarté merveilleuse, tous les dangers qui pouvaient surgir, toutes les manières de les prévoir, de les neutraliser ou de les combattre, la nécessité absolue, pour la Prusse, de « se préparer le rôle de marteau », afin d' « éviter celui d'enclume », et l'avantage qu'elle tirerait contre tout le monde d'être considérée comme l'amie de la France.

On commençait à prévoir la guerre d'Italie. L'empereur Napoléon avait consterné l'Europe par ses fameuses paroles à M. de Hübner, le 1er janvier 1859, et le marquis Pepoli, chargé par Cavour de sonder la Prusse au sujet de la lutte imminente, avait porté au Prince-Régent, une note de Napoléon III, qui aurait pu être signée Bismarck.

« Il y a, disait cette note, deux grandes puissances allemandes : la Prusse et l'Autriche ; la Prusse représente l'avenir, l'Autriche le passé. Pendant les dix dernières années, la France a constamment montré une préférence marquée pour la Prusse ; l'avenir décidera si elle en profitera ou non »

L'auguste auteur, après avoir très nettement exposé les dangers d'une alliance avec l'Autriche, et la nécessité d'une alliance franco-russe qui en résulterait, terminait ainsi : « Si au contraire la Prusse s'unit à la France, elle profitera de toute diminution de l'influence autrichienne et, avec l'appui de la France, pourra poursuivre en Allemagne, les grandes destinées qui lui sont réservées et auxquelles le peuple allemand désire la voir atteindre. »

Ceci faisait dire au vieux Metternich : « L'empire révolutionnaire périra sur l'écueil italien ; » mais *l'homme de l'avenir* témoignait de ses sympathies, en se promenant bras-dessus, bras-dessous, à Francfort, avec l'envoyé sarde, le comte de Barral. « Il est impossible, s'écriait-il, que la Prusse pousse la générosité jusqu'à exposer sa propre existence pour l'Autriche, dans cette lutte que, pour ma part, je considère comme sans espoir. »

Soutenir l'Autriche dans cette guerre, ce serait un suicide politique et cela, pour une puissance qui n'attendait que l'occasion de ruiner sa rivale. Confiant en son influence sur le Prince de Prusse devenu régent pendant la maladie dont le Roi ne devait pas guérir, M. de Bismarck le suivait à Bade, afin d'obtenir une promesse formelle de non-intervention ; mais il avait compté sans la force irrésistible de l'opinion publique, qui voyait dans la cause de l'Autriche, une cause nationale et que défendaient les ministres du Prince, ces ministres dits de « l'ère nouvelle », bons doctrinaires libéraux, idéologues, qui ne parlaient que de conquêtes morales, et que l'ardeur et les opinions décidées, tranchantes de leur représentant à Francfort, effrayaient et troublaient. Dès leur entrée aux affaires, en novembre 1858, il écrivait à sa sœur : « J'imagine qu'on a mis le prince de Hohenzollern-Sigmaringen à la tête des affaires, simplement pour avoir une garantie contre un gouvernement de parti et un mouvement à gauche. Si je me trompe, ou si l'on veut me mettre de côté pour favoriser les chercheurs de place, je me retirerai à Schœnhausen, verrai comment on gouverne en Prusse, avec une majorité de gauche et tâcherai de faire mon devoir à la Chambre des seigneurs. Le changement est l'âme de la vie, et j'espère me sentir rajeunir de dix ans, quand je me retrouverai au poste de combat, comme en 1848-1849. Lorsque je ne pourrai plus jouer, en même temps, le double rôle de diplomate et de *gentleman*, le plaisir, ou l'ennui de dépenser avec distinction, un traitement élevé, ne me fera pas hésiter un instant dans le choix que j'aurai à faire. J'ai assez pour suffire au nécessaire, et aussi longtemps que Dieu me gardera ma femme et mes enfants en bonne santé, comme jusqu'ici, je dirai : Vogue la galère dans n'importe quelles eaux !

Dans trente ans, il importera peu que j'aie joué, aujourd'hui, le rôle d'un diplomate ou celui d'un gentilhomme campagnard, et, jusqu'à présent, j'ai envisagé avec plus de plaisir une lutte sérieuse et honorable, sans entraves officielles, la politique en caleçon de bains, si je puis m'exprimer ainsi, qu'un régime sans fin de truffes, de dépêches et de grand'croix... La Diète m'amuse particulièrement; tous les membres qui demandaient, il y a six mois, mon rappel, comme indispensable à l'union allemande, frissonnent à l'idée de me perdre. »

Un mois après, autre lettre à madame d'Arnim :

« On ne dit plus rien de mon déplacement ou de mon renvoi. Il y a quelque temps, il semblait si certain que j'irais à Saint-Pétersbourg, que l'idée de rester ici m'a causé un véritable désappointement... Le temps politique va être fort mauvais ici, et j'aimerais à le passer sous une peau d'ours, avec du caviar et des chasses à l'élan à ma portée. On se méfie partout de notre gouvernement, à l'étranger; l'Autriche seule, avec son astuce calculatrice, jette à X... l'appât de sa louange, pendant qu'elle met tout le monde en garde contre nous. Le chat ne veut plus lâcher la souris. Je ne pense pas aller à Berlin cet hiver; ce serait bien gentil à vous tous de venir me voir, avant que je sois mis à la glace, sur les bords de la Néva. »

Il y fut mis, en effet; mais, avant de s'éloigner, il laissa pour son gouvernement et son successeur, M. d'Usedom, une sorte de testament politique, **un résumé de ses vues sur les rapports de la Prusse avec la Confédération et** l'Autriche et sur sa politique générale, qu'il compléta un peu plus tard, à Saint-Pétersbourg, par la célèbre lettre à M. de Schleinitz, son ministre des affaires étrangères.

Ce rapport, rédigé avec une clarté, une fermeté, une hardiesse remarquables, et connu sous le nom du « Petit Livre », est ainsi résumé par M. Busch : « L'Autriche retire de grands avantages de sa position présidentielle à la Diète, grâce à la crainte qu'elle inspire à la plupart des gouvernements confédérés et à l'éloignement de ceux-ci pour la Prusse. (M. de Bismarck s'évertue à séparer les gouvernements des populations.) De là, sa prépondérance à la Diète sur la Prusse, prépondérance qu'elle s'efforce habilement et sans scrupule, de toujours augmenter. Cet état de choses ne changera pas de lui-même et ne sera pas modifié par l'attitude la plus conciliante de la Prusse, qui doit donc changer de tactique, si elle veut éviter un préjudice très sérieux. Il faut qu'elle adopte immédiatement une politique tout à fait indépendante de la Confédération, c'est-à-dire de l'Autriche et de ses satellites dans l'Allemagne du Centre. Elle ne doit pas se laisser guider par ses sentiments, mais par ses intérêts. Il faut rendre la Confédération inoffensive ; il faut que la Prusse remplisse strictement ses engagements légaux envers elle, mais toute chose réclamée en dehors des traités doit être refusée, ou ne doit être accordée qu'en échange de concessions équivalentes, de la part de l'Autriche et des autres membres de la Confédération. La Prusse ne doit ni renoncer à son droit d'égalité parfaite avec l'Autriche, ni accepter la défaite à la Diète par le vote d'une majorité ; il faut qu'elle rejette et dénonce, comme une innovation injustifiable, le système qui donne force de loi aux décisions de cette majorité, dans toutes les questions de l'intérieur et de l'extérieur. Lorsqu'il deviendra désirable d'établir une entente avec des États voisins, la Prusse devra s'efforcer de le faire indépendamment de la Confédération. »

La lettre à M. de Schleinitz développait les mêmes principes et se terminait par ces mots menaçants, destinés à être répétés un jour à la tribune, et dont l'application commença le bouleversement politique de l'Europe : « Dans ma pensée, l'union de la Prusse avec la Confédération est une infirmité qu'il nous faudra guérir tôt ou tard *par le fer et le feu (ferro et igni)*, si nous n'employons pas à temps les remèdes nécessaires. »

Mais on reculait alors, devant ce système d'audace et de violence ; celui qui s'en faisait le précurseur effarouchait les esprits plus timides, chargés de défendre les intérêts de la Prusse et, redoutant un entraînement du Prince-Régent, ils envoyèrent son favori exercer ses dons de séduction sur la cour de Russie.

III

Départ pour la Russie, 1859. — Le voyage. — Lettres. — Bon accueil fait à M. de Bismarck. — Son tact et son adresse. — Bienveillance de la cour et de la société. — Maladie. — Convalescence. — Lettres. — Découragement. — Entrevue du Prince-Régent et du Czar à Varsovie. — Le prince Antoine de Hohenzollern. — Faveur croissante de M. de Bismarck. — Mort de Frédéric-Guillaume IV. — Couronnement de Guillaume Ier. — Conflit avec le Parlement. — On offre le ministère à M. de Bismarck. — Il préfère l'ambassade de France. — Lettres. — Succès de M. de Bismarck à Paris. — Voyage en Angleterre. — Excursion aux Pyrénées. — Lettres. — M. de Bismarck, rappelé à Berlin, est nommé Ministre-Président, 25 septembre 1862.

Lorsque M. de Bismarck quitta Francfort pour rejoindre son nouveau poste, la guerre d'Italie n'était pas encore déclarée; la Prusse hésitait; son représentant tremblait de la voir entraînée dans cette politique de sentiment qu'il redoutait *comme un suicide* et qui ne servirait, disait-il, « qu'à tirer les marrons du feu pour l'Autriche ».

Le voyage de Berlin à Saint-Pétersbourg fut long et pénible; « la Russie s'allongeait sous les roues, et les verstes faisaient des petits à chaque relai ». La neige couvrait la terre; les rivières étaient gelées. Pendant quatre jours, l'ambassadeur, empêché par sa haute stature de rester à l'intérieur de la chaise de poste, fut exposé, sur le siège extérieur, ouvert par devant, et formé d'un banc étroit dont le dossier avait des angles pointus, à un froid de 15 degrés. Il arriva brisé de fatigue, la peau du visage se détachant par feuilles, mais, au reste, « content d'avoir passé par là ».

Il entra en fonctions le 1er avril 1859, le quarante-quatrième anniversaire de sa naissance et le premier qu'il eût passé depuis son mariage, *sans Johanna*.

Tout concourait à lui assurer une réception flatteuse. La signature du traité de Paris avait été suivie de changements importants dans le personnel politique russe. Le comte de Nesselrode s'était retiré, tout en conservant son titre de chancelier; le prince Gortchakof, ami de M. de Bismarck, l'avait remplacé aux affaires étrangères, en qualité de vice-chancelier. De plus, l'ambassadeur de Prusse avait fait connaître ses sentiments hostiles à l'Autriche, l'*ingrate*, contre laquelle l'opinion publique était unanime en Russie. Les qualités personnelles du diplomate prussien firent le reste. Ses dépêches et rapports de Pétersbourg n'ont pas encore été publiés, comme ceux de Francfort; on ne connaît que quelques lettres à M. de Schleinitz, mais par les lettres intimes de l'ambassadeur et par divers ouvrages, entre autres ceux de M. Julius Eckardt, un Russe allemand de Courlande, publiciste admirateur du Chancelier et attaché depuis à sa fortune, on peut se faire une idée très exacte de la situation conquise par M. de Bismarck, en Russie.

Il présentait un contraste absolu avec ses prédécesseurs de la légation prussienne. Homme du monde, sans raideur, spirituel, insinuant à volonté, primesautier, avec une pointe d'excentricité, sans jamais sacrifier sa dignité, choyé par la famille impériale, il fut vite adopté par l'aristocratie exclusive de Saint-Pétersbourg. Le grand cavalier, à l'allure martiale, devint populaire dans les rues de la capitale, et les salons de l'ambassade, jusque-là réputés suprêmement ennuyeux, furent des plus recherchés. Ne pouvant, avec les honoraires que lui allouait son gouvernement, lutter de magnificence avec les ambassadeurs de France et d'Angleterre, celui de Prusse eut l'esprit de ne recevoir que selon ses moyens et de remplacer les asperges à 40 roubles la botte et les diamants qu'aurait difficilement pu avoir madame de Bismarck, par une bonne grâce, une cordialité, un excellent chef et des vins choisis, qui donnèrent à ses petites réunions une saveur exceptionnelle.

Doublement habile, M. de Bismarck sut se concilier l'affection des Allemands fixés ou voyageant en Russie, séduire les seigneurs d'origine allemande habitant les provinces de la Baltique, et plaire aux Russes chauvins en se mettant à un régime de caviar, de chasse à l'ours, d'usages et de langue indigène, et surtout en ne cachant pas son désir de voir se conclure une alliance franco-russo-prussienne.

Personne n'était mieux accueilli à la cour :

« J'ai eu hier, écrivait-il à madame d'Arnim, une

longue audience chez l'Impératrice-douairière et j'ai été charmé de la gracieuse distinction de cette vénérable dame ». Les bontés de la Princesse pour l'ambassadeur de Prusse ne se démentirent pas. Quelques semaines plus tard, au retour d'une excursion à Moscou, il disait à sa sœur : « Ce matin je me suis fait conduire à Peterhof, pour prendre congé de l'Impératrice-douairière, qui part demain pour les bains de mer. D'un caractère aimable, elle me témoigne une affabilité presque maternelle. Je cause avec elle, comme si je la connaissais depuis l'enfance. Aujourd'hui nous avons conversé sur toute sorte de sujets. Vêtue de noir, étendue sur une chaise longue, que l'on avait placée sur un balcon donnant sur des arbres verts, elle tricotait avec de longues aiguilles, un châle rouge et blanc, à grands ramages ; j'aurais volontiers écouté, pendant des heures, sa voix grave, son rire franc et ses boutades qui me donnaient la sensation du « chez moi ». J'étais venu pour passer environ deux heures et en habit noir ; mais, quand enfin elle me dit qu'elle n'avait pas encore envie de me dire adieu et que j'avais sans doute beaucoup à faire, je l'assurai du contraire et elle répondit : « Alors restez ici et embarquez-» moi demain. » Je fus ravi d'accepter l'invitation comme un ordre, car ce lieu est délicieux en comparaison des pierres de Saint-Pétersbourg. »

L'Empereur, de son côté, l'invitait sans cesse à ses chasses et l'embrassait quand il était resté quelques jours sans le voir. Aussi disait-il à sa sœur :

« Tout le monde ici est bien bon pour moi ; mais, à Berlin, l'Autriche et tous les chers frères de la Diète intriguent pour me faire partir; et pourtant je suis bien gentil! A la volonté de Dieu! j'aimerais tout autant vivre à la campagne. »

Appelé très fréquemment à Péterhof, à Tzarskoë-Sélo, il envoyait de partout, à ses chères correspondantes, des comptes-rendus et des descriptions charmantes. Ce fut pendant une promenade dans les jardins d'été, avec le Czar, que les deux personnages aperçurent une sentinelle plantée au beau milieu d'une pelouse. Que gardait-elle? L'ambassadeur le demanda au souverain, qui le demanda à l'adjudant de service, qui le demanda à tout le monde. Enfin on apprit, par un serviteur très âgé, que son père, mort très vieux, lui avait conté ceci : « Un jour, l'impératrice Catherine ayant vu, en cet endroit, le premier perce-neige de l'année, avait défendu qu'on le cueillît, et l'on n'avait rien imaginé de mieux que de placer la fleurette sous la protection d'un grenadier! Depuis, la consigne n'avait pas varié. » Ce triomphe de la routine amusa beaucoup les deux promeneurs.

Toutes ces petites satisfactions personnelles ne compensaient pas, pour un esprit comme celui de M. de Bismarck, l'éloignement des grandes affaires; dans une lettre écrite de Moscou à sa femme, il laisse échapper ce cri de regret : « Je resterais ici quelques jours encore, s'il ne circulait un bruit de grande bataille en Italie, *ce qui donnera peut-être quelque chose à faire aux diplomates.* » En outre, la politique de son gouvernement lui inspirait les plus vives inquiétudes. « Les Philistins de la Sprée le terrassèrent, grâce à cette Dalila qu'on appelait la guerre d'Italie » et qui lui arracha les premières mèches de son épaisse chevelure. Il tomba sérieusement malade d'un cas d'hépatite grave. Le 26 juin 1859, il écrivait à madame d'Arnim :

« Déjà depuis janvier j'étais tout mal à l'aise. L'ennui, le climat et le froid ont tellement exaspéré mes douleurs arthritiques, d'abord peu sensibles, que le souffle me manquait, et qu'il me fallait de très pénibles efforts pour arriver à respirer. Mon mal, qui est une affection rhumatismale, gastrique, nerveuse, s'est logé près du foie; il a fallu le combattre à force d'énormes ventouses, larges comme des soucoupes, de vésicatoires et de sinapismes sur tout le corps. Enfin, me sentant près d'être envoyé dans un monde meilleur, je réussis à convaincre mes médecins que mes nerfs avaient été affaiblis par les ennuis et la surexcitation constante de huit années, et que, si l'on continuait à me tirer du sang, cela finirait par une fièvre typhoïde ou l'idiotisme. C'est d'hier en huit que j'étais le plus mal; mon excellente constitution l'a emporté, aidée par un peu de bon vin, en quantité modérée... Lorsque tu écriras à Johanna, ne lui parle pas de tous ces détails; il n'est question dans mes lettres que d'un lumbago ordinaire. »

M. de Bismarck ne se rétablit facilement, ni au moral, ni au physique. Comme on vient de le voir, sa famille ne l'avait pas encore rejoint en Russie. Il alla la retrouver à Bade, puis à Reinfeld; ensuite il dut se rendre aux ordres du Prince-Régent à Berlin. Il se sentait encore très ébranlé; le travail lui pesait : « Je suis à bout de forces, disait-il, à madame d'Arnim. J'ai la jambe gauche encore un peu faible, et la marche me fait souffrir; mes nerfs ne sont pas remis de l'empoisonnement par l'iode; je dors encore mal et, après avoir fait tant de choses, parlé à tant de gens, je me sens las et irritable, je ne sais contre quoi; cependant j'envisage la vie autrement qu'il y a six semaines; je n'y tenais guère alors, et ceux qui me voyaient à ce moment-là, disent qu'ils ne s'attendaient pas à me voir aujourd'hui... Les médecins veulent que je sois paresseux; je ne peux l'être qu'à Pétersbourg... Je m'envelopperai dans ma fourrure d'ours, je me laisserai recouvrir par la neige, et je verrai, au dégel de mai, ce qui restera de moi et de nos affaires; si c'est trop peu, je ferai un règlement de compte définitif avec la politique. »

Le mieux dans la santé de M. de Bismarck dut s'accentuer assez rapidement, si l'on en juge par les lettres écrites un mois plus tard de Pologne, où il était allé à la rencontre du Czar. Voici la première de ces épîtres, d'une allure si vive, que nous l'appellerions française, si nous ne craignions d'être trop désagréable à notre implacable abversaire.

Lazienski, 17 octobre 1859.

« Enfin, m'y voici! Je cherchais ce matin, dans la première gare polonaise, le bureau pour me faire inscrire jusqu'ici, lorsqu'un bienveillant génie, qui m'apparut sous la forme d'un général russe à barbe blanche, s'empara de mes destinées; P... est le nom de cet ange. Avant que je n'eusse le temps de me reconnaître, mon passeport était enlevé aux agents de police, mes bagages arrachés aux douaniers et j'étais transplanté du train omnibus dans le train spécial, où je fumais un des excellents cigares de cet aimable monsieur, dans un wagon-salon impérial; après avoir fait un bon dîner à Pétrikau, j'arrivais ici à la gare, où j'étais séparé d'Alexandre et de mes effets, par une foule dorée. Ma voiture était là; je dus y monter, et les questions que je fis en plusieurs langues, pour savoir où je logeais, se perdirent dans le bruit avec lequel deux étalons surexcités m'emportèrent en galopant à travers la nuit. On m'entraîna dans l'obscurité, avec la vitesse du vent, pendant près d'une demi-heure, et je suis maintenant ici, en uniforme, orné de tous les rubans des ordres que nous avons tous mis à la frontière. J'ai près de moi du thé, devant moi une glace et je ne sais rien de plus, si ce n'est que je suis à Lazienski, dans le pavillon de Stanislas-Auguste, mais j'ignore où il est situé et je vis dans l'espoir qu'Alexandre sera bientôt sur mes traces, avec un costume plus commode. J'entends devant mes fenêtres un bruit qui me fait croire qu'il y a de grands arbres, ou des jets d'eau. »

Le surlendemain, l'ambassadeur, rassuré, avait déjeuné avec l'empereur de Russie, et disait « tout simplement qu'il se portait très bien... Le vent souffle avec violence d'au delà de la Vistule, ajoutait-il, et secoue les tilleuls et les marronniers qui m'entourent, de telle sorte que les feuilles jaunies volent en tourbillonnant contre mes fenêtres; mais, dans cette chambre, grâce aux doubles fenêtres, au thé, à ton souvenir et à celui des enfants, je peux fumer très agréablement mon cigare ».

Malgré cela, il pensait avec joie que, Dieu aidant, il serait « d'aujourd'hui en huit à Reinfeld, où il retrouverait madame de Bismarck et la petite bande bien portantes et prêtes à se mettre en route. Il attendait impatiemment le moment où ils seraient tous ensemble, pour la première fois, à table pour prendre le thé, dans leurs quartiers d'hiver, sans se soucier des glaces plus ou moins épaisses de la Néva ».

Ce moment, bientôt venu, apporta un grand apaisement qui se fait jour dans une lettre à madame d'Arnim, datée de Péterhof, le 13 juillet 1859 :

« Je me porte mieux que je ne l'espérais, depuis que j'habite sous mon propre toit... Je suis comme un vieux retraité qui a renoncé aux choses de ce monde, ou comme un militaire *autrefois ambitieux*, qui a atteint le port d'un bon commandement ; il me semble que je pourrais attendre ici la fin de mes jours, pendant de longues années de contentement... De midi à cinq heures, le service me procure juste assez d'occupation régulière, pour que je ne me croie pas inutile en ce monde. J'ai bon appétit à déjeuner, surtout pour ce que je n'ai pas le droit de manger. De huit à dix, je me promène à cheval, toujours par ordonnance du médecin, et je lis ensuite, jusqu'à midi, les journaux et dépêches qui m'arrivent. Je supporterai encore longtemps cette existence, pourvu que je réussisse à rester, vis-à-vis de notre politique, dans la situation d'un naturaliste qui fait des observations. »

Plût à Dieu que ce vœu eût été exaucé ! Mais, quoi qu'en eût dit M. de Bismarck, son ambition n'était pas d'*autrefois ;* il avait été question de lui en Prusse, pour un ministère ; ses adversaires l'avaient fait éloigner, sous prétexte qu'il se montrait trop favorable à la France. On faisait de lui une sorte de complice de Napoléon III. M. de Schleinitz, lui-même, le trouvait « trop idéaliste pour l'art positif de la politique, et prétendait voir en lui, un rêveur qui voulait pousser *partout* la Prusse vers une alliance avec le neveu de Napoléon Ier, contre le sang germain ».

« Et cependant, répondait le soi-disant idéaliste, si je me suis vendu à un diable, ce diable-là est teuton et non pas gaulois. »

« Cette oie imbécile de presse allemande » l'attaquait dans le meilleur de son œuvre ; il rencontrait ses pires inquisiteurs dans son propre camp, « parmi ceux qui avaient longtemps mangé de la même soupe », la *Gazette de la Croix*, entre autres, et, dans son amertume, il s'apercevait « qu'il ne fallait pas compter sur les hommes et remerciait chaque trait qui le forçait à se replier sur lui-même ».

De plus, tout en tirant le meilleur parti possible de sa situation, tout en suppléant au grand état de maison qu'il ne pouvait se permettre, par la *fortune du pot*, assaisonnée de l'esprit et de l'entrain qui le caractérisaient, il souffrait un peu de cette infériorité. Il se demandait s'il pourrait conserver le logis très agréable qu'il avait choisi et se résignait d'avance à se mettre modestement sur le pied saxo-bavaro-wurtembergeois, jusqu'à ce qu'on augmentât son traitement, ou qu'on le rendît aux loisirs de la vie privée. Alors il irait se reposer à Schœnhausen ou à Reinfeld, et y ferait confectionner son cercueil sans trop de précipitation. Il voyait la politique de son pays s'engager de plus en plus dans le sillon autrichien, mobiliser son armée, menacer les bords du Rhin, et déjà il entendait le premier coup de canon qui changerait la guerre franco-autrichienne en guerre prusso-française ; l'Autriche ne consulterait plus que ses propres intérêts et, en tout cas, « ne permettrait jamais à sa rivale en Allemagne, de jouer le rôle de brillant vainqueur ». Après Magenta, il eut un moment de joie, lorsque le Prince-Régent refusa de prendre une part active à la lutte et n'offrit qu'une médiation armée ; et cependant cette médiation « ne saurait pas plus, selon lui, servir de base à une paix entre la France et l'Autriche, que découvrir la quadrature du cercle ».

Ses craintes furent dissipées par la paix inattendue de Villafranca. La Prusse avait prétendu au commandement des forces fédérales, qu'il était question de mobiliser, pour effrayer la France ; l'Autriche préféra céder à son antagoniste, plutôt que d'augmenter l'influence de sa rivale. François-Joseph proclama que son alliée naturelle l'avait abandonné, et Napoléon, qu'elle l'avait empêché de faire « l'Italie libre des Alpes jusqu'à l'Adriatique ».

L'annexion de Nice et de la Savoie à la France commençait à donner un nouveau cours aux appréhensions des politiques étrangers ; Napoléon III devenait suspect ; les souverains allemands, réunis à Bade pour le recevoir, le lui firent sentir, et il dut protester de ses intentions pacifiques. Quelques mois après, le Prince-Régent et le Czar, accompagnés du prince Antoine de Hohenzollern, chef du ministère prussien, de M. de Bismarck, du comte Rechberg et du prince Gortchakof, se rencontrèrent à Varsovie, afin de discuter la situation de l'Europe. Le prince Antoine était favorable à une politique plus énergique et plus indépendante, de la part de la Prusse. Il trouva dans M. de Bismarck un auxiliaire dont les idées profondes, neuves, audacieuses, évidemment basées sur l'expérience, le savoir, la méditation, produisirent sur lui une impression ineffaçable.

Dès ce moment, l'ambassadeur à Saint-Pétersbourg fut le ministre désigné de l'avenir.

Peu après, Frédéric-Guillaume IV mourut, et son frère, le Prince-Régent, lui succéda, sous le nom de Guillaume Ier. M. de Bismarck assista au couronnement à Kœnigsberg. La question allemande prenait, à cette époque, la première place dans les préoccupations du nouveau roi et dans tous les esprits au delà du Rhin. Guillaume pria son conseiller favori de lui exposer ses idées dans un mémorandum. La tendance exclusivement prussienne qui caractérisait ce document s'était déjà manifestée en bien des circonstances, et particulièrement dans une conversation avec un ancien collègue libéral, M. von Unruh. Entre autres choses, M. de Bismarck lui avait dit, pendant la guerre d'Italie : « Il n'y a qu'un seul allié pour la Prusse, si elle sait le conquérir et s'en servir : c'est le peuple allemand. »

M. von Unruh exprima sa surprise d'entendre de telles paroles sortir des lèvres d'un conservateur si opposé à la démocratie. « Oh ! je suis toujours le même Junker qu'il y a dix ans, à la Chambre, répondit M. de Bismarck, mais il faudrait que je n'eusse ni yeux ni cervelle, pour ne pas me rendre compte de ce qui se passe. »

Que se passait-il, en effet ? La mobilisation de l'armée, à la suite des victoires françaises en Italie, avait révélé un état de choses qui nécessitait une réforme militaire absolue; pour adopter le système de politique énergique et indépendante que réclamait, affirmait-on, tout bon Prussien, il fallait l'instrument indispensable : l'armée ; or, si l'on s'entendait sur la fin, on différait quant au moyen; la seconde Chambre, où dominait l'élément progressiste et ultra-libéral, voulait bien accorder un budget extraordinaire, mais une fois pour toutes ; elle refusait d'admettre que les dépenses pour la nouvelle armée devinssent un chapitre permanent et indiscutable du budget de la guerre.

De là le conflit qui devait durer six ans et la nécessité de *dompter* la Chambre. Où trouver le dompteur ? Le ministère de « l'ère nouvelle » n'osait pas rompre en visière avec le parlement qu'il avait créé ; il donna sa démission, en mars 1862, et la Chambre fut dissoute. Cette fois encore, le prince Antoine de Hohenzollern conseilla d'appeler M. de Bismarck.

Celui-ci s'ennuyait sur les bords de la Néva, « où il faisait bourgeoisement son devoir ». C'est encore dans une lettre à madame d'Arnim, que l'on trouve des détails sur sa disposition physique et morale à cette époque.

« Depuis ma maladie, j'ai tant souffert de langueur d'esprit, que j'ai perdu tout le ressort que je possédais pour faire face à une vie agitée. Il y a trois ans, j'aurais pu faire un ministre passable, mais maintenant je me fais l'effet d'un écuyer de cirque fatigué. J'ai encore quelques années de service devant moi, si je vis... La distribution actuelle des places me laisse indifférent; j'éprouve une crainte superstitieuse d'exprimer un désir dont je pourrais me repentir plus tard. Ce serait sans peine ni plaisir que j'irais à Londres ou à Paris, ou que je resterais ici. A la volonté de Dieu et de Sa Majesté!... Johanna voudrait aller à Paris, parce qu'elle croit que le climat serait meilleur pour les enfants. Les maladies et les malheurs surviennent partout, et l'on survit avec l'aide de Dieu, ou l'on se courbe sous sa volonté... Je serais ingrat, si je me plaignais de mon séjour ici et si je désirais changer. L'idée du ministère me produit la sensation d'un bain froid. Je préférerais l'un des postes vacants, ou retourner à Francfort, ou bien encore aller à Berne, où je me plairais beaucoup; les endroits tranquilles, avec un charmant voisinage, conviennent aux *gens âgés*. »

On voit que le découragement s'infiltrait peu à peu dans cette nature puissante, qui souffrait précisément d'être trop tranquille. M. de Bismarck se reprochait «l'impression hypocondre qui se dégageait de sa lettre, car, en réalité, il ne se sentait ni las, ni mécontent de la vie ».

Appelé à Berlin lorsque le cabinet Hohenzollern donna sa démission, M. de Bismarck rendait compte de la situation à sa femme, dans les termes suivants:

« 17 mai 1862.

» L'avenir est aussi incertain ici qu'à Saint-Pétersbourg. Berlin semble l'emporter; je n'agis ni pour ni contre, mais je viderai une fine bouteille le jour où j'aurai dans ma poche ma nomination à Paris. Pour le moment il n'est pas question de Londres ; mais les choses peuvent encore changer. Aujourd'hui j'inaugure Brandebourg... J'ai passé toute la journée en conférences avec les ministres, et je vois que l'harmonie ne règne pas entre ces messieurs, plus qu'entre leurs prédécesseurs. »

A l'inauguration de la statue du Grand-Électeur dont parle cette lettre, lorsque le voile tomba et que les acclamations éclatèrent, le prince Charles, frère du nouveau roi, s'avança vers M. de Bismarck et lui tendit la main, en lui disant : « Dieu vous garde, Bismarck ! »

« Saluez le nouveau Ministre-Président », murmura l'un des membres de l'ancien ministère Manteuffel, à l'oreille d'un représentant de « l'ère nouvelle ».

En effet Guillaume Ier pressa son ambassadeur à Saint-Pétersbourg d'accepter ce poste éminent, mais ardu. M. de Bismarck avait des raisons particulières pour désirer gagner du temps.

L'année précédente, le nouveau roi s'était rendu à Compiègne, sur l'invitation de Napoléon III ; c'était le premier témoignage de courtoisie donné, par un souverain du Nord, à l'élu du plébiscite ; le monde politique s'en émut. On crut à une alliance entre Saint-Pétersbourg, Berlin et Paris, pour la réalisation des idées napoléoniennes sur les grandes agglomérations d'états, appliquées aux trois races romane, germanique et slave. Lord Palmerston déclara que « la situation semblait grosse de cinq ou six guerres respectables » ; quant au roi Guillaume, il revint enchanté des dispositions de son hôte, qui lui avait répété les encouragements dont il avait déjà chargé, pour lui, le marquis Pepoli, en 1858.

M. de Bismarck voulait sans doute s'assurer que ces étranges aberrations, si favorables aux plans qui commençaient à se dessiner dans son esprit, n'avaient pas disparu.

L'incertitude dura quelques semaines, pendant lesquelles tous les yeux restèrent fixés sur lui. Enfin il atteignit son but et put écrire à madame d'Arnim, le 23 mai 1862 :

« Les journaux t'auront appris ma nomination à Paris; j'en suis très content, mais il reste une ombre au second plan. J'ai failli être pris par le ministère. Je partirai aussitôt que possible pour Paris; cependant je ne peux encore envoyer là-bas tout notre bagage, car je ne serais pas surpris d'être rappelé et gardé ici dans quelques mois, quelques semaines peut-être. On trouvera sans doute un autre président du Conseil, aussitôt que je serai hors de vue. Je n'irai pas à Schœnhausen, tant j'ai peur qu'on ne me ressaisisse. Hier j'ai monté à cheval pendant quatre heures en uniforme de major et j'ai reçu ma nomination au débotté. J'ai ici ma jument alezane; elle est ma joie et ma récréation dans le Thiergarten; je l'emmènerai à Paris, avec toutes mes bêtes; les ours sont partis hier pour Francfort. J'ai de la besogne par-dessus la tête, et ce n'est pas une petite affaire que de rendre mon départ possible. »

Comme le disait M. de Bismarck, il avait l'air de préparer une fuite, plutôt que de se rendre à un poste. Il lui tardait d'avoir trouvé, sur les bords de la Seine, un port de refuge, où son concierge ne laisserait pénétrer personne.

Enfin, ce port désiré fut atteint et ne lui plut guère. Il trouva « l'hôtel de l'ambassade bien situé, mais sombre, humide, froid et mal distribué; tout le côté du midi occupé par l'escalier et les non-valeurs, tandis que tous les appartements étaient en plein nord et sentaient le moisi. Hatzfeldt et Pourtalès en étaient morts à la fleur de leur âge, et, s'il y restait, il mourrait aussi, plus tôt qu'il ne le désirait ».

Le 1ᵉʳ juin, il écrivait à madame de Bismarck :

« Aujourd'hui j'ai été reçu par l'Empereur, à qui j'ai présenté mes lettres de créance; il m'a reçu avec bonté; il paraît être en bonne santé et est devenu un peu plus fort, mais n'est ni engraissé ni vieilli, comme le représentent les caricatures. L'Impératrice est toujours une des plus belles femmes que j'aie jamais vues, en dépit de Saint-Pétersbourg. Elle est un peu plus forte, ce qui la rend plus jolie que jamais; du reste toujours aimable et gaie... J'aurai bientôt une audience particulière. Il me tarde d'être aux affaires, car je ne sais que faire de moi. Aujourd'hui j'ai dîné seul; les jeunes gens étaient sortis; il a plu toute la soirée et j'étais seul dans la maison. Chez qui aller ? Au milieu de cet immense Paris, je suis plus isolé que toi à Reinfeld, et je me blottis comme un rat dans une maison abandonnée. Mon unique plaisir a été de renvoyer mon cuisinier, pour comptes excessifs. Tu sais cependant combien je suis indulgent sous ce rapport. En attendant, je mangerai au restaurant. Combien cela durera-t-il ? Dieu le sait. Dans huit ou dix jours je serai peut-être appelé à Berlin, et alors, adieu la danse et les chansons. Si mes ennemis savaient quel plaisir ils me feraient en réussissant et combien je le leur souhaite !

» X... ferait alors de son mieux, pour me faire rentrer à Berlin, par pure méchanceté. Tu ne peux pas avoir plus d'aversion que je n'en ai pour la Wilhelmstrasse[1], et je n'y retournerai que si l'on me prouve qu'il le faut. Mais ce serait, à mes yeux, une lâcheté et une trahison que de laisser le Roi dans l'embarras, sous prétexte de santé. »

L'ambassadeur de Prusse eut le loisir, pendant les audiences que lui accorda l'Empereur, de se convaincre que la réputation de profondeur, faite au souverain, n'était due qu'à une idéologie vague, ne reposant sur aucune base pratique; « que de loin c'était quelque chose et de près ce n'était plus rien », que lui-même l'avait d'abord surfait et que, en somme, « c'était une grande incapacité méconnue ». *Stupide, ignorant et sentimental*, un *froid rêveur*, telles sont les épithètes que le Chancelier prodigua, par la suite, au futur prisonnier de Wilhelmshohe.

En attendant, il s'efforçait de gagner à ses vues le maître et les hommes politiques de son entourage; il les séduisait par son esprit et son entrain, et les stupéfiait par cette franchise dans l'exposé de ses idées hardies, dont il eut toujours l'art de faire un piège, par une

---

1. Rue de Berlin où sont situés les ministères.

exagération apparente; il gardait ses ruses et ses traîtrises pour les moyens à employer, mais se réservait le droit de répondre aux reproches: « Je vous l'avais bien dit ! » On connaît cette riposte au comte Karolyi, ambassadeur d'Autriche, qui le sommait de déclarer s'il pensait à déchirer de traité de paix signé à Gastein : « Non, répliqua M. de Bismarck, mais, si j'avais cette pensée, vous répondrais-je autrement ? »

Ce sont là de ces aveux qui désarçonnent les plus solides.

En 1862, comme plus d'une fois depuis, le représentant de la Prusse mettait tout son art, tout le charme de son esprit original et de sa parole colorée, à présenter la politique prussienne comme inoffensive, comme avantageuse même pour la France. « Pourquoi s'inquiéter des agrandissements territoriaux possibles ? La Prusse avait une configuration absurde; elle manquait de *ventre*, du côté de la Hesse et du Nassau; elle *avait l'épaule démise* du côté du Hanovre; tant qu'elle resterait dans cette situation, elle serait dépendante de l'Autriche et de la Russie, mécontente, inquiète, et par conséquent inquiétante. Une fois satisfaite et plus libre, pourquoi ne rechercherait-elle pas l'alliance de l'empire français, et, si celui-ci voulait aussi entrer dans la voie des compensations territoriales, pourquoi ne tournerait-il pas ses regards du côté de la Belgique, *ce nid de démagogie.* »

Déjà Méphistophélès tentait Faust, et avec quel parfait dédain il se moquait de lui plus tard, pour n'avoir pas su profiter des circonstances et accomplir ce que sa conscience timorée qualifiait d'*acte de brigandage !* Car c'était ainsi que Napoléon III considérait la conquête de la Belgique, lorsque M. de Bismarck *dictait* le néfaste projet d'alliance dont M. Benedetti laissait si imprudemment le brouillon entre ses mains. L'instigateur de l'acte a été absous par la victoire, celui qui l'avait écouté un instant en a porté tout l'odieux. M. de Bismarck laissa donc la cour des Tuileries sous le charme; un seul homme peut-être, tout en se déclarant *captivé*, ne fut pas la dupe de « ce grand Allemand très poli, très spirituel et pas *du tout naïf ni sentimental* » : cet homme s'appelait Mérimée.

Le baromètre du diplomate resta, ainsi qu'il le disait, au *variable* pendant plusieurs mois dont il profita pour faire un peu l'école buissonnière. Il alla d'abord à Londres, sous prétexte de visiter l'exposition, mais en réalité pour étudier de près la situation et quelques-uns des hommes politiques importants. Le premier ministre du moment était lord Palmerston, ami plus que tiède de la Prusse. Le chef de l'opposition, Disraéli, fut plus sympathique au voyageur, quoiqu'il comprît assez mal le favori de Guillaume Ier et qualifiât ses confidences politiques de « clair de lune d'un baron allemand ». C'était alors la destinée de M. de Bismarck de n'être pas considéré, à l'étranger, comme un homme sérieux; peut-être bien s'arrangeait-il pour cela.

Cependant il produisit une impression assez durable sur l'homme d'état anglais, doublé, comme on sait, d'un romancier, pour que celui-ci lui fît jouer un rôle dans *Endymion*, sous le nom de comte Ferroll.

Entre temps, M. de Bismarck admirait les beaux

visages et les magnifiques chevaux de Londres. Les femmes d'Angleterre sont mieux traitées par lui que nos compatriotes, il disait un jour : « J'ai voyagé beaucoup en France et je ne me rappelle pas avoir vu nulle part une jolie paysanne! Je crois bien qu'il doit y en avoir quelques-unes, mais elles vont à Paris, où est leur marché. » De ceci l'on peut sourire, mais les femmes de France pardonneront plus difficilement au Chancelier, d'avoir voulu jeter un doute sur leur patriotisme. Contrarié probablement de voir, pendant la guerre, toutes les femmes des classes aisées porter le deuil, il prétendit que « c'était pour les malheurs de leur pays, certainement, et puis, ajouta-t-il, parce que le noir leur va bien ». Le désir de faire un mot l'a égaré. Si le dévouement à la France et la haine du spoliateur avaient besoin d'être entretenus dans le cœur des Français, les Françaises ne failliraient pas à la tâche.

A son retour d'Angleterre, M. de Bismarck fit une excursion aux Pyrénées. Rien de plus charmant que ses lettres à madame de Bismarck, pendant qu'il errait par monts, par vaux et par forêts, admirant tour à tour les pics neigeux, les lacs d'azur, les torrents furieux, les cascades murmurantes, chantant des chansonnettes françaises et des *lieder* de Mendelssohn, restant quinze jours sans ouvrir un journal et perdant si bien le souvenir des foules, que celle de Toulouse suffisait pour l'oppresser !

Les premières haltes intéressantes eurent lieu en Touraine. Il vit Amboise « magnifiquement situé », Chambord, « dont les vastes galeries et les splendides salles de banquet, où les rois tenaient leur cour, avec leurs maîtresses et leurs chasseurs, n'ont plus pour mobilier que les jouets du duc de Bordeaux ». Le sceptique reparaît dans les lignes qui suivent : « La vieille femme qui me servait de guide me prit pour un légitimiste français et fit surgir une larme, en me désignant les canons-joujoux de son maître. Je payai cette larme un franc de plus que le prix fixé, quoique je ne sois pas chargé de fournir des subsides aux carlistes. » Puis dans cet étrange et complexe esprit, la poésie de la nature reprend ses droits :

« Tu ne peux te faire une idée, d'après les échantillons de bruyère que je t'envoie, du violet rosé de ma fleur favorite en ce pays ; c'est la seule qui fleurisse dans le jardin royal, comme l'hirondelle est à peu près la seule créature vivante qui habite le château ; il est trop solitaire pour le moineau. »

De Bordeaux, où nous savons que le touriste rendit hommage aux crus célèbres, il poussa jusqu'à la frontière d'Espagne. A Fontarabie, il remarqua que chaque fenêtre avait un balcon ombragé par un store, et que sur chaque balcon brillaient des yeux noirs, surmontés d'une mantille... Beauté et saleté !... Suit une description de l'endroit, qui fait paraître superflu le regret du voyageur de ne pouvoir échanger sa plume contre un pinceau.

Revenu à Biarritz, il écrit :

« Le 4 août 1862.

» Je suis assis, en ce moment, dans une chambre qui forme le coin de l'hôtel de l'Europe et d'où je jouis de l'attrayant spectacle de la mer, dont les flots bleus poussent leur blanche écume contre le phare, à travers des rochers de formes étranges. J'éprouve des scrupules à voir tant de belles choses sans toi. Si l'on pouvait t'amener ici à travers les airs, je retournerais avec toi à Saint-Sébastien. Figure-toi les Sept-Montagnes, avec le Drachenfelz situé sur la mer; à côté, l'Ehrenbrenstein et, entre les deux, un bras de mer un peu plus large que le Rhin, qui s'enfonce dans les terres et forme une anse arrondie, derrière les montagnes. C'est dans cette anse que l'on se baigne; l'eau y est d'une transparente clarté et, en même temps, si dense et si salée, qu'on reste, sans le vouloir, à la surface, d'où l'on voit la mer par la large ouverture des rochers, ou bien la terre, avec les montagnes s'élevant les unes au-dessus des autres et devenant plus bleues, toujours plus bleues. »

Après Biarritz, Luchon, Super-Bagnères, la Maladetta, Venasque, les cascades, les glaciers; mais « hélas ! l'heure s'écoulait trop vite », et, à Toulouse, le beau rêve était brusquement interrompu par un télégramme de Berlin. De nouveau, la Chambre s'opposait aux réformes militaires, demandées par le Roi, et Sa Majesté appelait son énergique serviteur à la rescousse. M. de Bismarck n'hésita pas; il arriva le 19 septembre à Berlin, juste à temps pour assister à la discussion de sept jours, qui se termina par un vote négatif de la Chambre. A ce vote, le Roi répondit en nommant M. de Bismarck ministre président du conseil.

Celui-ci retourna bientôt à Paris, pour prendre congé. L'Empereur, qui le recevait dans la salle où Charles X avait signé les fatales ordonnances, lui recommanda de ne pas oublier le sort de Polignac. Le Chancelier a raconté cette entrevue, pendant laquelle Napoléon III exprima la crainte de voir une nouvelle révolution éclater à Berlin et la monarchie renversée par un plébiscite. Son interlocuteur répondit fièrement : « Notre peuple n'est pas faiseur de barricades et, en Prusse, les révolutions sont faites par les rois. Si Sa Majesté peut supporter, pendant trois ou quatre ans, la brouille avec ses sujets, qui lui est fort pénible, elle restera certainement victorieuse, et, si elle ne me laisse pas dans l'embarras, je ne lui manquerai pas. » L'Empereur insista cependant sur les dangers qu'on allait courir et rappela au ministre quelques arguments dont celui-ci s'était servi en 1857, pour le mettre en garde contre certains rêves ambitieux qu'il lui confiait : « Sire, avait dit l'homme politique prussien, Sire, vous vous embourberiez ! » A son tour, l'Empereur montrait les écueils ; mais, voyant qu'il luttait contre un parti pris, il congédia l'ambassadeur sur ces paroles : « Très bien ! faites ce que vous ne pouvez pas ne pas faire ! » Autrement dit : Annulez votre Parlement et rejetez l'Autriche du corps germanique. Le nouveau ministre n'était pas homme à se laisser embarrasser par aucun scrupule dans le choix des moyens. Religion, morale, conscience, tout se résumait pour lui, en cet axiome : donner à la Prusse la grandeur à laquelle, selon lui, elle avait droit ; quant à ses titres, il eût été bien embarrassé de les définir. Ainsi que l'a dit l'ambassadeur d'Angleterre à Berlin, sir Alexander Malet: « il entrait dans sa voie avec l'ardeur d'un Mahomet imposant une foi nouvelle, et, comme Mahomet, il réussit ».

QUATRIÈME PARTIE

MINISTÈRE

1862-1871

I

Attaques de la presse libérale contre M. de Bismarck. — But poursuivi par le Roi. — Le conflit. — La *force* prime le *droit*. — Arrogance du ministre à la Chambre. — Les Junkers parlementaires. — Les adversaires de M. de Bismarck. — Son heureuse fortune. — Son attitude à l'égard de l'Angleterre et de l'Autriche. — Le gouvernement prussien autoritaire à l'intérieur, révolutionnaire à l'extérieur. — Révolution en Pologne. — Duplicité de M. de Bismarck. — Affectation de dégoût et de plaintes. — La question du Schleswig-Holstein. — Mort du roi de Danemark. — Ligne politique de son successeur. — Action commune de l'Autriche et de la Prusse. — Défaite et démembrement du Danemark. — Voyage de M. de Bismarck à Biarritz. — L'empereur Napoléon III et son entourage. — Antagonisme de la Prusse et de l'Autriche dans les duchés de l'Elbe. — La guerre imminente. — Retardée par la convention de Gastein. — Prise de possession du Lauenbourg, par le roi Guillaume Ier. — M. de Bismarck créé comte. — L'incident Lucca. — Correspondance de M. de Bismarck avec le pasteur André de Roman. — Colère causée par la convention de Gastein. — Séances orageuses au parlement. — Cartel envoyé par M. de Bismarck à M. Virchow. — Nouveau voyage à Biarritz. — Amitié de Napoléon III pour le comte de Bismarck. — Opposition obstinée des Chambres prussiennes. — Dissolution du Parlement. — Tentative d'assassinat sur M. de Bismarck, 7 mai 1864. — Effet de cette tentative sur les partis politiques et sur l'esprit du Roi. — Traité d'alliance avec l'Italie. — Négociations dilatoires avec la France. — M. Drouyn de Lhuys et le parti de l'Action. — La diplomatie peinte par elle-même. — Proposition d'un congrès par l'Empereur Napoléon III. — Colère et volte-face de M. de Bismarck. — Rupture avec l'Autriche. — Campagne de Bohême. — Hardiesse et activité de M. de Bismarck. — Sadowa. — Politique de Napoléon III, désastreuse pour la France. — Traité de Prague. — Procédés politiques de M. de Bismarck.

« Bismarck, c'est le coup d'État ! » s'écria, d'un commun accord, la presse libérale allemande, en apprenant la formation du nouveau ministère. Qui était ce monsieur ? qu'avait fait « ce Junker rodomont, ce creux fanfaron, cet adorateur de Napoléon, ce destructeur des grandes villes », pour qu'on lui confiât les affaires du pays ?

« Son éducation politique, ses vues et ses connaissances ne dépassaient point celles des gens élevés comme lui ; ses discours au parlement avaient été violents, inconsidérés, négligés jusqu'à l'insolence, quelquefois grossièrement spirituels ; mais quand avait-il exprimé une pensée vraiment politique ? A Francfort, il s'était familiarisé avec le cérémonial diplomatique ; à Saint-Pétersbourg et à Paris, il avait su arracher certains secrets à des princesses intrigantes, mais il ignorait le travail amer de la routine administrative et n'avait jamais réussi à bien comprendre l'action de la machine d'État dans tous ses détails. On savait bien, en Prusse, qu'il ne désirait provoquer des complications extérieures que pour imposer silence aux difficultés de l'intérieur. »

Ainsi fut accueilli le nouveau ministre. Il s'en émut

fort peu, soutenu, comme il l'était, par la confiance du Roi, qui disait en le montrant, lorsqu'on le complimentait sur sa bonne mine : « Voilà mon médecin. » Guillaume Ier voulait une armée formidable; il la voulait permanente, coûte que coûte; il voyait près de lui deux hommes capables de réaliser tous ses désirs : les généraux de Roon et de Moltke ; il leur adjoignit M. de Bismarck, parce que rien ne l'effrayait, pas même les menaces de mise en accusation, d'exil ou d'échafaud, car il fut bientôt de mode de comparer le Roi et son ministre à Charles Ier d'Angleterre et à Strafford. « Qu'importe qu'on me pende, disait M. de Bismarck au Prince royal, alors plus libéral que lui, si la corde dont on se servira, attache plus solidement la nouvelle Allemagne à votre trône ? »

Le conflit dura quatre ans; dès le premier jour, le président du conseil prit le taureau par les cornes; il déclara aux députés qu'ils attendraient vainement des concessions de la couronne et que la Constitution ne leur donnait pas le droit de l'emporter sur le Roi et la Chambre des seigneurs réunis. « Vous proclamez que la force prime le droit, s'écria le comte de Schwerin. — Je ne me souviens pas d'avoir *réellement* employé cette expression », répliqua le ministre. Mais cette maxime résumait si bien toute son argumentation, que l'honneur lui en resta. C'était sa manière d'envisager les *compromis*. « Il s'agissait, disait-il, d'une lutte entre la maison de Hohenzollern et la Chambre des députés, pour le gouvernement de la Prusse. La monarchie prussienne n'avait pas encore rempli toute sa mission; elle n'était pas encore

12.

mûre pour se changer en simple ornement de l'édifice constitutionnel, en partie inconsciente de la machine parlementaire. Il était, lui, l'homme de la monarchie et il la défendrait jusqu'au bout. » Il tint parole. En quatre ans, la Chambre fut dissoute deux fois, et M. de Bismarck, assailli sans relâche par une opposition nombreuse, puissante et souvent exaspérée. Les scènes violentes furent fréquentes entre les adversaires.

Un jour que les députés réclamaient sa présence, le ministre sortit d'une pièce adjacente et répondit avec le plus suprême dédain « qu'il serait superflu de tout recommencer, car il en avait entendu bien assez de la chambre voisine. Il ne voulait pas se soumettre aux ordres du parlement. On s'en prenait aux Junkers ; le premier devoir de la couronne était, prétendait-on, de leur résister. Qu'entendait-on par Junkers ? N'étaient-ils pas les représentants présumés de l'arrogance, de l'arbitraire, de l'autorité assumée sans droits légaux, de l'abus des privilèges ? Eh bien, il s'était formé un parti de Junkers parlementaires, et le premier devoir de la monarchie était de lui résister ». Et, soutenue par son inébranlable défenseur, elle résista, bravant les députés, leurs attaques et les objurgations de leur président, dont l'autorité, disaient les ministres, s'arrêtait à leur banc ; muselant la presse, méconnaissant l'inviolabilité des législateurs, accumulant les haines avec une telle désinvolture, que le Prince royal, effrayé, protesta publiquement et tomba en disgrâce.

Le ministre avait beau jouer le calme et le dédain, affecter d'écrire gaiement à sa famille, pendant les séances les plus orageuses, conter à madame d'Arnim, ses beaux coups de fusil et la remercier de ses boudins et de ses puddings, il n'en sentait pas moins la nécessité de faire diversion, comme l'avaient prédit ses adversaires, par des complications à l'extérieur. La fortune, qui l'avait pris par la main pour ne plus l'abandonner, non seulement lui en fournit autant qu'il en pouvait désirer, mais encore ne plaça en face de lui que des antagonistes égarés par leurs rêves, comme Napoléon III; par leurs rancunes, comme la Russie; par leur jalousie, comme l'Autriche; par leur égoïsme, comme l'Angleterre; par leurs passions aveugles, comme la Pologne. Pour ne pas profiter de tant d'avantages, il eût fallu être stupide ou fou, et certes M. de Bismarck était tout le contraire.

Un concours si exceptionnel de circonstances favorables pouvait seul conjurer les périls qui menaçaient les ambitieux projets d'agrandissement de l'homme d'état prussien. Remplacer la Confédération pacifique et défensive par une grande puissance militaire au centre de l'Europe, était si entièrement opposé à tous les intérêts, à toutes les traditions politiques et nationales de la France et de la Russie, que l'entente cordiale de ces deux empires, jusqu'alors bienveillants envers la Prusse, devait logiquement se changer pour elle en danger, aussitôt qu'elle aurait démasqué ses batteries et commencé son œuvre de conquête.

L'Angleterre ne préoccupait guère M. de Bismarck. Il avait déclaré, en 1862, qu'elle n'entrait plus dans ses calculs, depuis le jour où elle avait renoncé aux îles

Ioniennes. « Une puissance qui cesse de *prendre* et qui commence à *rendre*, était, à ses yeux, une puissance finie. »

Quant à l'Autriche, il savait ce qu'il pouvait attendre d'elle, et, dès son entrée au ministère, il avait exposé carrément au comte Karolyi, ce qu'elle devait attendre de lui : « Il était inévitable que les relations entre les deux pays devinssent meilleures ou pires. » L'Autriche n'aurait plus à compter, comme avant 1848, sur l'appui de la Prusse dans les questions européennes ; il fallait qu'elle choisît entre sa politique anti-prussienne, soutenue par les petits États, et une alliance honorable ; on comptait trop sur le besoin de secours que pourrait avoir la Prusse, dans l'éventualité d'une guerre étrangère, pour la traiter sans façons. Elle ne le souffrirait pas plus longtemps. » Avec son adresse perfide, M. de Bismarck, tout en menaçant, se donnait l'apparence de rester sur la défensive. « En deux mots, écrivait le comte Karolyi à son gouvernement, Bismarck a placé devant nous l'alternative de nous retirer de l'Allemagne et de transférer notre centre de gravité à Buda-Pesth, ou de voir la Prusse dans les rangs de nos ennemis, lors de la première guerre européenne. »

L'occasion de réviser les relations fédérales se présenta bientôt et fut saisie.

L'Autriche répondait à la demande de réforme dans la constitution fédérale, par des propositions conformes à l'ancienne politique de la Confédération ; la Prusse s'y opposa. L'une consentait à faire représenter la nation allemande tout entière, par une assemblée de *délégués* des différents pays formant la Confédération; l'autre réclamait une assemblée *élective*, représentant proportionnellement la population de chaque État.

Le gouvernement prussien, arbitraire et absolu chez lui, se faisait révolutionnaire en Allemagne; il opposait les peuples aux cours régnantes, et M. de Bismarck calmait les appréhensions de son roi, en lui disant : « Les intérêts du peuple prussien sont identiques et liés à ceux du peuple germanique tout entier ; donc, aussi longtemps que ces intérêts seront reconnus et servis, la Prusse n'aura pas à craindre d'être entraînée dans une politique contraire aux siens. »

La première diversion à ses embarras multiples vint de la Pologne; aucune autre n'aurait renfermé tant de germes de dissentiments entre la France et la Russie; M. de Bismarck ne pouvait souhaiter mieux. C'était une occasion inespérée de frapper l'esprit révolutionnaire et la politique sentimentale, de resserrer l'union avec la Russie, de raviver sa défiance de la France et sa rancune contre l'Autriche. On se rappelle ce drame sanglant qui commença par une prière au Czar; l'esprit de clémence qui anima ce souverain, ses tentatives réparatrices; les espérances réveillées, puis tout à coup l'ingérence de la démagogie; la révolte impuissante, la connivence rancunière de l'Autriche; l'intervention maladroite, perfide même à l'égard de la France, du cabinet anglais; et enfin, après une période de sagesse dans les conseils de Napoléon III, la volte-face subite, qui se traduisit par l'idée d'organiser une remontrance européenne contre le Czar et mit en un jour à néant l'œuvre de rapprochement à laquelle on travaillait depuis sept ans. La Russie, blessée dans son orgueil, indignée de l'ingratitude qui payait ses efforts de réparation, frappa cruellement. Gortchakof, trop bien servi par le bourreau Mouravieff, fut considéré comme le sauveur de son pays; et son ami de Berlin, qui seul s'était montré allié fidèle, put compter désormais sur le dévouement et la reconnaissance de son puissant voisin brouillé plus ou moins avec Paris, Vienne et Londres.

C'était cependant un étrange ami que le ministre de Guillaume Ier! Pendant qu'il offrait de conclure une convention militaire avec la Russie, d'enserrer la Pologne dans un cordon de fer et servait le Czar avec ardeur, aussi bien contre la diplomatie européenne que contre son propre parlement, il avouait, sans détour, ses craintes sur l'issue de la lutte et ses idées sur le parti qu'on pourrait tirer d'un échec de la Russie! Il y avait, disait-il, deux manières de résoudre la question : « Aider Alexandre II à étouffer l'insurrection polonaise, ou attendre qu'il fût réduit à implorer un secours, et alors procéder hardiment et *occuper la Pologne pour le compte de la Prusse;* au bout de trois ans, elle serait germanisée! L'Empereur et les Russes étaient las de la Pologne et la céderaient sans beaucoup de regret? » Cette manière si commode de rectifier la frontière du côté de la Vistule, semblait un rêve fou à ceux qui l'écoutaient. Évidemment les plans politiques de M. de Bismarck étaient encore assez incertains ; on peut, en lui empruntant l'image dont il se servit un jour pour répondre à un député de l'opposition, dire qu'il avançait ses pièces, un peu au hasard, sur l'échiquier diplomatique, attendant une circonstance qui lui indiquât comment il fallait diriger la partie. Le *spectateur profane* aurait pu la croire souvent finie, mais lui, le joueur expérimenté, savait bien qu'elle commençait à peine.

Déjà, pourtant, il se plaignait de fatigue et de dégoût; s'il allait à Carlsbad, il souffrait du « mal du foyer »; et s'il en partait, il regrettait « les collines, les tranquilles forêts et les fourrés où il trouvait toujours moyen d'échapper aux importuns. » Rentré à Berlin, « il végétait dans les appartements déserts, étouffait sous l'avalanche de paperasses et de visites qui fondait sur lui, se sentait abandonné, quoique toujours entouré. » Il repartait avec le Roi pour Gastein, « qui lui paraissait plus imposant que séduisant; cependant l'air y était exquis, et il y ferait bon vivre par le beau temps, si l'on pouvait être paresseux, flâner sur les hauteurs, s'asseoir sur les bancs en plein soleil, fumer en regardant les sommets dentelés et neigeux, ou tuer des chamois à 7 000 pieds d'élévation. Mais, au lieu de cela, il y avait de l'ouvrage par-dessus la tête, des courriers dont on redoutait l'arrivée dans toutes les directions, et surtout l'impossibilité de vivre un instant incognito, l'ennui d'être dévisagé partout, comme un Japonais ou un hippopotame; et il fallait supporter cela, jusqu'à ce qu'on fût oublié comme tant d'autres et qu'un successeur eût, à son tour, l'avantage d'être l'objet de la malveillance générale. »

De Bade, les plaintes continuent. « Que j'aurais envie de passer une journée de paresse au milieu de vous! écrit le ministre à sa femme, le 23 août 1863. Si délicieux que soit le temps, il me faut toujours avoir de l'encre aux doigts. Hier j'ai marché dans les champs jusqu'à minuit, par le plus merveilleux clair de lune, mais les affaires ne voulaient pas me sortir de la tête… Je voudrais que quelque intrigue fît changer de ministère, afin de pouvoir tourner honorablement le dos à ce flot d'encre ininterrompu et aller vivre tranquillement à la campagne. L'agitation de cette existence est insupportable; six semaines d'un labeur de secrétaire à l'hôtel! et cela recommencera à Berlin! Ce n'est pas la vie qu'il faut à un honnête gentilhomme campagnard, et je considérerais comme un bienfaiteur, quiconque essayerait de me renverser. » Épanchements qui soulagent dans l'intimité, mais qu'on serait bien fâché de voir prendre au sérieux!

A Berlin « la besogne *empire* plus que jamais, la vie de M. de Bismarck ressemble à celle de Leporello : aucun repos, ni le jour ni la nuit; rien qui fasse plaisir ». Le mot il *faut* revient si souvent dans son existence, qu'il peut bien rarement dire : je *veux;* il est comme un cheval fatigué, qui met en mouvement le plancher mobile d'une machine et qui lui-même ne bouge jamais; il se sent *vieux et usé*. Heureusement la volonté soutient tout; même la santé; celle du Roi le préoccupe davantage; les dangers qui menacent Sa Majesté sont beaucoup plus inquiétants que ceux qui menacent son ministre. Mais tout est dans la main de Dieu : « Aie confiance en lui, mon cœur, dit-il à madame de Bismarck, et au proverbe qui affirme que tous les chiens qui aboient ne mordent pas. »

L'entente cordiale ne se faisait toujours pas à l'intérieur; il avait fallu se décider à dissoudre la Chambre.

Le 9 novembre 1863, le Parlement revenait avec tous ses tracas et les *bonnes Chambres* avaient accumulé les griefs, ainsi que le prévoyait leur antagoniste obstiné.

La question de Pologne était tranchée ; l'ordre régnait à Varsovie. Les Duchés de l'Elbe fournirent la seconde diversion nécessaire ; cette question si obscure, qui faisait dire à lord Palmerston : « Trois personnes seulement l'ont connue et comprise ; l'une était le prince Albert, qui est mort ; l'autre, un homme d'état danois, qui est devenu fou ; et enfin moi, qui l'ai oubliée. »

Cette fois encore, la fortune n'eut que des sourires pour son favori. La mort du roi de Danemark facilita l'intervention qui devint le commencement et la base de la réalisation des projets prussiens.

« C'est la campagne diplomatique dont je suis le plus fier, disait M. de Bismarck, à Varzin, en 1877. — Dès le début vous vouliez les Duchés, lui répondit le baron von Holstein. — *Oui*, répliqua le Chancelier, *certainement, et aussitôt après la mort du roi de Danemarck*. Mais c'était une affaire difficile. Tout le monde était contre moi : plusieurs coteries à la cour, l'Autriche, les petits États allemands, et les Anglais qui ne voulaient pas nous voir prendre le port de Kiel. Une foule de libéraux découvrirent subitement que les droits des princes avaient de l'importance : en réalité, il ne s'agissait que de leur envie et de leur haine contre moi. J'eus à lutter avec tout cela et je ne sais quoi encore. Un jour, il y eut conseil d'État ; je débitai le plus long de mes discours et je dis bien des choses qui durent paraître si inconcevables et impossibles à mes auditeurs, qu'ils me soupçonnèrent, sans doute, d'avoir trop bien déjeuné. Lorsque le sténographe me montra son rapport, je remarquai que les passages les plus marquants et les plus explicites avaient été omis. Je me plaignis. C'est vrai, me dit-il, mais j'ai pensé que ces omissions vous seraient agréables! Pas le moins du monde, répliquai-je, et j'insiste pour que mon discours soit rendu tel que je l'ai prononcé. »

M. de Bismarck s'attacha surtout à mettre de côté, dans la question des Duchés, la Diète fédérale et la nation allemande, pour l'envisager au point de vue européen et international. La campagne diplomatique et militaire devait, dans sa pensée, être conduite par les deux grandes puissances allemandes, la Prusse et l'Autriche. C'étaient elles et non la Confédération, qui avaient signé le protocole de Londres, en 1852, qui s'étaient engagées à ce que le prince Christian de Glücksbourg succédât au roi Frédéric VII ; qui avaient stipulé que le Schleswig ne serait jamais incorporé au royaume et conserverait sa constitution provinciale. Tout ce que pouvait dire la Diète, s'appliquait au Holstein et aux droits qu'il possédait en commun avec le Schleswig.

Deux jours après son avènement, le nouveau roi de Danemark signait une constitution pour le Holstein et le Schleswig, incorporant ainsi les Duchés de fait, contrairement aux engagements consentis : la Diète prenait fait et cause pour le duc d'Augustenbourg, en dépit de la renonciation paternelle, et l'Autriche se joignait à la Prusse, soi-disant pour protéger l'indépendance des populations dans les Duchés, mais en réalité pour mieux surveiller sa rivale et s'opposer aux projets d'annexion qu'on lui attribuait.

Plus tard, après la guerre, M. de Bismarck exposa, dans la Chambre des seigneurs, les mobiles auxquels il avait obéi, en s'alliant avec l'Autriche, à l'exclusion de la Confédération : « Dans une guerre fédérale, l'Autriche aurait agi, non seulement comme alliée fédérale, mais comme puissance dirigeante ; en qualité d'alliée, elle offrait à la Prusse une garantie de ses intérêts tout aussi sérieuse que l'ancienne majorité de la Diète. Quant à entreprendre la guerre sans l'Autriche, la Prusse n'aurait pas obtenu le consentement des gouvernements de la Confédération, et n'aurait pu compter sur l'aide d'aucune troupe régulière. » Le traité signé à Londres, en 1852, fut la base de l'alliance ; les deux grandes puissances « convinrent de certaines mesures à prendre vis-à-vis de Copenhague », et à la suite, M. de Bismarck informa son parlement que « s'il pensait nécessaire de faire la guerre, il la ferait avec ou sans son consentement ».

« La Prussse, quoi qu'on décidât à Francfort, ne faillirait pas à sa mission de grande puissance européenne, et comme membre de la Confédération, défendrait sagement et fermement les droits de l'Allemagne dans les Duchés, et sa propre dignité dans le conseil des autres grands États ».

Le ministre prussien déclarait donc avoir pour objectif la dissolution de l'alliance autrichienne avec les petits États et l'établissement, non de l'*unité*, mais de l'*union* allemande, sur la seule base possible : « l'entente des deux puissances rivales ».

On sait ce qui advint : l'occupation des Duchés par les troupes prussiennes et autrichiennes, l'assaut donné, au nom de l'Allemagne qui protestait, à une monarchie faible, mais reconnue nécessaire au maintien de l'équilibre européen, et ce, par un chef qui avait qualifié autrefois, la cause en question d'*inique*, de *frivole*, de *désastreuse* et de *révolutionnaire;* la réunion à Londres, le 26 avril 1864, des puissances signataires du traité de 1852, leurs vains efforts en faveur du Danemark, l'Angleterre bernée en la personne de lord John Russel, Napoléon III aveuglé, la Russie entraînée par ses rancunes, laissant prendre Kiel à la Prusse, contrairement à ses intérêts les plus élémentaires, l'esprit révolutionnaire servi par son plus implacable ennemi, et enfin le Danemark démembré, au mépris des droits, des traités, de la foi jurée, de tout ce que le passé avait légué de meilleur au monde politique, de tout ce que la force allait détruire, à la honte du XIX siècle!

Le Danemark, épuisé par une lutte héroïque, mais trop inégale, fit appel « à la bienveillance magnanime et au sentiment élevé de justice » des deux souverains alliés. Ils lui prouvèrent leurs vertus, en lui prenant le Schleswig, le Holstein et le Lauenbourg, et après de douloureuses discussions, car « les Danois se montraient obstinés en diable », ce qui gênait le vainqueur pressé d'aller aux eaux, la paix de Vienne fut signée le 30 octobre 1864. Puis M. de Bismarck, enchanté, chamarré des plus grands ordres de Prusse et d'Autriche, s'en vint à Paris, et à son cher Biarritz, reprendre les entretiens commencés deux ans auparavant, et s'assurer que les bonnes dispositions de son ami, l'empereur Napoléon III, n'avaient pas varié.

La distraction lui parut délicieuse. « A Paris, j'ai conçu, disait-il, un vif désir d'habiter de nouveau cette capitale ; l'hôtel de l'ambassade est maintenant fort bien aménagé, et c'est une existence de forçat que je mène à Berlin, quand je la compare à la liberté, aux loisirs dont je jouis à l'étranger. » C'était si bon de n'avoir rien à faire, si ce n'est d'enguirlander l'Empereur, M. Benedetti, M. de la Valette et le prince Napoléon; de faire pièce à M. Drouyn de l'Huys, d'expliquer gaiement comme quoi le rapprochement de l'Autriche, dans la guerre des Duchés, n'était qu'un hors-d'œuvre ; qu'au fond, l'antagonisme restait le même, que l'Italie en profiterait ; que la France trouverait, dans la Prusse satisfaite, une alliée pour toutes les questions de civilisation et de progrès, y compris celles d'agrandissement ! On échangeait des demi-confidences, toutes au profit de l'homme d'état prussien, avec qui l'on commençait à compter, et, après une série de bains, de promenades au clair de lune et d'excursions charmantes, il repartait fort rassuré pour Paris « où l'on faisait beaucoup de politique étrange, absolument contraire à celle qui a été faite en France avant l'empereur Napoléon III, déclarait le ministre, au parlement prussien. Je n'ai pas, ajoutait-il, à rechercher si cette politique plaît à ses sujets, car nous n'avons affaire qu'au gouvernement français. Si nous examinons cependant les intérêts de la France, sans prévention allemande, il paraît évident que la France ne doit pas désirer qu'en Allemagne s'élève une puissance supérieure en force, telle que serait l'Allemagne entière avec le Schleswig-Holstein sous l'hégémonie *de l'Autriche*, par exemple, le territoire français dût-il s'étendre jusqu'au Rhin par compensation. Mais, je le répète, nous n'avons pas à nous préoccuper de ces choses, et l'empereur Napoléon, dans la question danoise, a sans doute voulu que le principe des nationalités fût respecté. Le triomphe de ce principe est cependant impossible sur les frontières danoises, parce que les nationalités y sont mélangées, mais il est clair que l'Empereur n'a pu descendre jusqu'à ces détails et qu'il a entendu défendre le principe *en grand* ». Il eût été difficile de lui déclarer plus franchement que sa politique était anti-nationale et absurde !

Relativement tranquille du côté de la France, M. de Bismarck rentra dans son pays, plus déterminé que jamais, à faire tourner au profit de la Prusse, les froissements inévitables que devait amener, entre elle et l'Autriche, la possession en commun des Duchés. Le feu, habilement attisé, s'éteindrait dans le sang, s'il le fallait.

Il résolut de protéger les intérêts prussiens envers et contre tous les autres, contre tous les droits et les vœux des populations. N'avait-il pas écrit, la veille de la conférence de Londres : « La situation est telle, qu'il me semble judicieux de lâcher tous les chiens sur le Danemark ; la meute entière, aboyant à la fois, suffira pour rendre impossible, aux yeux de l'étranger, la soumission des Duchés au Danemark, et les puissances seront alors forcées de prendre en considération le programme que le gouvernement prussien ne *pourrait pas très bien* leur présenter. Je range, parmi les étrangers, les *Hols-*

teinois eux-mêmes, ainsi que le prince d'Augustenbourg et tous ceux qui se disent *éternellement unis*, jusqu'à la Königsau. Jusqu'ici les Duchés ont été habitués à être raités en enfants gâtés par la famille germanique et à penser que nous sommes prêts à nous sacrifier sur l'autel de leurs intérêts particuliers, et à risquer l'existence de la Prusse pour chaque Allemand du nord du Schleswig. Afin d'éclairer la situation, je dirai, en terminant, que l'annexion par la Prusse n'est pas le but principal et nécessaire de mes efforts, quoique ce serait certainement le résultat le plus agréable. » L'aveu fait, en 1877, au baron von Holstein, nous édifie sur la sincérité de cette déclaration.

M. de Bismarck laissait bien la porte entr'ouverte au duc d'Augustenbourg, mais à de telles conditions, que ce prince refusait de devenir le préfet du roi Guillaume, en lui abandonnant armée, postes, télégraphes, etc., etc. C'était ce que le ministre appelait *des prétentions modestes*. Quant à permettre aux Duchés de se transformer en État fédéral, qui s'en irait grossir, à la Diète, les partisans de l'Autriche, il n'y fallait pas songer. Comment tourner la difficulté? En en créant une nouvelle.

L'Autriche soutenait le prince d'Augustenbourg; la conscience prussienne, personnifiée en M. de Bismarck, conçut tout à coup des scrupules au sujet des droits qu'on avait déclarés les meilleurs à la conférence de Londres; le ministre lança, au retour de France, une circulaire adressée aux cours allemandes, et dans laquelle il se déclarait indécis entre l'ancien candidat et les nouveaux que mettait en avant l'empereur de Russie, à savoir : les princes d'Oldenbourg et de Hesse; il exprimait de plus le désir de rassurer sa conscience en consultant *les légistes*. Ceux-ci mirent les plaideurs d'accord « en croquant l'un et l'autre », c'est-à-dire, en les déboutant tous et en décidant que le roi de Danemark seul avait des titres valables à la succession du Schleswig-Holstein ; or le roi de Danemark, ayant forcément cédé ses droits à la Prusse et à l'Autriche victorieuses, ces deux puissances pouvaient en disposer sans l'intervention de la Diète. C'était la paraphrase de ces paroles du conseiller de Guillaume Ier : « Sa Majesté le Roi et Sa Majesté l'Empereur d'Autriche sont *le duc* de Schleswig-Holstein-Lauenbourg ! »

Aussitôt la Prusse pria l'Autriche de lui céder sa part à beaux deniers comptants. L'Autriche refusa et demanda des compensations territoriales en Silésie; on ne les lui accorda pas ; la guerre devint imminente. Elle fut retardée par les négociations qui eurent lieu, en juillet 1865, à Gastein, où le roi Guillaume avait appelé son ministre ; l'Autriche y était représentée par M. de Blome. On travailla, selon l'expression de M. de Bismarck, à boucher les crevasses de l'édifice, et l'on signa, le 14 août, la fameuse convention dont la durée devait être si éphémère. C'était déjà presque la revanche d'Olmütz. L'Autriche agissait contrairement à sa politique fédérale, abandonnait le protégé de la Diète et laissait tous les avantages tangibles à la Prusse.

Le général de Manteuffel était nommé gouverneur du Schleswig et le feld-maréchal autrichien de Gablenz, gouverneur du Holstein, mais le Lauenbourg était *réuni* à la Prusse, moyennant deux millions et demi de dollars danois, payés à l'empereur François-Joseph. « La Prusse aiguise ses dents sur cet os, » disait le vieux Metternich. L'œuvre de conquête commençait.

Quelques jours après, les deux souverains, accompagnés de leurs premiers ministres, s'embrassaient à Ischl; un mois plus tard, Guillaume Ier prenait offiicellement possession du Lauenbourg, qu'il plaçait sous l'autorité politique de M. de Bismarck.

« Je me rappelle, contait un jour le Chancelier, qu'étant assis, avec Manteuffel et X..., sur une pierre, devant l'église de Beckstein, nous vîmes le Roi s'approcher, et que je proposai de l'accueillir comme les trois sorcières, dans *Macbeth*, par : Salut, seigneur de Lauenbourg! Salut, seigneur de Kiel! Salut, seigneur de Schleswig! »

Le Roi témoigna sa reconnaissance en conférant à son ministre le titre de comte, distinction acceptée avec plaisir, sans doute, mais, en même temps, avec une sorte d'appréhension superstitieuse, particulière aux Poméraniens.

On prétend, dans leur pays, que toutes les familles qui reçoivent ce titre, s'éteignent promptement. « Je pourrais en citer dix ou douze, disait longtemps après M. de Bismarck; je fis donc tout pour l'éviter; il fallut bien enfin me soumettre, mais je ne suis pas sans inquiétude, même maintenant. »

Pendant ce célèbre séjour à Gastein, se produisit l'incident dont madame Pauline Lucca fut l'héroïne, et qui donna lieu à un curieux échange de lettres entre l'homme d'état et l'un de ses pieux amis, M. André de Roman, pasteur évangélique.

13.

Voici d'abord l'incident : M. de Bismarck se promenait un après-midi, dans le parc de Gastein, lorsqu'il rencontra la célèbre cantatrice ; elle lui dit qu'il avait l'air bien ennuyé.

— Je n'en ai pas que l'air, répondit-il, je le suis réellement.

— Eh bien ! je vais vous offrir une distraction.

— Et laquelle ?

— Venez vous faire photographier avec moi ; deux illustrations comme nous, ce sera curieux.

— Soit ! répliqua le ministre. Et tous deux allèrent se placer devant l'objectif du photographe.

L'aventure fit grand bruit ; on en voulut tirer des conclusions auxquelles ni l'un ni l'autre personnage n'avait jamais songé ; le zèle chrétien du *parti de la Croix* s'alarma pour l'âme de celui qui avait de ces fantaisies peu austères, qui assistait rarement aux offices divins et qui, peu de temps auparavant, avait eu la velléité de demander une réparation par les armes au pacifique et savant député, le docteur Virchow, le même qui prétend avoir découvert la trichine.

A cette homélie, M. de Bismarck répondit par la lettre suivante, que l'on ne peut lire sans se demander s'il y a là un homme très spirituel, empruntant sa langue au sermonneur, pour se moquer de lui poliment et finement, ou un mystique dans le genre de Cromwell, courbant la tête avec humilité : nous avouons pencher vers la première hypothèse :

«Cher André,

» Bien que mon temps soit très mesuré, je ne puis me refuser à répondre à une interpellation qui m'est adressée par un cœur honnête et sous l'invocation du Christ. Je suis profondément peiné de causer du scandale aux chrétiens qui ont la foi, mais j'ai la certitude que c'est là une chose inévitable dans ma situation. Je ne parlerai pas des camps qui me sont nécessairement opposés en politique et qui n'en comptent pas moins dans leur sein un grand nombre de chrétiens; des gens qui me devancent de beaucoup dans la voie du salut et avec lesquels, cependant, je dois être en lutte pour des choses qui sont, à mon sentiment comme au leur, des choses terrestres; j'en appellerai seulement à ce que vous dites vous-même, « que rien de ce qui est omis ou commis, dans les régions élevées, ne demeure caché ». Où est l'homme qui, dans une telle situation, ne causerait pas de scandale, à tort ou à raison?

» Je vous accorderai bien plus encore, car votre expression, *ne demeure caché*, n'est point exacte. Plût à Dieu que, en dehors des fautes que le monde connaît, je n'en eusse pas, sur mon âme, d'autres qui restent ignorées et pour lesquelles je ne puis espérer de pardon que par ma foi dans le sang du Christ! Comme homme d'état, je crois même user de beaucoup trop de ménagements encore; d'après mon sentiment, je suis plutôt lâche, et cela, parce qu'il n'est pas si facile, dans les questions qui se posent devant moi, d'arriver toujours à cette clarté, au fond de laquelle s'épanouit la confiance en Dieu. Celui qui me reproche d'être un homme politique sans conscience, me fait tort ; il devrait d'abord commencer par éprouver sa propre conscience sur ce champ de combat. Pour ce qui touche l'affaire de Virchow, j'ai, depuis longtemps, dépassé l'âge où, dans de pareilles questions, on demande conseil à ce qui est chair et sang ; si j'expose ma vie pour une cause, je le fais dans cette foi que j'ai fortifiée par un combat long et pénible, mais aussi par la prière fervente et humble devant Dieu ; cette foi, la parole de l'homme ne peut la renverser, pas même la parole d'un ami dans le Seigneur et d'un serviteur de l'Église. Il n'est pas vrai que je ne fréquente jamais une église. Depuis tantôt sept mois, je suis ou absent de Berlin, ou malade ; qui donc a pu observer ma négligence ? Je conviens volontiers que cela a pu arriver souvent, bien moins par le manque de temps que par des considérations de santé, l'hiver surtout. Je suis prêt à donner des éclaircissements plus circonstanciés, à tous ceux qui se croient la vocation de me juger en cette matière ; pour vous, vous m'en croirez sans autres détails médicaux.

» Quant à la photographie Lucca, vous porteriez préalablement un jugement moins sévère, si vous saviez à quel hasard elle doit son origine. En outre, mademoiselle Lucca, quoique cantatrice, est une dame à laquelle on n'a jamais, pas plus qu'à moi, reproché des relations illicites. Néanmoins j'aurais certainement eu soin de me tenir en dehors du verre braqué sur nous, si j'avais, dans un moment tranquille, réfléchi au scandale que tant de fidèles amis devaient trouver à ce badinage. Vous voyez, par les détails dans lesquels j'entre, que je considère votre lettre comme bien intentionnée et que je ne songe, en aucune façon, à me mettre au-dessus du jugement de ceux qui partagent avec moi, la même foi; mais j'attends, de votre amitié et de vos lumières chrétiennes, que vous recommandiez aux autres, pour les circonstances futures, plus d'indulgence et de charité dans leurs jugements; nous en avons besoin tous.

» Je suis du grand nombre des pécheurs auxquels manque la gloire de Dieu; je n'en espère pas moins, comme eux, que, dans sa grâce, il ne voudra pas me retirer le bâton de l'humble foi, à l'aide duquel je cherche ma voie au milieu des doutes et des dangers de ma situation; cette confiance, toutefois, ne doit pas me rendre sourd aux reproches faits par des amis, ni impatient des jugements superbes et durs. »

Ce fatras émane-t-il de Tartufe ou d'un fier Sicambre humilié? Ce qu'il y a de certain, c'est que, si M. de Bismarck riait dans sa moustache des pharisiens de la Sprée, il avait bien raison; et que s'il parlait sérieusement, il était en veine de patience ce jour-là!

De quelque côté qu'il se tournât, il était attaqué. La convention de Gastein, qualifiée d'outrage, de scandale, de vol de grand chemin, par la France et l'Angleterre, n'était pas mieux accueillie dans la seconde Chambre prussienne.

Pendant que les flottes française et anglaise se rencontraient à Cherbourg, les plus éminents doctrinaires du parlement de Berlin, MM. de Sybel, Virchow, Gneïst, lançaient leurs foudres à l'envi : « Votre réorganisation militaire porte au front le stigmate du parjure de Caïn, » s'écriait le docteur Gneïst. « Et vos paroles, répliquait le général de Roon, sont marquées au coin de l'arrogance et de l'impudence. » Puis venait le tour du docteur Virchow.

« Où voulez-vous en venir, Messieurs, en parlant sur ce ton? demandait M. de Bismarck. Désirez-vous réellement que nous vidions nos querelles politiques à la manière des Horaces et des Curiaces? S'il en est ainsi... » Le geste achevait la phrase, et un cartel en règle complétait la provocation, qui ne fut pas acceptée, comme on sait.

Désireux d'obtenir un peu de répit, au moins du côté de la France, le ministre retourna en octobre à Biarritz. Plus que jamais il séduisit l'Empereur, l'amusa, l'éblouit et lui fit concevoir toute sorte d'espérances, sans prendre aucun engagement positif. Il fit la joie de la cour en se moquant spirituellement de ses compatriotes, si bien que, même après Sadowa, M. Mérimée s'écriait : « Bismarck est mon héros! » Héros qu'il n'eût peut-être pas fallu prier beaucoup pour qu'il se moquât de lui-même comme des autres, car il a l'ironie facile, et il a vu de trop près les hommes et les événements, pour n'avoir pas ses heures de scepticisme.

Dans un discours au Reichstag, le 11 février 1879, le Chancelier prononça des paroles qui éclairent une situation sur laquelle les opinions ont beaucoup différé, les uns affirmant que Napoléon III n'avait rien promis, quant à sa politique future vis-à-vis de la Prusse; les autres

prétendant, au contraire, que M. de Bismarck avait emporté à Berlin, des assurances de sympathie et de neutralité bienveillante, grâces auxquelles il avait pu dépouiller presque entièrement la frontière du Rhin de ses garnisons. Voici maintenant la version du principal intéressé :
« J'avais toutes les raisons possibles de maintenir cette bonne entente (avec la France), au moyen de laquelle je réussis, non seulement pendant mon ambassade à Paris, mais pendant toute la crise polonaise, quand la France nous était opposée, à faire subsister des dispositions si favorables envers nous, que, dans la question danoise, l'attitude amicale de la France paralysa les autres puissances peu décidées à nous laisser vider sans intervention. notre querelle avec le Danemark. Plus encore, pendant notre lutte plus terrible avec l'Autriche, en 1866, la retenue de la France n'aurait pas été poussée aussi loin qu'elle le fut, heureusement pour nous, si je n'avais apporté tous mes soins à nos relations avec elle, faisant naître ainsi des rapports bienveillants avec l'Empereur Napoléon qui, pour sa part, préférait traiter avec nous plus qu'avec d'autres, mais qui, assurément, ne prévoyait pas que la guerre de 1866 se terminerait en notre faveur. Il comptait que nous serions battus et qu'il nous accorderait alors sa protection, amicalement, mais non gratuitement. Toutefois, politiquement parlant, il fut heureux pour nous, selon moi, qu'il fût resté si bienveillant envers nous, et particulièrement envers moi, jusqu'à la bataille de Sadowa. »

On ne dit pas plus cyniquement aux gens qu'on les a bernés.

Sachant mieux que personne que la convention de Gastein ajournait seulement la solution de la question allemande et la lutte définitive avec l'Autriche, M. de Bismarck attachait nécessairement une importance vitale à la non-intervention de la France; il en rapporta la presque certitude de Biarritz, et, n'ignorant pas combien le dévouement à la cause italienne influençait les dispositions de l'Empereur, il dit alors ces mots devenus fameux : « Si l'Italie n'existait pas, il faudrait l'inventer. » Lorsque, dans sa célèbre circulaire du 29 juillet 1870, il dénonçait les projets *ambitieux* et *avides* de Napoléon III, connus de lui dès 1862, affirmait-il, et attribuait la colère de l'Empereur, en 1865, à la crainte de voir ses projets frustrés par la réconciliation de la Prusse avec l'Autriche, M. de Bismarck ne présentait qu'une demi-vérité; il ne disait pas qu'il avait, le premier, éveillé, encouragé, entretenu des idées dont l'énormité avait d'abord causé assez d'effarement, pour faire douter de son sérieux et de sa raison politique. Tromper les gens sur le fonds de sérieux, de prudence et de ténacité qui est en lui, par l'étrangeté fantastique de ses conceptions, telle a été pendant longtemps, son arme la plus dangereuse.

Si l'on eut la folie de donner dans le piège, on eut du moins pour excuse l'ambition bien autrement avide de la Prusse et le désir qu'elle a moins que tout autre le droit de condamner, de chercher une compensation à cet agrandissement subit et arbitraire.

Le ministre revenait donc satisfait de Biarritz, mais pour subir les nouvelles attaques de la Chambre et de l'opinion publique. Le conflit devint plus violent que jamais, pendant l'hiver de 1866, et lorsque enfin les députés eurent déclaré hardiment l'acquisition du Lauenbourg nulle et non avenue, comme n'ayant pas été ratifiée par les représentants de la nation, on les tança vertement et on les renvoya chez eux, ainsi que des écoliers rebelles; puis la Chambre fut dissoute.

Deux jours avant, le 7 mai, comme M. de Bismarck sortait de chez le Roi et traversait l'avenue des Tilleuls, il entendit derrière lui deux coups de pistolet; se retournant vivement, il se trouva en face d'un revolver à six coups, braqué sur lui par un tout jeune homme. D'une main, il saisit le poignet de l'assassin, de l'autre, il le prit à la gorge; mais l'agresseur, se débattant, put encore tirer trois coups, dont deux blessèrent légèrement le ministre à la poitrine et à l'épaule. Malgré un moment de faiblesse, il tint bon, et, de sa poigne vigoureuse, remit le meurtrier à un bataillon de gardes qui survint, heureusement pour lui, car les passants ne l'avaient pas reconnu et, à la vue de l'arme fumante, dans la main de ce colosse qui semblait vouloir étrangler un garçon imberbe, ils avaient pris ce dernier pour la victime.

Rentré chez lui, où il y avait grand dîner, M. de Bismarck écrivit quelques lignes au Roi, puis entra au salon, tranquille comme à l'ordinaire; seulement, avant de quitter la bibliothèque où il écrivait, il retint un instant madame de Bismarck et, lui mettant un baiser au front, il lui dit : « On a tiré sur moi, mon enfant, mais ne craignez rien, je n'ai aucun mal; maintenant allons dîner. » Avant la fin du repas, le Roi, les princes et une foule de grands personnages vinrent féliciter le ministre d'avoir échappé à un si grand danger.

Quelques jours plus tard, M. de Bismarck disait, dans une lettre de remerciement adressée au marquis Wielpolski, ancien ministre en Pologne : « Vous connaissez par expérience, la vie que je mène, ses dangers, ses ingratitudes, ses privations, le manque de temps et de forces, et au milieu de tout cela, la seule consolation est de faire son devoir et d'obéir à *la vocation que Dieu nous a donnée*... Ne croyez pas que le découragement me fasse parler ainsi, car je crois à la victoire, sans savoir si je vivrai pour la voir; mais je suis souvent accablé de lassitude. »

Madame de Bismarck, de son côté, avouait, avec sa mansuétude habituelle, que « si elle était au ciel et voyait l'assassin sur le haut d'une échelle aboutissant à l'enfer, elle n'hésiterait pas à le pousser pour le faire choir. — Chut ! mon enfant, répliqua son mari, en lui effleurant l'épaule de la main ; avec de tels sentiments vous ne seriez pas au ciel. »

On se tromperait si l'on pensait que l'attentat fût condamné unanimement ; pour cela, les passions politiques étaient trop surexcitées. Le Chancelier lui-même racontait au Reichstag, le 9 mai 1884, que le cadavre de Ferdinand Cohen était devenu, après l'exécution, l'objet d'un culte ; que des femmes, dont les maris occupaient de hautes situations dans le monde scientifique, l'avaient couronné de fleurs et de lauriers, et que la police avait laissé faire, tant la majorité des fonctionnaires était hostile au ministre. Karl Blind, le démocrate bien connu, réfugié à Londres et beau-père du condamné, écrivit alors au *Times* : « La noblesse de son caractère et la nature patriotique des sentiments qui l'entraînèrent, furent universellement reconnues, même par ses adversaires politiques... Son portrait, couronné de lauriers, orna le casque de beaucoup d'hommes de la landwehr du Sud, lorsqu'ils furent appelés pour la guerre. Il n'avait rien à démêler avec les nihilistes ; son but était d'empêcher ce que le Chancelier, dans ces dernières années, a deux fois appelé *une guerre fratricide*. »

Cet événement produisit sur l'esprit mystique du Roi, une impression dont son fidèle serviteur dut se féliciter. Guillaume Ier hésitait encore à rompre définitivement avec la maison vénérée de Habsbourg, à s'unir, contre elle, au roi d'Italie, qui avait foulé aux pieds tant de droits antiques et légitimes et fait asseoir Garibaldi dans son carrosse. Toutes ses croyances, tous ses respects froissés, violés, le remplissaient de remords ; il voulait épuiser les moyens de conciliation. « Si vous saviez, disait M. de Bismarck, à un adversaire politique, peu de temps avant la guerre, quelle lutte terrible j'ai dû soutenir pour persuader à Sa Majesté qu'il nous faudrait combattre, vous comprendriez aussi que j'obéis à la main de fer de la nécessité. » Cette nécessité, n'était-ce pas lui qui l'avait créée ?

Après l'attentat, le Roi vit, dans le salut de M. de Bismarck, l'intervention directe de la Providence et se laissa conduire plus docilement par le protégé du Ciel ! Car c'est un croyant que ce prince médiocre, très convaincu d'avoir été envoyé à l'Allemagne, avec une mission divine, et dont la croyance soutient la médiocrité, en lui donnant la force et la majesté.

Les difficultés augmentaient chaque jour dans les Duchés. Le prince Frédéric d'Augustenbourg, depuis si longtemps ballotté par les caprices sans scrupule de la Prusse, était accueilli ouvertement par les populations, comme leur souverain légitime et soutenu par l'Autriche ; on laissait la presse locale se déchaîner contre le ministre prussien et les réunions publiques réclamer le droit de choisir un gouvernement.

La Prusse se plaignit hautement de ce que sa rivale encourageait l'esprit de révolution, après s'être engagée à le combattre avec elle, et déclara qu'elle reprenait sa liberté d'action, bien décidée à ne plus considérer que ses intérêts.

M. de Bismarck désirait la guerre ; il savait que le fameux *instrument* était à point et, pendant que toute l'Europe croyait à la victoire de l'Autriche, il disait hardiment : « Une seule bataille, et nous pourrons dicter nos conditions. » Rassuré du côté de l'Italie, qui, oubliant l'intervention néfaste de la Prusse après Solférino, s'était liée par un traité secret d'alliance offensive et défensive, il traînait en longueur les négociations avec la France, bien résolu à ne lui rien accorder en échange du service immense qu'elle lui rendrait par sa neutralité.

Frédéric II « poursuivait des *succès dilatoires*, qui lui donnaient le moment de respirer » ; son disciple lui empruntait le mot et le procédé en politique, afin de gagner du temps et de mieux tromper tout le monde.

Il y avait bien, auprès de Napoléon III, un parti sage,

éclairé, fidèle aux traditions vraiment françaises, dont M. Drouyn de l'Huys était le chef ; et, si cet homme d'etat eût possédé autant d'énergie, d'activité, de ténacité que de lumières, il aurait pu déjouer les projets prussiens ; malheureusement il ne sut pas peser avec assez de fermeté sur la volonté indécise de l'Empereur, ébranler sa force d'inertie et lui faire abandonner ses chimères de grandes nationalités ; chimères absolues en ce qui touchait l'Allemagne, où personne ne demandait à être absorbé par la Prusse ; où la Prusse elle-même faisait à M. de Bismarck une opposition bruyante, par la voix de ses grandes villes, aussi bien que par celle de son parlement.

Les six premiers mois de 1866 se passèrent en négociations que des publications importantes, entre autres celles de M. Rothan, de M. Benedetti et du général de la Marmora, ont fait connaître dans tous leurs détails ; les ressources de la diplomatie sont exposées là, dans toute leur variété peu édifiante. C'est à qui trompera le plus adroitement ou le plus audacieusement, selon les circonstances ; on connaît cet aveu du général de la Marmora, disant « que la *vipère* méridionale tâchait de mordre le *charlatan* du Nord, tandis que celui-ci s'efforçait de marcher sur la vipère ». On y voit le pieux et sensible roi Guillaume donner à la reine Augusta sa parole d'honneur qu'il n'existe pas de traité avec l'Italie ; quand ce traité est signé depuis deux mois ! On découvre les négociations du Junker absolutiste avec les révolutionnaires Mazzini et Kossuth, « car si le libéralisme est une niaiserie qu'il est facile de mettre à la raison, la révolution est une force dont il faut savoir se servir ». On entend le ministre prussien s'écrier, dans sa patriotique indignation, « qu'il n'a jamais promis un village ou un champ de trèfle allemand à la France », quand une dépêche du général Govone affirme qu'il lui a dit ces paroles : « Je suis bien plus Prussien qu'Allemand ; je n'aurais aucune difficulté à céder à la France tout le pays entre le Rhin et la Moselle, mais le Roi aurait des scrupules très graves. » Enfin, comble de la souplesse et de la fertilité d'invention ! on apprend que *quinze jours* avant la déclaration de guerre à l'Autriche, M. de Bismarck envoyait le frère du général autrichien de Gablenz à l'empereur François-Joseph, avec des propositions de paix basées sur le dualisme de la Prusse et de l'Autriche en Allemagne, et *une action commune contre la France!* « Gablenz était chargé de dire à l'Empereur que nous avions sept cent mille hommes sous les armes, que l'Autriche en avait aussi beaucoup, qu'il valait donc mieux s'entendre, exécuter un changement de front vers l'Ouest, reconquérir l'Alsace et faire de Strasbourg une forteresse fédérale. Il est vrai qu'on n'avait pas de raison bien valable pour faire la guerre à la France, mais on prendrait pour excuse que la France avait causé un grand préjudice à l'Allemagne, en s'emparant de l'Alsace et de Strasbourg en temps de paix ! (Il n'y avait que deux cents ans !) Si l'on offrait Strasbourg aux Allemands, comme cadeau de noces, ils se résigneraient bien vite au dualisme. » Ces propositions échouèrent à Vienne, après discussion. « Ce fut dommage, disait le Protée politique; la **vieille union, ou plutôt désunion de Francfort, eût été** rompue sans lutte, et les deux confédérations du Nord et du Sud se seraient alliées contre l'étranger, en se garantissant mutuellement leurs territoires respectifs. »

Et c'est après nous avoir conté ces hauts faits que M. Busch a osé écrire cette phrase insolente, à l'adresse de M. Benedetti et du général la Marmora : « Les historiens futurs n'hésiteront pas entre le Français qui avait passé, en Égypte, par l'école orientale de mensonge et d'intrigue, le membre de la *Consorteria* italienne, et les assertions du Chancelier prussien. » Peut-être bien ! Mais qui sait de quel côté penchera leur décision ?

L'explication de cette volte-face étonnante, c'était le ressentiment provoqué, chez M. de Bismarck, par la proposition de congrès européen qu'avait faite Napoléon III ; proposition qui dérangeait tous ses projets, et que son ami Gortchakof lui rendit le service de faire avorter.

L'Autriche refusant de se réconcilier avec sa rivale, aux dépens de la France, il fallait en revenir aux premiers projets et trouver des prétextes de rupture ; là n'était pas la difficulté. Le cabinet de Vienne voulut soumettre la question pendante à l'arbitrage de la Diète ; la Prusse déclara que le traité de Gastein était déchiré, et donna l'ordre au général Manteuffel d'entrer dans le Holstein. L'Autriche arma et obtint la mobilisation des troupes fédérales ; la Prusse annonça qu'elle considérait à partir de ce jour, le pacte fédéral comme nul et non avenu. Désormais la parole était aux généraux. M. de Bismarck la leur céda promptement, car il importait de frapper vite et fort. Il assumait, avec une énergie qu'on ne peut s'empêcher d'admirer, les responsabilités les plus terribles ; il savait qu'il fallait vaincre ou mourir, « qu'il y avait des morts pires que l'échafaud », que, s'il revenait vaincu, « les femmes de Berlin le lapideraient à coups de torchons mouillés » : « Aussi, disait-il, je reviendrai par Vienne, ou par Munich, ou je chargerai, avec le dernier escadron, celui qui ne revient pas. »

Le souvenir de cette foudroyante campagne est trop présent à toutes les mémoires, pour que nous en rappelions les détails. Dès les premiers bruits de victoire, l'opinion publique trouva son chemin de Damas. La foule enthousiaste se précipita vers la résidence du ministre et le sacra grand homme ; et, comme la foudre grondait, l'habile acteur s'écria de son balcon : « Les cieux eux-mêmes nous répondent par leurs salves. » Le jour suivant, il partit, avec le Roi, pour le théâtre de la guerre ; « le voyage fut dangereux, depuis le commencement jusqu'à la fin. Les Autrichiens auraient pu nous enlever tous et le Roi avec nous », écrivait le comte à sa femme, le 1er juillet 1866.

Le 2 (la veille de Köninggrätz ou Sadowa) il visitait le champ de bataille de Sichrow jonché de cadavres, de chevaux et d'armes, et, les pieds encore souillés de sang, il écrivait à la comtesse :

« Envoyez-moi un pistolet d'arçon et... un roman français, mais un seul à la fois ! » Étrange préoccupation dans un pareil moment !

Le jour suivant, se livrait le dernier combat. M. de Bismarck, resté à cheval pendant plus de douze heures, le siège et les jambes meurtris, disait : « Cependant je n'ai pas dépassé mes forces ! » Seulement lorsqu'il s'assit ensuite sur un banc de bois, il crut l'être sur un coussin, tant l'enflure était forte.

Ce soir-là, après avoir failli se tuer en tombant dans un trou (et quel trou !), il ne trouva pour se coucher que les arcades du marché, sous lesquelles il étendit trois coussins de voiture ! Au milieu de la nuit, le comte Perponcher vint lui dire que le grand-duc de Mecklembourg lui offrait un abri et un lit. C'était un lit d'enfant ! Le géant l'allongea d'une chaise et, le lendemain, il pouvait à grand'peine se tenir debout sur ses longues jambes enkylosées.

Mais qu'importait ! l'Autriche était abattue, le Hanovre conquis, la Hesse, le Nassau, la Saxe dépouillés de toutes leurs prérogatives importantes ; la Confédération du Nord allait être organisée sous l'hégémonie de la Prusse. Quant à la France, paralysée par ce système politique néfaste, que l'Empereur résumait en ces deux mots : *inertia, sapientia*, elle avait laissé passer l'heure de rendre à la Prusse, par l'envoi d'une armée sur le Rhin, le mal que la Prusse lui avait fait après Magenta et Solférino.

Le Chancelier avouait, le 16 janvier 1874, au Reichstag, que, « si la France avait, en 1866, peu de troupes disponibles, néanmoins un petit appoint peu considérable, de troupes françaises, eût suffi pour faire une armée très respectable, en s'unissant aux corps nombreux de l'Allemagne du Sud, qui, de leur côté, pouvaient fournir d'excellents matériaux, dont l'organisation seule était défectueuse. *Une telle armée nous eût mis, de prime abord, dans la nécessité de couvrir Berlin et d'abandonner tous nos succès en Autriche !* »

14

En outre, l'Autriche pouvait ramener d'Italie, une armée de 120,000 hommes victorieux à Custozza ; et les États secondaires allemands, exaspérés par la dureté des généraux Manteuffel et Vogel de Falkenstein, et par la rapacité fratricide des vainqueurs, auraient ouvert leurs bras à la France.

En vain, M. Drouyn de l'Huys pressait de saisir l'occasion ; en vain la reine de Hollande essayait d'ouvrir les yeux à Napoléon ; en vain M. de Tauffkirchen, éminent diplomate bavarois, lui disait : « Sire, une simple démonstration militaire de votre part, peut sauver l'Europe, et l'Allemagne vous en gardera une reconnaissance éternelle ; si vous laissez échapper ce moment, *d'ici à quatre ans, vous serez forcé de faire la guerre à la Prusse et vous aurez alors toute l'Allemagne contre vous!* » L'Empereur restait sourd et inerte, puis, la foudre tombée, prétendait au rôle de paratonnerre ! On accepta bien sa médiation pour recevoir la Vénétie que lui cédait l'Autriche ; mais, quand il voulut obtenir quelque compensation pour la France, on se moqua de ses réclamations et de ses menaces : « Mayence ou la guerre ! s'écria M. Benedetti. — Soit ! Nous choisissons la guerre, » répondit froidement M. de Bismarck, et l'on recula devant cette extrémité fatale, et la Prusse stipula, dans le traité de Prague, les conditions qui lui convinrent.

L'alerte avait été vive. Dix jours après Sadowa, en marche sur Vienne, M. de Bismarck écrivait à la comtesse : « Pour nous, tout va bien et nous aurons une paix qui en vaudra la peine, si nous n'exagérons pas nos demandes et ne croyons pas avoir conquis le monde.

Malheureusement nous sommes aussi faciles à nous enivrer qu'à désespérer, et j'ai la tâche ingrate de mettre de l'eau dans un vin bouillant, et de faire valoir que nous ne sommes pas seuls en Europe et que nous avons trois voisins. »

La tâche ingrate, c'était de ne pas se laisser déborder par les ambitions exagérées d'annexion, de ne pas rendre impossible, dans l'avenir, un rapprochement avec l'Autriche. Elle ne fut accomplie qu'avec le temps et beaucoup d'habileté, et lorsque l'influence de M. de Beust eut été remplacée par celle de M. Andrassy.

Si nous avons insisté sur ces premiers actes du grand drame destiné à bouleverser l'Europe, c'est qu'ils exposent, de la manière la plus complète, les procédés politiques de l'homme dont nous essayons d'esquisser le rôle et les traits. Après la guerre des Duchés et la guerre de Bohême, on sait exactement à quelle élasticité de conscience, à quel oubli de toute probité, à quelle implacabilité d'ambition, à quelle union d'astuce et d'audace on a désormais affaire ; et, si l'on se laisse prendre encore aux phrases de scrupules, de désintéressement ou d'amitié, il faut vraiment y mettre une étrange bonne volonté.

II

Triomphe de M. de Bismarck. — Bill d'indemnité. — La Confédération du Nord. — Le 24 février 1867. — Ouverture du premier parlement de l'Allemagne du Nord. — Le suffrage universel. — Les nationaux-libéraux. — Négociations avec la France. — Politique de pourboires. — Projet de traité Benedetti. — Traités secrets avec les États du sud de l'Allemagne. — Question du Luxembourg. — Rapprochement de la Prusse et de la Russie· — M. de Bismarck à Paris pendant l'exposition de 1867. — La Prusse et l'Italie. — Candidature Hohenzollern au trône d'Espagne, 1870. — Négociations. — M. de Bismarck *veut* la guerre. — Son télégramme aux envoyés prussiens. — La guerre de France 1870-71. — Attitude implacable de M. de Bismarck pendant toute cette guerre. — Son activité infatigable. — Le Foreign-Office mobilisé. — Caractère féroce de la guerre encouragé par M. de Bismarck. — Ce qu'il voudrait faire de la France. — Son opposition à toute restauration monarchique. — La République préférée comme élément d'affaiblissement. — La France vaincue, l'Allemagne du Sud subjuguée. — Le roi Guillaume Empereur d'Allemagne.

La première pensée de M. de Bismarck, après sa rentrée triomphale à Berlin, fut de demander à la Chambre, un bill d'indemnité pour les années passées sans budget légal. Comment le refuser après Sadowa? Mais, pour ajouter à l'empressement des députés, le ministre eut soin de leur représenter la paix comme très précaire, les questions extérieures comme imparfaitement résolues.

« Nos succès n'ont fait qu'augmenter notre enjeu, dit-il. Nous avons plus à perdre qu'auparavant ; mais, si la partie n'est pas encore gagnée, nous pouvons la gagner, et, pour cela, il faut, avant tout, que la Couronne et les Chambres se déclarent solidaires. Regardez autour de vous; c'est à peine s'il y a en Europe, une seule puissance qui voie d'un œil bienveillant la nouvelle formation de l'Allemagne ; toutes voudraient intervenir dans nos affaires.

» J'espère que nous n'aurons pas à défendre nos annexions et nos nouvelles institutions, mais je ne peux encore vous le garantir. Nos informations officielles me disent que l'esprit de paix n'est pas encore entré dans le cabinet impérial de Vienne. La question orientale peut amener une conflagration européenne. Il est toujours plus prudent d'*accorder des sommes* à une époque où l'on peut parler à cœur ouvert, que dans un temps où un danger prochain impose au gouvernement le devoir de ne dire que ce qu'il faut ; où chaque parole, prononcée par lui, est considérée comme une provocation directe ou cachée. »

Cette habileté eut tout le succès qu'on en pouvait attendre, et M. de Bismarck put s'appliquer à la tâche difficile d'organiser la Confédération du Nord. Le 24 février 1867, s'ouvrit en grande pompe, dans la salle du trône du palais royal à Berlin, le premier parlement de l'Allemagne du Nord, issu de ce suffrage universel si ardemment combattu autrefois par le même ministre qui déclarait, en ce jour mémorable, « ne pas connaître de meilleure loi électorale ».

Il fallait bien s'appuyer sur quelqu'un ; le parti conservateur était incertain et souvent mécontent ; un autre, bien plus nombreux, celui des nationaux-libéraux, s'était formé sous la direction de MM. Benningsen et Lasker, députés radicaux, adoucis par le succès. On se fit des concessions mutuelles et, pendant dix ans, le Chancelier marcha de victoire en victoire parlementaire, grâce surtout à l'appui de ce parti relativement révolutionnaire. La lutte fut souvent ardente ; il importait de contenir les impatients, de calmer les consciences conservatrices et de leur rappeler qu'elles étaient en ce monde pour soutenir aveuglément la monarchie : « Laissez seulement l'Allemagne se mettre en selle, et elle marchera toute seule, avait dit M. de Bismarck. » Mais les uns trouvaient le mors du coursier un peu trop serré, tandis qu'à d'autres il paraissait trop lâche, et le ministre avait grand'peine à le mettre au point qui pût satisfaire à peu près tout le monde.

Au dehors, il s'agissait « d'entretenir les illusions de la France, sans lui rien accorder, même verbalement ». La reine de Hollande ne voyait que trop juste, lorsqu'elle écrivait à Napoléon III : « Vous vous faites d'étranges illusions ; votre prestige a plus diminué dans ces derniers temps, que pendant toute la durée de votre règne... Laisser égorger l'Autriche, c'est plus qu'un crime ; c'est une faute ! »

Comment espérait-on réparer cette faute, après le

complet triomphe de la Prusse? On ne pouvait pas faire la guerre; on le savait. M. Benedetti, après avoir jeté l'Italie dans les bras de l'ennemi, s'épuisait en vains efforts pour obtenir une compensation quelconque ; il prenait la mesure de l'ingratitude prussienne, en poursuivant ces négociations que M. de Bismarck a qualifiées de *politique de pourboires*, et auxquelles il répondait par une politique de chausse-trapes. On crut un instant avoir atteint le but désiré, en obtenant, du roi de Hollande, la cession du Luxembourg à la France. Malheureusement le Chancelier tenait déjà le projet de traité secret qui adjugeait à Napoléon III des parties du Palatinat et de la Hesse. Il le montra aux gouvernements du Sud, qui s'empressèrent de conclure avec lui des traités secrets aussi, mais *signés*, d'alliance offensive et défensive. La ligne du Mein était franchie moralement. Enfin M. de Benningsen adressa au ministre une interpellation violente et singulièrement opportune, au sujet du Luxembourg. Ce duché allait-il vraiment être cédé à la France? Allait-on démembrer la patrie allemande, avec l'assentiment de la Prusse? Celle-ci n'avait réellement rien à y voir, puisque le Luxembourg appartenait au roi de Hollande et ne faisait plus partie de la Confédération du Nord. Mais il était indispensable de surexciter le sentiment national; le tour était joué ! Une conférence se réunit à Londres, pour trancher le différend ; la France n'obtint que le retrait de la garnison prussienne, le démantèlement de la forteresse et la neutralisation du duché. La diplomatie française voulut voir là un succès ; ce ne fut, en tout cas, qu'une demi-victoire. Si la France avait fait sortir la

Prusse du Luxembourg, la Prusse avait empêché la France d'y entrer.

Pendant ces débats, M. de Bismarck resserrait les liens qui l'unissaient à la Russie.

Dès le lendemain du jour où il avait laissé son néfaste brouillon dans les mains de son adversaire, M. Benedetti apprenait, avec un frisson de terreur, que le général diplomate Manteuffel, appelé, *dans la nuit*, de Francfort, venait de partir pour Saint-Pétersbourg! Il entrevit la terrible vérité, demanda des explications, et reçut pour toute réponse que le Roi désirait se faire absoudre, par le Czar, des chagrins causés bien malgré lui, hélas! aux bons parents de Hanovre, de Hesse, de Saxe et de Nassau!

« Il faut à la Prusse l'alliance d'une grande puissance », avait répété souvent M. de Bismarck. — « On a obtenu ailleurs des assurances qui dispensent de compter avec nous, écrivait M. Benedetti à M. Rouher; si l'on décline notre alliance, c'est qu'on est déjà pourvu, ou à la veille de l'être. »

On l'était en effet; il ne restait plus qu'à souffler sur le feu de telle sorte, que la conflagration générale devînt inévitable. Moins de trois ans suffirent. Pourquoi donner à la France le loisir de se préparer? Tandis que M. de Bismarck, venu à Paris pendant l'exposition de 1867, assez à contre-cœur et simplement pour qu'on n'attribuât pas son absence à la crainte, échangeait des gracieusetés avec la cour des Tuileries, M. de Moltke faisait d'intéressantes promenades militaires, d'où il rapportait la conviction que la Prusse n'avait rien à redouter de la France.

Il ne fallait pas non plus laisser trop longtemps se

propager les tendances antiprussiennes, qui se manifestaient chaque jour plus hautement dans les États du Sud, et arrachaient au Chancelier cet aveu significatif : « Dans le Sud, le besoin d'unité est si peu senti, qu'on se tourne ouvertement vers l'étranger ! »

Miner sourdement l'influence française en Italie, servir sous main Garibaldi et les ennemis de Rome, entraver la solution de la question romaine, faire voter une subvention de 25 millions au chemin de fer du Saint-Gothard, « afin d'avoir des communications presque directes avec un pays ami, ami pour longtemps », espérait l'homme d'état prussien ; faire insulter quotidiennement la France par une presse obéissante, employer tous les moyens pour l'isoler en Europe, tout cela était bon, mais la nécessité d'une solution s'imposait. Le moment approchait où le Roi allait de nouveau demander le vote du budget militaire, et déjà *un tiers* des députés avaient osé déposer une proposition de désarmement !

M. de Bismarck eut un trait de génie machiavélique : il imagina, en juillet 1870, la candidature Hohenzollern au trône d'Espagne. C'était achever d'enfermer la France chez elle ; c'était l'obliger à immobiliser une armée sur la frontière des Pyrénées, en cas de guerre. Qui ne se rappelle ces semaines d'angoisse, pendant lesquelles la paix et la guerre l'emportèrent tour à tour dans les conseils des princes, dans les craintes et les espérances des peuples ? Le roi de Prusse se trouvait tout à coup doublé d'un excellent oncle, qui ne savait pas bien s'il devait sacrifier la question de famille à la raison d'État. Un moment la paix parut assurée ; le prince de Hohenzollern retira sa candidature ; toutes les puissances demandaient la paix ; le gouvernement français, préoccupé de son évolution libérale, la souhaitait avec *passion*, ainsi que le disait M. Émile Ollivier. M. de Bismarck seul n'en voulait pas ; il savait, et il en est convenu depuis, l'Allemagne *armée jusqu'aux dents* et bien mieux préparée que la France ; il accourut donc de Varzin et rendit toute entente impossible. Pour cela, il ne craignit pas de dénaturer les faits, de représenter le roi Guillaume comme ayant insulté notre ambassadeur, quand au contraire, il était resté courtois, tout en refusant d'accéder à une demande très légitime. Le ministre prit sur lui de rédiger un télégramme insolent pour la France, de le faire distribuer gratuitement à Berlin et de l'envoyer à tous les représentants de la Prusse à l'étranger.

M. Busch raconte ce tour de passe-passe avec son admiration *quand même* de tout ce qui émane du *chef*. « Le Chancelier reçut, par télégraphe, le rapport de tout ce qui s'était passé à Ems, entre le Roi et M. Benedetti ; ce rapport était rédigé par le conseiller privé Abeken, et le Roi en autorisait la publication ; M. de Bismarck le lut aux généraux de Moltke et de Roon, qui dînaient avec lui. Les deux généraux *considérèrent la situation comme favorable encore à la paix*. Le Chancelier fit observer *que cela dépendrait beaucoup du ton et du contenu* de la publication qu'on l'autorisait à faire. En présence de ses deux convives, *il assembla des extraits* du télégramme et les envoya aussitôt aux légations prussiennes et aux journaux de Berlin. » Et, ce même jour, M. de Bismarck disait **audacieusement à lord Loftus : « Nous ne désirons pas la** guerre ; nous avons *prouvé* que nous désirions la paix et nous continuerons ! »

Le mot diplôme, duquel dérive diplomatie, vient d'un mot grec qui signifie doubler, ployer ! Doubler, tripler au besoin la signification des mots et des actes et ployer la vérité à toutes les habiletés du mensonge, tel serait donc l'art du diplomate? Le roi Guillaume reconnut, en répondant à une députation de Hambourg, qu'il avait donné le signal de la guerre. « Personne, dit-il, ne sait mieux que moi, *qui ai eu à prononcer le mot décisif*, quels sacrifices seront bientôt exigés de la patrie tout entière. » Ce mot décisif, M. de Bismarck le souffla. Depuis un an déjà, M. Benedetti soupçonnait quelque machination ; M. de Thile, ministre prussien, lui avait donné sa *parole d'honneur* qu'il n'en était rien. Toutes les puissances ont admis la légitimité des réclamations de la France et connu la vérité, lorsque le gouvernement anglais, qui s'était entremis pour empêcher la rupture, a publié ses négociations. Mais la perfidie de M. de Bismarck avait paralysé d'avance les meilleures volontés, par le projet de traité dicté à M. Benedetti. Ce n'était pas un coup d'essai. Déjà, en 1864, il avait obtenu du ministre autrichien, M. de Mensdorff, une dépêche secrète, dans laquelle l'Autriche acceptait de partager, avec la Prusse, les dépouilles des duchés de l'Elbe. Par un hasard facilement explicable, cette dépêche parvint à la presse allemande, juste au moment propice pour indisposer les États moyens.

Lorsque, en 1866, le Chancelier pressait Napoléon III de conquérir la Belgique, dont ce souverain ne voulait pas et n'a jamais voulu sérieusement, le tentateur disait :

« Si j'étais le maître, si je n'étais pas gêné par l'entêtement du Roi, ce serait déjà fait ! » Et M. de Goltz répétait ces paroles pendant l'exposition de 1867. Et, en 1870, le 5 novembre, dans un de ses épanchements intimes à Versailles, M. de Bismarck laissait échapper cette confidence :

« Durant l'été de 1866, Napoléon n'eut pas la hardiesse de prendre le bon parti. Il aurait dû s'emparer de la Belgique, pendant que nous marchions contre les Autrichiens, et s'en faire un gage à tout événement. A ce moment-là nous n'aurions pas pu l'arrêter, et très probablement l'Angleterre ne l'aurait pas attaqué. En tout cas, il pouvait attendre et voir venir. Si nous étions victorieux, il devait essayer d'agir avec nous et nous pousser à commettre des excès. Mais c'est et ce sera toujours un *Tiefenbacher*. » Oui, ce songe-creux s'est laissé duper pendant de longues années, et, comme l'a fait remarquer un publiciste anglais, s'il a une excuse pour avoir agi si précipitamment en 1870, c'est que le coup tombait sur les blessures infligées par cette duplicité persévérante, en Danemark, en Autriche, en Italie, dans le Luxembourg, et, à la veille d'accepter l'hospitalité de la France, et par le défi que jetait à cette puissance, comme à l'Europe entière, l'organisation de l'Union douanière allemande, qui minait sourdement le traité de Prague, dont le but était de maintenir la Prusse au nord du Mein[1].

Il ne saurait entrer dans nos intentions ni dans notre cadre de refaire l'histoire douloureuse de la guerre de

---

1. *Revue d'Édimbourg*, avril 1885.

France, déjà si bien faite par plusieurs, par M. de Mazade entre autres. Elle est gravée, en traits de feu et de sang dans tout cœur français. Quant à nous, qui retraçons la vie d'un homme et non l'histoire de l'Europe, nous devons nous borner à montrer l'attitude de cet homme, pendant que se déroulaient les événements préparés par lui avec tant de patience et d'habileté.

« Le véritable homme d'état, avait affirmé plus d'une fois M. de Bismarck, ne doit connaître ni l'arrogance ni la vengeance. » Jamais le long démenti que sa carrière a donné à cette profession de foi n'a été plus flagrant que dans sa lutte contre la France. La haine qu'elle lui inspire a cela de singulier, qu'elle est surtout rétrospective, et qu'il lui faut remonter le cours des siècles, pour tenter de la justifier. Dans aucun pays, pas même dans celui de son ami et complice Gortchakof, il n'avait rencontré plus de sympathie réelle chez les gouvernants, ni reçu de services plus précieux ; tous les rêves de Napoléon III, toutes ses fautes et toutes celles de ses conseillers favoris, avaient facilité les combinaisons politiques du Chancelier.

S'il n'y avait plus d'Europe, comme le disait M. de Beust, M. de Bismarck n'avait pas été seul à la détruire. Il devait aux aberrations de l'Empereur la spoliation du Danemark, l'écrasement de l'Autriche, l'union étroite avec la Russie, la tendresse de l'Italie, l'effacement de l'Angleterre, la formation de la Confédération du Nord, et il allait leur devoir le ralliement des États du Sud à la cause dite allemande, mais en réalité prussienne. Un seul homme d'état compétent et ferme, dans les conseils de Napoléon III, un Richelieu, à défaut d'un Henri IV, et l'équilibre européen résistait aux ambitions, sans raison ni excuse, d'une royauté de second ordre.

On aurait donc pu croire que ces ambitions, déjà si largement satisfaites, n'apporteraient pas, dans la lutte suprême avec ceux qu'elles avaient si bien dupés et exploités, une âpreté de haine dépassant les limites ordinaires ; on se serait trompé. Il semble que le Chancelier ait voulu punir la France de tout le mal qu'elle *aurait pu* lui faire et des angoisses qu'elle lui avait causées. Tant qu'elle ne serait pas frappée à son tour, tant qu'elle conserverait sa force et son prestige, il ne connaîtrait pas de repos ; il considérerait son œuvre comme incomplète et menacée. Ne trouvant pas de griefs suffisants dans le présent, il s'en allait, fouillant le passé, dénaturant l'histoire, accumulant les souvenirs qui pouvaient surexciter ses ressentiments, et les sophismes qui devaient égarer le jugement, ou entretenir les craintes de l'Allemagne. Celui qui, depuis sept ans, ne laissait jamais respirer l'Europe, qui justifiait ce mot de Mirabeau : « La guerre est l'industrie nationale de la Prusse » ; qui foulait aux pieds droits, paroles et traités, pour saisir toutes les proies à sa convenance, qui forçait le vieux monde à se transformer en un camp immense, celui-là osait dire : « Quiconque désire que la paix règne sur le continent, que toutes les nations déposent leurs armes et que la charrue remplace l'épée, doit souhaiter, par-dessus tout, que les voisins de la France se sentent en sûreté, car la France *seule* trouble la paix et continuera à la troubler aussi longtemps qu'elle en aura le pouvoir. » On avait été **trop conciliant en 1815 :** « Un ennemi dont on ne peut faire un ami par un traitement généreux après la défaite doit être rendu inoffensif d'une manière permanente. Il fallait mater, une fois pour toutes, l'orgueil français, et cela à Paris, afin de bien démontrer à ce peuple *frivole* et *dépravé*, qui vit d'illusions, qui ne peut pas supporter, plus qu'Apollon, qu'on joue de la flûte aussi bien que lui, que la paix de l'Europe ne dépendrait plus à l'avenir de ses caprices. »

D'ailleurs, l'Autriche, à qui l'on n'avait pas pris de territoire, que l'on avait simplement chassée de l'Allemagne pour l'y supplanter, n'était-elle pas remplie d'amertume? Les princes dépossédés, à qui l'on avait magnanimement restitué une partie de leur argent, n'avaient-ils pas traîtreusement intrigué contre leur *bienfaiteur?* L'humanité, en somme, était mauvaise, et la France n'était pas seule à refuser de baiser la main qui la frappait ; donc mieux valait se faire haïr pour quelque chose. La nature donnait à la France une frontière indiscutable, *le Rhin dont le cours*, a dit Frédéric-le-Grand, *paraît formé exprès pour séparer la France et l'Allemagne, marquer leurs limites et servir de terme à leur domination*. On violenterait la nature comme les peuples.

Par ambition prussienne? Oh! non! Par amour pour l'Allemagne, surtout pour celle du Sud, qui détestait la dynastie de Brandebourg. Il importait d'effrayer ces États qui ne comprenaient pas encore l'avantage de s'annihiler dans la Prusse, qui se montraient rebelles aux idées d'annexion, hésitaient à signer leur déchéance, s'efforçaient de sauver quelques débris de l'autonomie conquise sur le Saint-Empire, au prix de tant de combats et de négociations, et faisaient dire à M. de Bismarck : « Nous sommes sur la pointe d'un paratonnerre ; si nous perdons l'équilibre, que j'ai eu tant de peine à établir, nous dégringolerons immédiatement. » Pour leur inspirer une crainte salutaire, on employait des arguments de toute nature ; d'abord le spectre rouge : « On aurait à combattre la France révolutionnaire pendant de longues années, et quelle protection vaudrait celle de la Prusse? » Puis la cupidité ; les milliards de la France affolaient si bien ces patriotiques Germains, qu'ils allaient jusqu'à rêver de se faire rembourser par elle, les sommes payées à la Prusse, après Sadowa ! Enfin les considérations de sécurité : « Aussi longtemps que la France conserverait Strasbourg et Metz, sa force offensive contre la rive gauche du Rhin serait plus grande que la force défensive de l'Allemagne. Dans les mains prussiennes, ces forteresses assumeraient un caractère purement défensif! Depuis deux cent cinquante ans (le Chancelier a la rancune longue!), l'Allemagne innocente n'avait jamais intrigué contre la France; celle-ci avait toujours été l'agresseur *sauvage* et sans *scrupule;* en créant des obstacles à ses tendances agressives, on travaillerait dans l'intérêt de l'Europe. Donc il fallait lui prendre les clefs de sa maison et les garder. » Mais elle aurait peut-être l'indignité, sentant le voleur chez elle, de rester armée? Eh bien ! on armerait plus qu'elle! Et le désarmement promis à l'Europe ? Oh! le désarmement était bon, pour servir de leurre ; on n'y avait jamais songé sérieusement.

Lorsque M. de Bismarck quittait Varzin, la joie au

cœur, et répondait au salut d'adieu de son pasteur, par un geste simulant un coup d'épée, il savait fort bien que, s'il revenait victorieux, il ne remettrait cette épée au fourreau qu'en laissant la main sur le pommeau.

M. Busch a saisi et *photographié* les impressions et les paroles du Chancelier pendant la guerre; il convient que « bien des choses dites sur les Français, pourraient paraître sévères, *cruelles* même », mais il les excuse, en ajoutant que la guerre endurcit et enflamme les hommes. M. de Bismarck n'avait pas pour cela besoin d'excitants : la haine de la France était innée chez lui.

Ce fut à Saarbrück que M. Busch rejoignit l'administration mobilisée. On sait par lui que, pendant toute la guerre, le ministre porta l'uniforme; généralement la petite tenue du régiment jaune de grosse cavalerie de la landwehr, avec la casquette blanche et les grandes bottes à l'écuyère. A cheval, pendant ou après la bataille, il avait toujours en bandouillère, une courroie à laquelle étaient attachés une lorgnette de campagne, un revolver et une épée. Pendant les premiers mois, il ne porta, en fait de décoration, que la croix de l'aigle rouge; il y ajouta ensuite la croix de fer. Une seule fois, on le vit en robe de chambre, parce qu'il était souffrant. Du reste, la haine satisfaite lui procura une santé excellente. En voyage, il gardait toujours près de lui un conseiller privé. Pour ses logements, il ne se montrait pas difficile.

A Versailles, tandis que des colonels et des majors avaient des appartements magnifiques, le Chancelier se contentait, dans la maison Jessé, rue de Provence, de deux petites pièces, dont l'une lui servait de chambre à coucher et de cabinet de travail ; l'autre, ni grande ni élégante, lui suffisait pour les réceptions. Un soir, à Clermont-en-Argonne, on ne lui trouva même pas de lit ; on lui en fit un sur le plancher, dans la salle de l'école.

En voyage, on suivait, à l'ordinaire, la voiture du Roi ; on partait à dix heures du matin ; l'étape était généralement de douze à quinze lieues. Dès qu'on arrivait aux quartiers indiqués pour la nuit, on installait un bureau, où l'on pouvait : dans une salle d'école, dans la première chambre venue, sur des planches, n'importe comment ! Ne s'arrêtât-on que pour une nuit, le « chef », infatigable lui-même, distribuait les tâches à la quinzaine de conseillers privés, messagers, secrétaires, etc., qui composaient le « Foreing-Office mobilisé », et les tenait à l'œuvre jusqu'à une heure avancée. Rapports, questions, articles de journaux tombaient en foule des quatre points cardinaux. Le *chef* avait réponse à tout, examinait tout, jugeait, prévoyait, décidait tout avec une puissance de travail que M. Busch qualifie de surhumaine, et d'autant plus surprenante, qu'il dormait très peu. Le sommeil ne lui venait guère que le matin et, généralement, il ne s'éveillait que vers dix heures. A peine levé, souvent même avant d'être habillé, il recommençait à travailler, à lire et annoter des dépêches, à parcourir des journaux, à donner ses instructions autour de lui, à poser toute sorte de questions, à écrire, ou à dicter. Plus tard, c'était le tour des audiences, des rapports à faire au Roi. Puis venait l'étude des dépêches et des cartes, la correction des documents qu'il avait fait préparer, les notes jetées avec le gros crayon si connu, la composition des lettres, les nouvelles à télégraphier ou à envoyer aux journaux, sans compter quelques visites inévitables. Il était rare que le ministre *respirât* avant trois heures de l'après-midi. Alors il faisait presque toujours une course à cheval; après quoi, il se remettait au travail jusqu'au dîner et, une heure et demie au plus s'écoulait avant qu'il ne reprît le crayon, la plume ou... la méditation.

Les jours de grand combat, il vivait sur le champ de bataille. Le labeur exigé de ses collaborateurs était énorme, mais il savait les tenir en haleine par ses bons procédés, leur faisant partager, autant que le permettaient les circonstances, son toit et sa table (cette dernière fort bonne, comme on sait), s'entretenant familièrement avec eux, les charmant par sa parole facile, qu'il sait rendre séduisante au besoin. La pauvre France payait, en cela comme en tout, les frais de la guerre. Toutes les accusations, plus ou moins fausses, contre notre population et notre armée, toutes les fables qui représentaient les princes d'Orléans prêchant l'assassinat, les femmes et les paysans français généralement occupés à martyriser les soldats allemands, ou qui essayaient de faire croire que l'honneur était mort dans l'armée française; les élucubrations savantes, destinées à prouver que la douce Allemagne, innocente de toute ambition, cherchait, uniquement et bien malgré elle, à protéger ses foyers contre la convoitise sans frein de la France; les comptes-rendus fantastiques de combats où les Français, quoique vaincus, avaient mis en ligne, contre leurs héroïques adversaires, des forces *écrasantes ;* les histoires ingénieuses, démontrant que les Allemands respectaient tout et tout le monde, et que, si, par hasard, ils commettaient quelques dégâts, ce devait être *par erreur et dans l'obscurité* (textuel); les exécrations lancées contre les francs-tireurs qui avaient l'infamie de défendre leur pays, et les excellentes raisons pour brûler les villages, emmener des prêtres comme otages sur des locomotives; en un mot, toutes les véridiques annales chantant les vertus du Germain et vouant aux dieux infernaux les iniquités du Gaulois, tout cela était soigneusement, savamment préparé sous les yeux du maître et dépêché aux feuilles de nationalités très diverses, et de dévouement plus ou moins coûteux, *inspirées* par M. de Bismarck. Quand l'une d'elles avait bien travaillé, comme le *Times* du 12 décembre 1870, on l'en récompensait par une bonne note. « Voilà un admirable article ! Nous le ferons connaître à nos amis de Versailles par l'entremise du *Moniteur* (prussien bien entendu). »

Qu'espérer de plus glorieux ?

Mais si, plus tard, ce même *Times* se permettait d'envisager les événements à un point de vue déplaisant, on lui faisait répondre, par l'officieuse *Gazette de l'Allemagne du Nord,* « que jamais on ne sacrifierait les os d'un seul carabinier poméranien à d'autres intérêts que ceux de l'Allemagne, ».

Un très petit incident suffira pour démontrer à quel point l'œil du ministre surveille les moindres détails. Il se produisit pendant le bombardement de Paris :

M. Busch venait de préparer un télégramme à ce sujet et de le soumettre, comme toujours, au *chef;* celui-ci effaça un passage relatant que des obus étaient tombés dans le jardin du Luxembourg : *c'était impolitique !*

Le bureau de la Presse s'efforçait, ainsi que l'a dit M. Rothan, « de nous dégrader aux yeux de l'Europe avant de nous démembrer. On espérait donner le change au sentiment public ; on faisait paraître sous pavillon étranger, comme étant l'expression désintéressée de l'opinion prédominante dans les pays neutres, les articles émanant du quartier-général prussien [1].

On eut beau faire ; le caractère de férocité que prit la guerre, surtout après Sedan, fut condamné par tous ceux qui n'étaient pas aux gages de la Prusse.

Les correspondants attachés aux états-majors allemands fournissent des données précises à ce sujet. Un Allemand célèbre, le poète Gustave Freytag, s'est élevé avec éloquence contre des faits qui rappelaient absolument les excès de la guerre de Trente Ans ; il a vainement exhorté ses compatriotes « à se rappeler les principes des temps civilisés, à ne pas souiller leur honneur en agissant comme le misérable qui pille les morts sur le champ de bataille. Puissiez-vous, disait-il, revenir la conscience légère et les mains pures !!! » Ils sont revenus les mains pleines et la conscience tranquille.

Un correspondant de la *Gazette de Cologne*, M. Weckede, a écrit dans son histoire de la guerre : « Elle prit bientôt un caractère dur, parfois inhumain ; il se trouva

---

1. Rothan, *L'Allemagne et la France.*

des officiers qui cherchèrent à faire sentir, de la plus cruelle manière, à la population inoffensive de la France, une grossièreté innée et une brutalité outrecuidante. Les exemples de brutalité et d'arbitraire dont nous avons été témoins *font horreur* à l'humanité et déshonorent le nom allemand. Ils ont excité inutilement la haine de la France. »

M. de Bismarck ne trouvait pas ces rigueurs inutiles. « Plus grand sera le nombre de Français *maltraités*, disait-il, plus vivement ils désireront la paix, quelles que soient les conditions. On devrait mettre le feu à tous les villages où il se produit une trahison (lisez résistance), et en pendre les hommes. »

A Bazeilles, on fit mieux : on brûla tout le monde. Le Chancelier passait non loin de là. « Tout à coup, a-t-il conté, je sentis comme une forte odeur d'*oignons roussis*. Je fis remarquer que cela venait de Bazeilles et probablement des paysans français qui avaient été tués et brûlés dans leurs maisons, pour avoir tiré sur les Bavarois, par leurs fenêtres. »

On s'égayait par ces divers récits et commentaires, à la table du « chef », et l'esprit tudesque s'en donnait à cœur-joie. Chacun exprimait librement ses désirs et ses rêves. Un soir, par exemple, le comte révélait *son idéal*. « Ce serait de former, en France, une sorte de colonie allemande, d'État neutre, avec une population de huit à dix millions d'habitants (rien que cela !), où il n'y aurait pas de conscription, et dont les impôts seraient déversés en Allemagne, ceux du moins dont on n'aurait pas besoin à l'intérieur. La France perdrait ainsi les provinces d'où elle tire ses meilleurs soldats et deviendrait impuissante pour le mal. Dans le reste de la France, pas de Bourbons, pas d'Orléans ; je ne sais si nous aurions *Loulou*, ou *le gros Napoléon, ou le vieux* (quelle élégance de langage!) Mais, ajoutait-il, en terminant cet aimable discours, ne vendons pas trop la peau de l'ours, j'avoue être superstitieux à cet égard! »

Alors « un de ces messieurs » se mit à discuter la possibilité de détruire « Babel » ; il était pour l'affirmative et donnait des raisons qui faisaient à M. Busch *un plaisir extraordinaire*. « Oui, répondit le grand homme, cela serait assez juste, mais il y a aussi bien des raisons contre ; entre autres celle-ci : que beaucoup d'Allemands, de braves gens de Cologne et de Francfort ont engagé là des capitaux considérables! » Voilà un argument sérieux.

Au reste, M. de Bismarck s'impatientait des lenteurs du bombardement et de la *mansuétude* des *militaires*. Ils ne le consultaient pas assez, et lui étaient par cela même aussi désagréables que possible. « Au début de la guerre, il était leur chaud partisan ; peu à peu il en venait à déclarer que désormais il se mettrait du côté des parlementaires, et, si on le tourmentait davantage, il prendrait un siège quelque part à l'extrême gauche. Il était tout à fait extraordinaire de voir combien de gens très intelligents ne comprenaient rien à la politique. « Je voudrais avoir le commandement pendant vingt-quatre heures, disait-il ; mes ordres se borneraient à un seul mot : feu! » Quant aux raisons qu'on invoquait en faveur des trésors artistiques de Paris, elles étaient bien puériles pour les gens qui avaient endommagé la cathédrale de Strasbourg, et brûlé, avec aussi peu de remords qu'Omar à Alexandrie, une admirable bibliothèque remplie de merveilles sans prix !

M. de Bismarck ne s'écriait-il pas un jour, en trouvant insuffisamment chauffées, par égard pour les tableaux, les chambres de Versailles où l'on avait déposé des blessés allemands : « Comme si la vie d'un seul de nos soldats ne valait pas tout ce *ramassis* de peinture ! »

« On prétend, ajoutait-il dans une autre circonstance, qu'il n'est pas permis de brûler Paris, à cause de ses monuments et de ses collections et que le bombardement serait un crime de lèse-civilisation ; mais Paris est une forteresse ; qu'on y ait entassé des trésors artistiques, qu'on y ait élevé des monuments admirables, *peu nous importe !* Une forteresse est une chose qui appartient à la guerre. »

On le lui fit sentir lorsqu'il fut question de l'armistice. « En refusant le ravitaillement, M. de Bismarck, qui connaissait l'état exact des approvisionnements, savait d'avance que le gouvernement provisoire ne pouvait pas consentir à un arrangement qui exposerait la population à devoir capituler à merci, sous l'empire de la faim, dès l'expiration de la trêve. »

On espérait rejeter sur les Parisiens la responsabilité du bombardement, mais cet espoir fut déçu, et le *Times* lui-même déclara « qu'il y avait contradiction flagrante entre les considérants humanitaires du *Memorandum* et le refus de ravitaillement [1]. »

Cette contradiction n'était pas pour surprendre. On y

---

1. Rothan.

était habitué. Les proclamations du roi Guillaume, « venant faire la guerre aux soldats et non aux citoyens, et promettant à ceux-ci sa protection », n'avaient empêché aucune violence. Les journaux militaires allemands donnaient aux soldats des instructions pour fouiller les maisons et arroser les jardins, afin de trouver les cachettes.

Ce fut grâce à ces instructions que l'on se rendit maître des archives diplomatiques, si étrangement emportées à Cercey par M. Rouher.

M. de Bismarck s'est-il jamais élevé contre un acte arbitraire ou rigoureux ? C'était contre la clémence qu'il protestait. Le 24 novembre 1870, M. Busch raconte que le colonel H... a envoyé en prison, quelque part dans les Ardennes, un avocat accusé de rapports avec les francstireurs ; condamné à la mort par la cour martiale, il a demandé une commutation de peine. Le « chef » fait écrire au ministre de la guerre, pour le prier d'user de son influence sur le Roi, afin que la *justice* suive son cours ! On ne trouverait pas, dans tous les volumes que le Chancelier fait publier, un mot de blâme contre les cruautés exercées par les Allemands ; en revanche, les Français qui défendent leurs foyers sont accusés des crimes les plus monstrueux ! Aussi le chef pensait-il qu'on les épargnait trop. Le 29 novembre 1870, apprenant qu'on venait de faire cinq cents prisonniers, il se plaignait *amèrement* qu'on en fît tant, *au lieu de les fusiller aussitôt.* « Nous en avons plus qu'assez, disait-il ; ce sont autant de *consommateurs* de moins à Paris, que nous aurons à nourrir et pour qui nous n'avons pas de place ! » Et, le 10 janvier, quand on lui annonçait la capitulation de

Péronne et de ses trois mille hommes : « Encore trois mille de plus ! s'écriait : « notre comte ». On aurait au moins dû *noyer* leur commandant dans la Seine, puisqu'il avait manqué à sa parole ! » Était-ce vrai ? On a le droit d'en douter, car s'il fallait en croire les plumitifs du ministre, on ne saurait plus ce que c'est, dans l'armée française, qu'une parole d'honneur, et tant de nos officiers ont *prouvé* qu'ils avaient été indignement calomniés, que jusqu'à plus ample informé, on peut se consoler de ce que le commandant de Péronne n'ait pas été noyé. Les hécatombes à la façon d'Attila, que rêvait le Chancelier, lui auraient enlevé une grosse préoccupation. « Cette foule de prisonniers deviendraient un embarras sérieux après la guerre. Ce serait une armée toute faite et une armée de *soldats reposés;* si l'on pouvait les donner au Czar et le prier de les envoyer dans les colonies militaires de son empire, par-delà le Caucase ! » Malheureusement certains usages s'y opposaient. Il fallait se contenter des forteresses et du régime prussien.

Ruiner et démembrer la France, c'était bien pour le présent, mais que réservait l'avenir ? Comment espérer que ce pays, si plein de ressources, ne se relèverait pas et ne reprendrait pas sa place en Europe ? Tout dépendrait de son gouvernement. « Celui qui nous est le plus agréable, déclarait M. de Bismarck, est celui qui a le moins de force pour nous faire du mal, ayant trop à faire chez lui contre ses rivaux. » Ce gouvernement idéal, c'était la république.

Frédéric II n'avait-il pas dit : « Toute monarchie qui dégénère en république, doit s'affaiblir. » Il n'y avait pas trop à craindre, d'après les expériences déjà faites, que la république se montrât sage, modérée, désintéressée, capable d'assurer au pays le calme, le travail, la prospérité au dedans, l'estime, le respect et la confiance au dehors. Dans ces conditions, elle n'eût été nullement du goût de M. de Bismarck. On connaît de lui ce mot haineux : « Nous aurions fait une très mauvaise affaire, si nous quittions la France en y laissant une république habitable. » Mais il comptait plutôt sur les fautes de celle qui s'y installait, pour en faire un épouvantail aux yeux de l'Allemagne et de toutes les monarchies et pour isoler la France en Europe. Avec une dynastie respectée, la France trouverait des alliances, et sa voix s'élèverait de nouveau avec autorité dans le conseil des puissances. La presse officieuse allemande, inspirée en conséquence, ouvrit donc un feu bien nourri contre la famille d'Orléans. C'était elle surtout que redoutait et détestait le Chancelier. Elle représentait les principes libéraux modérés, chers à la plus grande partie de l'Europe, entre autres à l'Allemagne du Sud ; elle était unie par des liens de famille à presque toutes les maisons régnantes ; elle avait entretenu, avec ces cours, d'amicales relations pendant les dix-huit années de prospérité qu'elle avait données à la France : autant de raisons pour s'opposer à son retour par tous les moyens possibles. On peut, en lisant la correspondance du Chancelier, en 1872, avec son ambassadeur à Paris, M. d'Arnim, se rendre compte de la place que tenaient les princes français dans ses préoccupations. « Nous devons désirer que la France reste faible, écrivait-il, et nous opposer *résolument, vigoureusement* à ses efforts pour rétablir des institutions monarchiques, qui lui rendraient sa force et ses alliances. Tant qu'elle n'a pas d'alliés, elle n'est pas dangereuse pour nous, et tant que les grandes monarchies européennes sont unies, aucune république n'est dangereuse pour elles. » Quelle terrible condamnation ! Et comme il semble qu'on se soit appliqué à la mériter !

Nous pensons en avoir dit assez pour ne laisser aucun doute sur la prétendue *impassibilité* olympienne du Chancelier, en ce qui concerne la France. L'aversion qu'elle lui inspire l'a même souvent entraîné à des exagérations que nous ne voulons pas qualifier. « Ni solidité chez les hommes, ni beauté chez les femmes. Les Français sont composés de Parisiens et de provinciaux ; ces derniers sont les *ilotes* volontaires des premiers. — La France est une nation de zéros, une simple foule. Elle a la richesse et l'élégance, mais pas d'*individualité*. — Les hommes n'agissent qu'en masse. Ce sont trente millions de Cafres. — Dépouillez un Français de son enveloppe blanche et vous trouverez un Turco, etc., etc. » En vérité, les scribes de M. de Bismarck lui rendent un triste service, quand ils enregistrent de pareilles facéties. Richelieu n'aurait pas ainsi compromis sa dignité ; mais Richelieu était, selon la belle expression de Sainte-Beuve, un homme vraiment royal. Le prince de Bismarck n'a jamais dépouillé entièrement le hobereau du Brandebourg.

Nous arrivons au point culminant de cette carrière prodigieuse. La victoire a complété la conversion et l'asservissement de l'Allemagne méridionale. « Nous avons notre unité et notre empereur, s'est écrié le

Chancelier, le jour où il a signé la convention avec la Bavière battue, mais contente, assure-t-il, car il a fait preuve de modération relative, sous prétexte « que les traités qu'on est forcé de signer, ne valent rien. » Depuis cela, Paris affamé a ouvert ses portes, le traité de Francfort (inoubliable celui-là !) est conclu, la France a subi l'amputation sanglante ; rien n'a été écarté de ce qui peut envenimer la plaie et rendre la cicatrisation impossible. L'Europe a commis envers notre pays la même faute que celui-ci envers l'Autriche. Le roi Guillaume a daigné accepter des princes allemands la couronne impériale qu'il refusait, en 1848, de la main des peuples ; cette fois, il n'y a pas aperçu de tache révolutionnaire ; l'empire des Habsbourg, détruit par l'Europe, après des luttes si longues et si terribles, est reconstitué au profit des Hohenzollern, et l'on pourrait croire que Frédéric II a écrit hier les lignes suivantes : « Plus tard, d'autres ambitieux exciteront à de nouvelles guerres et causeront de nouveaux désastres, car c'est là le propre de l'esprit humain que les exemples ne corrigent personne. Les sottises des pères sont perdues pour leurs enfants ; il faut que chaque génération fasse les siennes. »

La nôtre a vraiment abusé de son droit, en retombant deux fois de suite dans les mêmes erreurs funestes, sans que la première expérience la prémunît en rien contre les pièges qui lui étaient tendus.

CINQUIÈME PARTIE

LE CHANCELIER DE L'EMPIRE

1871

I

POLITIQUE ÉTRANGÈRE DU CHANCELIER

Le premier Parlement allemand. — Le Chancelier *fanatique de la paix*. — Entrevues des souverains. — Guillaume Ier et François-Joseph à Salzbourg, 1871. — Le Czar à Berlin. — La Triple Alliance, 1872. — L'Empereur et le Chancelier à Saint-Pétersbourg et à Vienne, 1873. — Le prince Royal d'Italie et la princesse Marguerite, puis Victor-Emmanuel à Berlin, 1874. — François-Joseph à Venise, 1875. — *La Guerre est en vue!* — Griefs contre la France. — Irritation du Chancelier. — Le comte d'Arnim. — Son opposition au prince de Bismarck. — Son rappel. — Son procès. — La République espagnole. — La guerre encore en vue. — Intervention du Czar et du prince Gortchakof. — Irritation du Chancelier. — La guerre dans les Balkans. — Appel inutile de l'Angleterre au prince de Bismarck. — Non-intervention de l'Allemagne. — Fausse sortie du Chancelier, 1877. — Prise de Plewna par les Russes. — Traité de San-Stéfano. — Congrès de Berlin, 1878. — La revanche de Bismarck sur Gortchakof. — Colère de la Russie. — Voyage du Chancelier à Vienne. — Entrevue des empereurs d'Allemagne et de Russie, à Alexandrowo. — Politique personnelle de Guillaume Ier. — Assassinat du Czar Alexandre II. — Entrevue de l'Empereur d'Allemagne et du Czar Alexandre III, à Dantzig, 1881. — Rapprochement de l'Allemagne et de la Russie. — Apaisement dans les rapports avec la France. — « Un jet d'eau froide » lancé sur l'Italie. — Gambetta. — La Ligue Centrale de la Paix. — Le Kron-Prinz à Rome. — Alphonse XII à Berlin. — Les Rois des Balkans. — M. de Giers. — Entente avec la Russie. — Les trois Empereurs à Skiernievice, 1884. — Situation de l'Angleterre et de la France. — Politique coloniale. — Conférence de Berlin. — La question Égyptienne. — Essais de colonisation. — L'affaire des Carolines. — Politique des intérêts communs. — La question Bulgare. — Situation politique de l'Europe au commencement de l'année 1887.

Le premier parlement de la Confédération du Nord avait solennellement proclamé, acclamé, sanctionné la victoire remportée sur l'Autriche et l'Allemagne septentrionale ; le premier parlement allemand couronna en aussi grande pompe, les vainqueurs de la France et de l'Allemagne du Sud. Debout près de l'Empereur-Roi, se tenait Otto de Bismarck, seigneur de Schœnhausen, Kniephof, Varzin, Friedrichsruhe et autres lieux, comte de par le roi de Prusse, prince et chancelier de l'empire par la grâce de Sa Majesté l'empereur d'Allemagne. Comblé par la guerre, il revenait « fanatique de la paix ». Pour l'assurer, il allait donner à sa politique étrangère un double but : limiter la puissance russe à l'est de l'Europe, contenir la France par l'isolement, à l'ouest ; les souverains lui serviraient d'instruments, dans cet orchestre de création moderne, qu'on appelle le concert européen.

Le prince de Bismarck aime ces rapprochements qui facilitent l'action de sa volonté prompte et absolue, et simplifient le grand jeu politique. Pendant que les souverains échangent des courtoisies favorables à la bonne entente, leurs inspirateurs, les vrais maîtres de la situation, arrivent, sans perte de temps, à une solution quelconque; de sorte que, en ce siècle de suffrage universel, de constitutions et de parlements variés, les grandes questions sont, plus qu'à aucune époque, tranchées par deux ou trois arbitres.

Jamais l'histoire n'a enregistré autant d'accolades et d'embrassades impériales, royales et princières, que depuis le moment où le Chancelier de Fer devint le *Deus ex machina* de la grande tragi-comédie européenne. L'Autriche accepta la première les faits accomplis. Dès le mois d'août 1871, les empereurs Guillaume et François-Joseph s'embrassèrent à ce même Salzbourg, où, quatre ans auparavant, le Kaiser autrichien s'entendait avec Napoléon III, contre l'ennemie commune, la Prusse ! M. de Beust lui-même, l'apôtre de la revanche, tendit de bonne grâce la main à son adversaire détesté. Effort héroïque, malgré lequel il devint la victime expiatoire de la réconciliation et se vit supplanter par le comte Andrassy, dont le cœur magyare acceptait avec moins de regret l'expulsion de l'empire austro-hongrois du cycle germanique. Pendant que les souverains se réjouissaient de ce rapprochement *sincère*, leurs ministres discutaient les moyens d'agir contre la révolution, que les horreurs de la Commune venaient de rendre plus que jamais odieuse. Mais les projets du Chancelier contre l'anarchie et les crimes révolutionnaires, entravés par l'attitude négative de l'Angleterre, qui entraîna celle de la France, durent attendre dix ans et l'assassinat du czar Alexandre II, pour aboutir à un commencement d'entente effective.

L'année suivante, l'empereur de Russie rejoignait à

Berlin, ses deux illustres collègues ; sur les instances du Chancelier, la Russie imposait enfin silence à la rancune qu'elle nourrissait, depuis la guerre de Crimée, contre l'Autriche, et celle-ci pardonnait au Czar de lui avoir rendu impossible, pendant la guerre de France, en 1870, la revanche de Sadowa. Nouvelle et grande victoire du diplomate prussien! La Triple-Alliance était faite et d'autant mieux, disait le prince Gortchakof, que rien n'était écrit. « Tout reposait, ajoutait le prince de Bismarck, sur la sympathie personnelle et la confiance réciproque des trois empereurs et sur les anciennes relations de leurs trois ministres. »

La suite a prouvé que c'était bâtir sur un sable mouvant et que l'édifice pourrait bien s'écrouler, le jour où le grand architecte ne serait plus là pour en consolider les assises ; mais alors on était tout à la joie de l'avoir élevé. « La rencontre des trois souverains, dit M. de Bismarck, à la députation qui lui offrait la franchise municipale de Berlin, fortifiera les espérances de nos amis et prouvera à nos ennemis combien il serait difficile de rompre la paix. » Ceci, bien entendu, s'adressait à la France.

Au printemps de 1873, l'oncle vénéré quitta les rives de la Sprée, pour aller, sur celles de la Néva, réitérer l'expression de sa reconnaissance à son bien-aimé neveu. Il fallut bien reconnaître que l'enthousiasme des gouvernants ne s'était nullement communiqué au peuple russe ; l'expansion colossale de la puissance voisine ne lui causait aucune joie, et, sans la volonté clairement exprimée d'Alexandre II, les fêtes de Saint-Pétersbourg auraient tout à fait manqué de chaleur et d'entrain. On dut, en grande partie, l'une et l'autre au Chancelier. Plus que les souverains eux-mêmes, il attirait les regards. Il voulut charmer et réussit comme toujours ; appelant à son aide toute sa puissance de séduction, très bien servi par une admirable mémoire, il affecta d'écarter la politique et de se poser en vieil ami, en *habitué* de la société moscovite, comblé autrefois, par elle, d'aimables prévenances et, par la famille impériale, de faveurs toutes spéciales. Il se multipliait, rappelant aux moins importants, comme aux plus hauts placés, mille petites circonstances de ses années d'ambassade ; souvenirs qui devenaient autant de flatteries insinuantes, sur les lèvres de l'homme qui, depuis, avait transformé l'Europe. La cordialité gagna donc chaque jour du terrain à Saint-Pétersbourg, du moins dans les hautes sphères. C'est là, du reste, que s'arrêtent d'ordinaire les succès politiques de M. de Bismarck ; il subjugue les gouvernements, bien plus qu'il n'entraîne les peuples.

Et l'Italie? N'apporterait-elle pas sa voix à cet harmonieux concert? On était en froid avec elle ; les exploits de Garibaldi en France, et les sentiments d'amitié qu'on prêtait à Victor-Emmanuel pour Napoléon III, avaient fort déplu à Berlin. Le roi d'Italie envoya d'abord son fils et la charmante princesse Marguerite, puis accourut lui-même en Prusse, en passant par Vienne, et, sans se joindre ouvertement à la Triple-Alliance, exprima le désir « de faire cause commune avec elle ». Subtilités italiennes ! L'Italie qui se vante si hautement de faire *da sè*, et qui n'a pu accomplir sa transformation que par les autres, n'aurait pas négligé d'accentuer son ingratitude

16

envers la France ; ingratitude si profitable et grâce à laquelle son tout-puissant protecteur écrivait peu après, en janvier 1874, au comte d'Arnim : « Nous ne désirons nullement voir éclater une guerre entre la France et l'Italie, car, dans ce cas, nous ne pourrions pas refuser notre aide à celle-ci. » On se rappelle ce mot de patriotisme féroce, adressé par Cavour à lord John Russell : « Maintenant que la France a fait l'*indépendance* italienne contre l'Autriche, faites l'*unité* italienne contre la France ! » Et l'Angleterre la fit, et aujourd'hui l'Italie se tourne volontiers contre elle, en Orient, pour conserver les bonnes grâces de la Prusse ; mais, quoi qu'elle fasse, elle ne sera jamais, pour M. de Bismarck, qu'un instrument secondaire, plus ou moins utile selon les circonstances, et par conséquent plus ou moins favorisé [1].

Au mois d'octobre de cette même année 1873, le Chancelier accompagna son auguste maître à Vienne ; l'exposition universelle était le prétexte de la visite ; le but réel, de s'entretenir avec le comte Andrassy. La grâce avait touché le diplomate autrichien. « Je suis aussi sûr qu'il me dira la vérité, affirmait M. de Bismarck, qu'il est certain de l'entendre de moi. Il n'en était pas ainsi autrefois. J'ai eu, à Francfort, des collègues autrichiens à qui je disais : « Que vous parliez, ou que le vent souffle dans » la cheminée, l'un m'est aussi indifférent que l'autre, car

---

1. Un an à peine s'était écoulé, depuis que cette phrase était écrite, lorsque le Chancelier prononçait au Reichstag, pendant les débats pour le renouvellement du septennat militaire, ces dédaigneuses paroles : « Nous n'avons pas à prendre en considération si nous avons, oui ou non la bienveillance de l'Italie! ».

» je ne crois pas un mot de ce que vous me dites. » Mais l'âge d'or était revenu! Cette fois, la querelle avec le Vatican fit le fond de la conversation. La lutte du Kulturkampf, que nous exposerons plus loin, avait éclaté dans toute sa violence, et la Prusse protestante désirait vivement s'assurer au moins la neutralité bienveillante de l'Autriche catholique, dans sa querelle avec la Papauté.

Chacune de ces entrevues impériales et royales, était un nouveau triomphe pour la politique du Chancelier, car toutes concouraient à isoler la France. Il tenait donc à les multiplier.

Au printemps de 1875, l'empereur François-Joseph se résigna au voyage de Venise, pour aller embrasser son excellent ami Victor-Emmanuel qui la lui avait prise, et à l'automne, ce fut le tour de Guillaume Ier, d'aller faire une promenade triomphale en Italie. Le prince de Bismarck manquait cette fois à la fête; sa santé le retenait en Prusse; malgré tant de succès, la situation, en ce moment, était loin de le satisfaire; la France l'irritait et de nouveau l'Europe se voyait menacée des horreurs de la guerre.

Comme toujours, la France jouait le rôle de bouc émissaire. Qui le croirait? Le Chancelier lui reprochait amèrement de ne pas aimer les Allemands et de le laisser voir! M. Thiers, l'homme de la paix, était tombé; le maréchal Mac-Mahon le remplaçait, et l'on prétendait faire de lui l'homme de la guerre. L'idée monarchique gagnait du terrain et avec elle s'accentuait l'idée de revanche. Le Prince écrivait au comte d'Arnim : « La franchise avec laquelle la haine nationale contre les Allemands a été fomentée, proclamée par tous les partis en France, ne nous laisse aucun doute que tout gouvernement, à quelque parti qu'il appartienne, regardera la revanche comme son premier devoir... S'il est vrai, comme vous le dites, que Sa Majesté l'Impératrice Augusta ait écrit à M. Guizot, pour le consulter sur les moyens de modérer la haine des Français, il est certain que la sensibilité féminine a seule inspiré cette démarche. Il n'appartient pas à Votre Excellence d'adoucir la *colère injustifiable* de nos voisins ; une telle tentative serait évidemment futile et dérogatoire à notre dignité nationale. Nous ne désirons pas la guerre, mais nous sommes tout prêts à la recommencer, lorsqu'une nouvelle agression de la France nous y forcera ! »

On voit dans quelle disposition d'esprit se trouvait alors le Chancelier. Tout concourait à aigrir son humeur.

M. d'Arnim, envoyé à Paris contre son désir, lui faisait une opposition qui, soutenue par un parti puissant à la cour, troublait jusqu'à l'entente parfaite entre l'Empereur et son ministre. L'ambassadeur redoutait l'influence républicaine en Europe, favorisait les tendances monarchiques, naturellement sympathiques à l'Empereur, affaiblissait ainsi l'action de son supérieur, et celui-ci l'accusait d'avoir travaillé à faire tomber M. Thiers.

« Je considère tout supérieur officiel, comme mon ennemi naturel, » avait dit autrefois, le jeune Henry d'Arnim, à M. de Bismarck alors simple employé dans l'administration, à Aix-la-Chapelle. Il ne prévoyait guère avec quelle âpreté ce sentiment s'appliquerait un jour à son interlocuteur.

Appelé à seconder M. de Bismarck pendant les négociations de Francfort, envoyé à Paris peu après la signature de la paix, M. d'Armin entama une lutte sourde, contre celui qu'il aspirait à supplanter. « Aucun département, lui écrivait le Prince, le 12 décembre 1872, ne supporte aussi peu que celui de la politique étrangère, une marche dirigée dans deux sens différents. » L'ambassadeur ne tint aucun compte de ces observations et s'adressa directement à l'Empereur, au mépris de tous les usages et devoirs professionnels.

Le Chancelier se plaignait au souverain, mais, s'il faut l'en croire, « il n'est pas facile de décider Guillaume Ier à sacrifier les hommes à qui depuis longtemps, il a accordé sa confiance, son estime, voire même ses sympathies particulières. »

Au printemps de 1873, M. Thiers, très désireux d'obtenir la complète évacuation du territoire français, offrit de payer par avance ce qui restait dû de l'indemnité. M. de Bismarck envoya ses instructions à son représentant, avec cette injonction laconique : « *C'est à prendre ou à laisser.* » M. d'Arnim se permit de ne pas communiquer le document tout entier au Président de la République.

« Je ne comprends pas plus que vous, écrivait celui-ci à M. de Saint-Vallier, le double jeu de certaine personne. » En conséquence, les négociations se continuèrent sans M. d'Arnim à Berlin, et la convention pour l'évacuation du territoire, fut signée le 15 mars par le Chancelier et M. de Gontaut-Biron.

L'ambassadeur ne donna pas sa démission, mais se

plaignit amèrement à l'Empereur, et grâce à l'Impératrice, dit-on, conserva son poste.

Deux mois plus tard, M. Thiers était remplacé par le maréchal de Mac-Mahon et le Chancelier disait à M. d'Arnim, le 19 juin 1873 : « Les tendances dont s'inspirent vos rapports depuis huit mois, ne s'accordent point avec les conseils que je donne à Sa Majesté, touchant notre politique en France, et l'assentiment que vous avez trouvé chez elle, m'a empêché de soutenir efficacement M. Thiers. Partant, je me vois dans la nécessité de prendre à mon compte la responsabilité de cette faute politique et de la situation qui en est résultée, bien que je n'y sois pas tenu moralement, après les efforts incessants que j'ai faits pour remonter le courant. »

Accouru à Berlin pour tenter une réconciliation avec son chef, M. d'Arnim eut à subir une scène violente ; d'abord muet de rage, M. de Bismarck déversa sur le serviteur rebelle un tel torrent de reproches, que les nerfs de l'infortuné ne s'en remirent jamais complètement.

Désormais, toute circonstance nouvelle devait envenimer la querelle et amener une catastrophe. Ce furent, tout d'abord, les plaintes véhémentes de quelques évêques français, provoquées par les violences du gouvernement prussien contre l'Église catholique en Allemagne. M. de Bismarck voulut que l'ambassadeur exigeât une réparation. Plus sage en cette question que le Chancelier, M. d'Arnim conseilla d'affecter une indifférence dédaigneuse : « L'empereur d'Allemagne, dit-il, siégeait sur un trône trop élevé, pour que les pierres jetées par des *zouaves tonsurés*, pussent l'atteindre. » Il fallait laisser passer un incident insignifiant. Cette récidive de désobéissance exaspéra le Prince ; il prit l'affaire en main et obtint satisfaction du gouvernement français, en passant par-dessus la tête de son envoyé.

Nouvelles plaintes de M. d'Arnim à l'empereur Guillaume, réplique de l'adversaire ; bref ce dernier resta maître du champ de bataille et, vers le milieu de mars 1874, l'ambassadeur apprenait qu'il était nommé à Constantinople ! Ce fut le signal d'une guerre déclarée. Quinze jours plus tard, paraissait dans *la Presse* de Vienne, le premier document diplomatique concernant la question romaine, qui ouvrit la série de révélations injustifiables par lesquelles M. d'Arnim perdit sa cause. Il fut mis à la retraite et l'on crut que la question était tranchée.

Mais bientôt le prince de Hohenlohe, successeur de M. d'Arnim à Paris, annonça au Chancelier que les archives de l'ambassade étaient incomplètes. Interrogé, l'ex-ambassadeur admit en avoir emporté quelques-unes, en rendit une partie et en garda d'autres, qu'il considérait, disait-il, comme sa propriété personnelle.

Menacé d'un procès au criminel, il pensa que le Chancelier n'oserait pas ; comme si le Chancelier n'osait pas tout ! L'Europe apprit, au mois d'octobre suivant, que le comte Henry d'Arnim venait d'être arrêté dans son château et conduit en prison à Berlin ! On sait ce que fut ce procès scandaleux, où chaque partie laissa, de l'aveu même de ses plus chauds partisans, beaucoup de sa dignité ; où les documents officiels et confidentiels furent livrés en pâture à la curiosité publique, à l'animosité des partis, au ressentiment des étrangers ; où tous les usages et toutes les considérations de prudence, de discrétion, d'honneur professionnel furent honteusement foulés aux pieds. Dans cette lutte impitoyable d'une part, désespérée de l'autre, il est difficile de s'intéresser à personne, mais cependant on ne peut s'empêcher de plaindre l'homme si bien doué, que l'ambition égara et qu'une haine impitoyable envoya mourir de chagrin dans l'exil, traînant, jusqu'en 1881, une douloureuse existence, sous le poids d'une condamnation infamante et torturé par des souffrances cruelles.

M. de Bismarck se serait honoré en accordant à son ennemi vaincu le droit de venir mourir sur la terre natale, mais M. de Bismarck n'est pas de ceux qui savent relever un ennemi à terre !

Tant de causes d'irritation n'étaient pas pour adoucir le Chancelier à l'égard de la France. Sa haine ingénieuse lui créait en toute chose des responsabilités inattendues.

Entre autres preuves à l'appui, on peut citer le grief qu'il découvrit tout à coup, du côté de l'Espagne. Ce pays, suivant le bel exemple de la France, avait proclamé la république, avec M. Serrano pour président. Aussitôt les carlistes étaient partis en guerre. Il se trouva qu'un M. Schmidt, ex-officier de l'armée prussienne, devenu journaliste (et espion, affirmaient les carlistes), avait rejoint les troupes républicaines, s'était laissé prendre par l'ennemi et avait été fusillé.

Il fallait vraiment de la bonne volonté pour rendre la France responsable de ce fait; mais qu'on relise la fable du Loup et de l'Agneau et l'on comprendra ses torts. Des carlistes réfugiés chez elle repassaient les Pyrénées; ce ne pouvait être qu'avec l'assentiment des autorités; c'était si évident, que M. de Bismarck envoya une flotte dans la baie de Biscaye et une note bien sentie au gouvernement du maréchal de Mac-Mahon, qui, pour sauvegarder sa dignité, obtint des autres puissances qu'elles reconnaîtraient comme lui la république de M. Serrano et mettraient au ban les partisans de Don Carlos. Seule, la Russie refusa ! La Triple-Alliance était-elle donc menacée? M. de Bismarck disait non? Qu'aurait dit Gortchakof? Enfin la France avait l'audace de travailler activement à la réorganisation de son armée ; elle devait avoir des projets belliqueux; mais, déclarait le grand Maître, on n'attendrait pas qu'elle fût prête !

» La guerre est en vue, s'écria-t-on de toute part. La reine Victoria plaida, assure-t-on, la cause de la paix auprès de l'empereur Guillaume. Convaincue des intentions pacifiques de la France, l'Angleterre chargea son ambassadeur en Russie de joindre ses efforts à ceux du général Le Flô. « A ce dernier le prince Gortchakof promit d'adresser ses représentations au Chancelier prussien, lorsqu'il passerait peu de jours après par Berlin, en allant à Ems. Son impérial maître en ferait autant près de l'empereur Guillaume. »

Le Czar et son chancelier arrivèrent en effet le 10 mai, *quand tout était fini*, s'il faut en croire M. de Bismarck.

Vers la fin d'avril, à un bal donné par la comtesse

de Hatzfeldt, l'Empereur avait dit à l'attaché militaire français : « On a voulu nous brouiller, mais tout est fini maintenant, je tiens à vous le dire. »

« La tâche pacifique de la Russie a été facile, disait à son tour le Czar, en quittant Berlin; j'ai trouvé l'empereur Guillaume animé des meilleurs sentiments. La coopération de l'Allemagne dans le maintien de la paix, n'a jamais été douteuse et elle peut maintenant être considérée comme complètement assurée. »

En même temps, le prince Gortchakof envoyait à tous les représentants de la Russie, un télégramme ainsi conçu : « L'Empereur quitte Berlin convaincu des intentions pacifiques qui règnent ici et qui sont le gage du maintien de la paix. »

Voici maintenant ce que le prince de Bismarck déclarait trois ans plus tard, au sujet de cet incident :

« Je n'aurais pas désiré la paix, si j'avais été le mécréant que Gortchakof m'accusait d'être en 1875. Toute l'histoire qui fit alors tressaillir l'Europe et à laquelle une lettre insérée dans le *Times*, donna un si bruyant retentissement, n'était qu'un complot arrangé entre Gortchakof et Gontaut. Gortchakof était avide des louanges de la presse française et voulait être proclamé le *Sauveur de la France !* Ils s'étaient entendus pour que la chose éclatât le jour même de l'arrivée du Czar, qui devait apparaître comme un *quos ego* et, par son apparition seule, donner la sécurité à la France, la paix à l'Europe et l'honneur à l'Allemagne. Je n'ai jamais vu un homme d'état agir plus inconsidérément, compromettre par un sentiment de vanité, l'amitié entre deux gouvernements et s'exposer aux plus sérieuses conséquences, afin de s'attribuer le rôle de *Sauveur*, quand rien n'était en danger. Je dis à l'empereur de Russie et je dis à Gortchakof : Si vous désirez tant une apothéose à Paris, nous avons encore assez de crédit à Paris, pour vous y faire paraître sur quelque théâtre, en costume mythologique, avec des ailes au dos et entourés de feux de Bengale. En vérité ce n'était pas la peine de nous dépeindre comme des bandits, simplement pour publier une circulaire. » (Le Chancelier, tout vice-empereur d'Allemagne qu'il soit, est-il bien sûr d'avoir osé tenir ce langage à l'empereur de toutes les Russies ?)

» Cette fameuse circulaire commençait par ces mots : « Maintenant la paix est assurée » et lorsque je me plaignis de cette phrase qui aurait confirmé tous les bruits alarmants, on la changea pour celle-ci : « Le maintien » de la paix est maintenant assuré, » ce qui signifiait à peu près la même chose. Je dis au chancelier russe : « Vous n'aurez certainement pas à vous féliciter beaucoup d'avoir risqué notre amitié pour une satisfaction puérile. Toutefois, je vous dis franchement que je suis un bon ami pour mes amis et un bon ennemi pour mes ennemis. — Et Gortchakof s'en est assuré depuis deux ans, en s'occupant de la question d'Orient. Sans l'affaire de 1875, il ne serait pas où il est et n'aurait pas subi la défaite politique qu'il vient d'essuyer. »

De quelle défaite parlait le Chancelier et quels événements l'avaient amenée ?

Cette épidémie périodique, qu'on appelle la question d'Orient, avait de nouveau fondu sur l'Europe, en 1875.

Les provinces chrétiennes de l'empire turc s'étaient soulevées contre l'oppression de l'islam, en Herzégovine d'abord, puis en Monténégro et enfin dans toute la presqu'île des Balkans. Les puissances européennes avaient, par la voix de l'Autriche, réclamé en 1876, l'accomplissement des promesses de réformes, si souvent faites et toujours éludées par la Porte. Le Sultan avait répondu par un semblant de déférence et ses sujets de Salonique par l'assassinat des consuls de France et d'Allemagne; pour la première fois depuis 1870, on avait vu ces deux puissances agir de concert pour obtenir réparation. Les trois chanceliers de Prusse, de Russie et d'Autriche préparèrent alors un *memorandum* comminatoire à l'intention de la Turquie, et prièrent les autres gouvernements de l'appuyer; l'Angleterre s'y refusa, sous le prétexte légitime qu'elle n'avait pas été consultée et qu'on la traitait trop cavalièrement dans une affaire si grave pour elle. Ce manque d'harmonie dans le concert encourageait la Porte; ses sujets chrétiens exaspérés, résolurent de défendre leur cause, avec ou sans secours; les empereurs d'Autriche et de Russie se rencontrèrent à Reichstadt et se déclarèrent comme l'Allemagne, pour la non-intervention, et tous les efforts du prince de Bismarck tendirent à conserver la bienveillance des deux autres empires, tout en restant neutre. La tâche présentait de grandes difficultés, car une divergence d'intérêts devait forcément se produire, à mesure que les événements se développeraient.

La Russie ne tarda pas à trahir ses sentiments de partialité pour les rebelles, en aidant les Serbes de ses conseils, de son argent et même de ses volontaires. La jalousie de l'Angleterre s'inquiéta ; lord Derby pria le Chancelier d'intervenir en qualité de médiateur et d'éviter ainsi à l'Europe les horreurs d'une guerre peut-être générale. Le *Times* lui prodigua les flatteries les plus insinuantes; mais l'homme de fer n'a pas pour vertu dominante l'oubli des injures réelles ou imaginaires ; l'attitude de l'Angleterre en 1870 lui avait déplu (elle n'avait guère servi la France cependant!); d'autres froissements s'étaient produits depuis, en différentes circonstances, surtout en 1875 et récemment au sujet du *memorandum* de Berlin ; la réponse ne fut pas encourageante ; l'empereur Guillaume avait dit : « L'Allemagne peut être certaine que le sang de ses fils ne sera versé que pour protéger son honneur et ses intérêts ». Le Chancelier paraphrasa cette déclaration en ces termes : « Je ne conseillerai pas notre participation à la guerre qui parait inévitable, tant que je n'y verrai pas un intérêt qui vaille les os d'un seul fantassin poméranien. » Et il ajouta un soir, pendant un dîner parlementaire : « Si la guerre éclate, la Russie et la Turquie s'en fatigueront à la longue, et l'Allemagne pourra jouer alors le rôle de médiatrice, avec plus de probabilité de succès qu'aujourd'hui. Il ne serait pas sage de donner des conseils à la Russie en ce moment. Cela mettrait la nation russe d'une humeur plus préjudiciable pour nous, qu'un différend passager avec tout autre gouvernement. »

La lutte continua sanglante dans les Balkans et, lorsque la Russie vit les Serbes écrasés par les armées turques, entraînée par le torrent slave que le prince Gortchakof avait essayé de contenir, elle jeta son épée dans la balance et fit entendre par l'organe du général Ignatief cet ultimatum : « Un armistice de deux mois, une conférence ou la guerre! » La Turquie parut céder : lord Salisbury se montra dans toutes les cours de l'Europe, afin d'établir, si faire se pouvait, un accord préalable entre les gouvernements. La conférence se réunit à Constantinople; une constitution accordée par le sultan fut considérée comme assez défavorable aux chrétiens, et, lorsque la Porte demanda de nouveaux délais, la Russie, qui depuis un an attendait sur le pied de guerre, se ruinait et laissait même croire, par sa longanimité, à l'indécision et à la faiblesse du Czar, se décida enfin pour la guerre, et son armée passa le Pruth.

A ce moment, le prince de Bismarck, pour des raisons d'un ordre différent, que nous exposerons en traitant de sa politique intérieure, bouleversa l'Europe en prétendant que l'état de sa santé exigeait sa retraite des affaires. S'il voulait « tâter le pouls » à l'opinion générale, il dut être satisfait; l'Empereur prononça un *jamais* emphatique, le Prince Impérial répara toutes ses résistances passées; par les supplications les plus touchantes, tous les partis apportèrent par l'entremise de leurs chefs leur tribut de dévouement, d'enthousiasme, ou de soumission, l'Europe fit chorus espérant que le Chancelier serait le *deus ex machina* de la paix; il consentit donc à conserver la direction des affaires étrangères et à continuer ses consultations aux diplomates qui le poursuivaient partout, sans respect pour son repos.

Pendant ce temps, la guerre suivait son cours, les victoires russes inquiétaient l'Autriche; elle tournait des regards anxieux vers le grand arbitre qui entrevoyait avec une joie maligne l'occasion de faire payer au chancelier russe ses agissements de 1875. « Ne me forcez pas, lui disait-il, à choisir entre vous et l'Autriche; si elle était forcée de se battre pour défendre son territoire, l'Allemagne serait obligée de prendre son parti et de défendre la carte d'Europe telle qu'elle existe. »

Plevna tomba, les Cosaques poussèrent un cri de triomphe, l'Angleterre envoya, en toute hâte, sa flotte aux Dardanelles, la Turquie s'empressa de signer le traité préliminaire de San Stefano et l'*Oracle* se décida enfin à offrir ses services à l'Europe, en qualité d'*honnête intermédiaire, désireux de faire de la bonne besogne.*

Le Congrès de Berlin siégea un mois, du 13 juin au 13 juillet 1878. Tous les principaux hommes d'État de l'Europe y prirent part. Le temps était loin où la Prusse faisait antichambre aux Tuileries, dans la personne du général Manteuffel! Le monde entier avait maintenant les yeux fixés sur la capitale prussienne et sur le ministre prussien qui présidait et inspirait une assemblée dont les décisions allaient fixer le sort de l'Europe! Mais, ô néant des grandeurs humaines! cet empereur d'Allemagne, devant qui les plus illustres venaient s'incliner, gisait en ce moment sur son lit de douleur, frappé par la balle du socialiste Hödel! Son féal se jura à lui-même de le servir avec plus de zèle et de dévouement que jamais, et se tint parole. Dans aucune circonstance, il ne déploya plus d'habileté, de souplesse, de ressources, que pendant le Congrès de Berlin.

Il trouvait enfin l'occasion tant souhaitée de prendre sa revanche sur l'homme d'état russe ; il a voulu qu'aucun doute ne subsistât sur ses sentiments envers son ex-ami, car voici comment il s'exprimait peu après, à son sujet :

« Bien des gens, sans la moindre raison, prennent Gortchakof pour un diplomate remarquablement habile et adroit. Il n'a jamais en vue un but réellement grand, et par conséquent ne peut aspirer à un succès exceptionnel. Sa politique n'est ni celle du czar Alexandre, ni celle de la Russie ; elle n'est dictée et dirigée que par des considérations personnelles et par sa prédilection pour la France, que son maître ne partage pas. Ce qui le caractérise surtout, c'est un égoïsme très développé ; son principal objectif est d'être considéré comme un politique de premier ordre, et c'est précisément ce qu'il n'est pas. De là, sa disposition chronique à inventer des scènes, dans lesquelles il peut jouer un rôle de nature à être applaudi par l'opinion publique. Il n'a fait preuve d'activité que depuis quatre ans (pour préparer la guerre contre la Turquie), et personne, ayant quelque expérience, ne peut dire qu'il ait fait preuve d'adresse ou de perspicacité... Il est vrai que ce vieillard passe trop de son temps avec certaines femmes, pour en réserver assez aux affaires. Après 1874, il sembla que son avidité de louanges et de renommée ne lui laisserait plus aucun repos. A l'époque de la convention de Reichstadt, il s'écria : *Je ne peux pas filer comme une lampe qui s'éteint, il faut que je me couche comme un astre.* »

M. de Bismarck n'entendait pas lui ménager cette apothéose finale ; le prince Gortchakof lui dut au contraire, au Congrès de Berlin, « la page la plus sombre de sa carrière officielle ».

S'il est vrai que le grand chien du chancelier prussien ait un jour sauté aux jambes du chancelier russe, l'intelligent animal traduisait à sa façon les sentiments de son maître.

Voici de quelle manière celui-ci interprêtait pour le général Grant, alors présent à Berlin, le traité de San-Stefano :

« Quant au traité de San-Stefano, disait-il, je crois qu'on peut ainsi résumer la situation : la Russie a avalé plus qu'elle ne peut digérer ; il faut que le congrès essaye de la soulager. » Ce traitement présentait beaucoup de difficultés ; Gortchakof voulait bien qu'on changeât ses lauriers en rameaux d'olivier, mais il prétendait opérer la métamorphose à son gré ; l'Angleterre montrait souvent les dents. Enfin le traité de San-Stefano, devenu le traité de Berlin, fut censé satisfaire tout le monde. On vota des actions de grâces au président, « dont la patiente énergie avait obtenu de si heureux résultats » ; à son tour, il remercia ses collaborateurs et exprima l'espoir que « les relations personnelles si cordiales, établies entre eux pendant leurs travaux communs, consolideraient les bons rapports entre les gouvernements. »

Espoir destiné, comme tant d'autres, à être déçu ! Jamais les traités n'ont pesé d'un poids aussi léger que depuis le règne de la force inauguré par la Prusse, et celui de Berlin est déjà en lambeaux.

Pour prix de ses énormes sacrifices, la Russie voyait surgir entre elle et le territoire du Sultan, une Roumanie et une Bulgarie indépendantes, et l'Autriche prenait, sur l'Adriatique, une position qui dominait la ligne stratégique méridionale vers les Dardanelles. La colère de Gortchakof se communiqua au peuple russe ; une guerre de plume éclata dans la presse, une guerre de tarifs dans les provinces de la Baltique ; le chancelier russe, allant à Bade, passa par Berlin sans déposer sa carte chez son collègue prussien et saisit la première occasion de proclamer sa tendresse pour la France. « Il pensait en avoir donné des preuves depuis quelques années et considérait comme un intérêt de premier ordre, qu'elle reprît en Europe, la position qui lui était due ; sa dégradation serait un crime de lèse-civilisation ! » Qui plus que lui en avait été complice !

M. de Bismarck, voyant la triple alliance compromise, sentit la nécessité de resserrer les liens qui l'unissaient à l'Autriche ; il courut à Vienne, et le pauvre Danemarck paya encore une fois les frais de l'entente cordiale des deux larrons. L'Autriche renonça à faire exécuter l'article 5 du traité de Prague, qui réservait au Schleswig-Nord le droit de choisir, par un plébiscite, entre la Prusse et le Danemarck ; en compensation de ce sacrifice platonique, l'Autriche reçut une promesse de soutien dans sa politique orientale.

Le 29 mars 1871, le Chancelier avait dit, dans une de ses circulaires *calmantes* : « Nous n'avons plus rien à désirer ni à conquérir ; l'Europe peut donc avoir en nous une entière confiance, que nous saurons justifier. Notre complète *indépendance* nous fera *respecter celle des faibles*. Ils sont encore défiants, mais une appréciation saine et réfléchie leur rendra la quiétude ; ils ne tarderont pas à reconnaître que l'Allemagne est leur véritable point d'appui. » Depuis douze ans, le Schleswig réfléchissait, et, loin d'être tranquille du côté de l'Allemagne, ne demandait qu'à rester Danois. L'événement ne lui donna que trop raison ; de nouveau, *la force écrasa le droit*, et ce fut une explosion de joie dans la magnanime Germanie, dans la libérale Angleterre, qui s'écria par la bouche de lord Salisbury : « Voici vraiment de bonnes nouvelles dont il faut se réjouir grandement » ; et dans la généreuse Autriche, qui pratiquait si opportunément le pardon des injures. Vienne n'eut pas assez de fêtes et d'acclamations pour celui qui avait fait trembler ses murailles en 1866, et François-Joseph lui prodigua les égards et les honneurs les plus exceptionnels. Néanmoins cet heureux résultat n'avait pas été acquis sans tiraillements.

Si aimé, si apprécié qu'il soit de son souverain, le Chancelier subit comme tout le monde, comme M. de Moltke, comme le Kron-Prinz lui-même, les effets de cette jalousie du pouvoir personnel, si développée chez l'empereur Guillaume. Il veut bien reconnaître et récompenser les services qu'on lui rend, mais il ne permet à personne d'oublier un instant qu'en lui seul réside l'autorité suprême. Plus d'une fois il a tenu son grand ministre en échec et provoqué chez lui des colères sourdes, mais terribles, qui, de son propre aveu, « lui faisaient éprouver le besoin de casser quelque chose » ; comme ce jour où il sortit de chez l'Empereur, avec le bouton de la porte dans la main, le lança dans la pièce voisine, au fond d'une cuvette qu'il mit en miettes, et dit ensuite, avec un soupir de soulagement : « Maintenant ça va mieux ! »

En 1879, l'Empereur souffrait tant de la froideur et du mécontentement de son neveu de Russie, que, quinze jours avant de partir pour Vienne, le prince de Bismarck apprit tout à coup que Sa Majesté avait décidé de se rendre à Alexandrowo, sur la frontière polonaise, afin d'échanger des explications avec le Czar. Le maître et le serviteur persistèrent dans leur dessein, de sorte qu'au retour, le Chancelier dut recourir aux moyens extrêmes, offrir par deux fois sa démission, faire intervenir les autres ministres, se retirer sous sa tente à Varzin, avant d'obtenir la ratification du traité d'alliance défensive, conclu par lui avec l'Autriche ; « car nous faisons de la politique de défense et non de défi », déclarait solennellement le grand *pacificateur*.

Les nihilistes se chargèrent de réconcilier les deux empires du Nord ; la République française eut soin de détruire les bonnes dispositions de la Russie et de la rejeter dans les bras de la Prusse, en refusant l'extradition du conspirateur Hartmann. Guillaume Ier, qui avait failli périr par les balles de Hödel et de Nobiling, vit tomber son neveu Alexandre II sous les coups de la dynamite nihiliste et se rapprocha aussitôt d'Alexandre III, pour combattre l'anarchie révolutionnaire.

Les deux Empereurs eurent une entrevue à Dantzig, le 9 septembre 1881, au vif déplaisir des panslavistes qui avaient mis tout leur espoir dans les tendances antigermaniques de leur nouveau souverain.

Alexandre était accompagné de M. de Giers, le successeur désigné du prince Gortchakof, qu'il remplaça officiellement quelques mois plus tard, au moment même où l'on acceptait la démission du général Ignatief et où l'on désavouait les discours violents du général Skobelef. C'en était fait! les Teutons l'emportaient sur toute la ligne, et le parti national était réduit au silence. Comme si la mort conspirait en faveur du Chancelier de fer, ses plus ardents adversaires, Garibaldi, Gambetta, Gortchakof et Skobelef disparaissaient tous à quelques mois d'intervalle.

Quels étaient pendant ce temps les rapports de l'Allemagne avec la France? Malgré son refus de participer à l'exposition universelle de 1878, refus attribué à la crainte d'une défaite, plus qu'à un sentiment malveillant, un certain apaisement se manifestait. Le traité de Berlin avait créé des intérêts communs aux deux pays, leurs flottes avaient paru côte à côte devant Dulcigno afin d'obtenir de la Porte l'exécution du traité; leurs diplomates avaient délimité ensemble les frontières de la Grèce; enfin, lorsqu'au printemps de 1881, le gouvernement italien prétendit réunir une conférence pour s'opposer au traité du Bardo conclu entre la France et Tunis, le prince de Bismarck répondit à M. Cairoli « que l'Allemagne ne prendrait aucune part à un congrès ayant pour but d'annuler, ou de diminuer les concessions obtenues par la France, *d'une manière régulière* ». On fut surpris, mais le Chancelier n'était pas fâché de mettre la France en belle humeur, en encourageant des entreprises lointaines qui occupaient son activité et auraient en outre l'avantage de lui coûter beaucoup d'hommes et d'argent. Elle penserait peut-être moins à l'Alsace-Lorraine, si elle prenait quelque chose ailleurs ; il lança donc ce qu'il appelle « un de ses jets d'eau froide », sur la jalousie italienne et témoigna la même bienveillance à la France, dans toutes les questions coloniales.

Aux motifs que nous venons d'indiquer, s'en joignait un autre, dont nous nous occuperons ultérieurement. Si de plus, le Prince avait voulu, comme on l'a pensé, élargir la brèche entre la France et l'Italie, il avait parfaitement réussi.

On prévoyait alors l'arrivée de Gambetta au ministère ; on savait que le tribun avait fait incognito un voyage en Allemagne et, d'après le conseil émané de Berlin (M. Mancini en est convenu), le roi Humbert était venu à Vienne, faire des avances à l'alliance austro-allemande, avances si bien reçues, qu'elles eurent pour effet une nouvelle triple-alliance, ou ligue de la paix, dans laquelle l'Italie remplaçait pour le moment la Russie. Le Prince Impérial d'Allemagne s'empressa d'aller à Rome, témoigner la satisfaction de leur maître à tous, et la France apprécia comme elle en avait le droit, cette nouvelle manifestation de l'idée fixe qui la condamnait à l'isolement perpétuel ; comme si la perpétuité existait en politique !

Lorsque le Prince Impérial se rendit à Rome, il venait de Madrid et, bientôt ce fut le tour d'Alphonse XII d'aller présenter ses devoirs à Berlin. Il le fit avec un zèle exagéré, qui donna lieu à l'incident regrettable qu'on n'a pas oublié.

La ligue centrale de la paix accueillait chaque jour des

recrues; après les grands souverains, vinrent les petits, tout fraîchement éclos, rois de Serbie, de Roumanie, prince de Bulgarie. A celui-ci le Chancelier dit un jour : « Prenez donc la couronne qu'on vous offre ; *ce sera toujours un agréable souvenir, si vous ne restez pas longtemps à Sofia !* » On voit qu'il n'avait pas une confiance illimitée en la durée des pouvoirs de ses protégés! Et l'événement lui a donné raison. Celui-ci lui plaisait cependant beaucoup ; d'abord il était Allemand, et puis il se montrait tout prêt à résister aux volontés de la Russie ; or, quelle que soit la tendresse de l'empereur Guillaume pour sa famille de la Néva, aux yeux de M. de Bismarck, la Russie, c'est la France de l'Est.

Néanmoins l'isolement pesait à cette puissance et ses efforts tendaient à un rapprochement. Qui pouvait y travailler mieux que M. de Giers, Allemand d'origine, *persona grata* à Berlin, ami de la paix? Il accourut à Varzin, en novembre 1882, se rendit ensuite à Berlin, puis à Vienne, et enfin à Rome et l'année suivante recommença cette tournée pacifique. Aussi quels furent l'étonnement et l'inquiétude, quand on apprit que le Czar s'était rencontré à Copenhague, avec M. Gladstone, l'adversaire détesté du Chancelier? Mais le Czar s'empressa d'effacer la mauvaise impression produite, en renvoyant dans l'intérieur de son empire les régiments de cavalerie massés sur les frontières prussiennes et en ordonnant à la presse russe d'adoucir le ton de ses élucubrations. En même temps, il envoyait une escadre saluer à Gênes le Prince Impérial qui s'embarquait pour l'Espagne, et le prince Orlof, diplomate aimé de M. de

Bismarck, quittait l'ambassade de Paris pour celle de Berlin. Enfin, pour bien établir que le ciel politique était au beau fixe, les trois Empereurs se réunirent le 15 septembre 1884, à Skiernievice, petite ville polonaise, avec leurs trois chanceliers, et voulant que le monde fût bien édifié sur leurs démonstrations de tendresse, ils admirent pour la première fois journalistes et photographes, les uns chargés de rapporter les conversations, même les plus secrètes, les autres de reproduire en groupe, ou séparément, les augustes personnages et leurs fidèles conseillers vêtus des uniformes les plus variés.

« La paix est assurée pour longtemps, une ère de prospérité est ouverte, » proclamaient à l'envi les souverains et leurs ministres. Cependant la joie n'était rien moins qu'universelle ; l'Angleterre sentait fort bien qu'on s'embrassait à ses dépens et que la Russie recevait un blanc-seing pour ses agissements en Asie ; du reste, la presse allemande n'entendait pas qu'elle se fît des illusions, réclamait à grands cris le blocus continental rêvé par Napoléon Ier, et réduisait le plus aisément du monde, la perfide Albion au rôle de Carthage déchue.

Quant à la France, on l'avait si bien isolée, qu'on pouvait lui accorder une sorte de bienveillance ; on avait même pour cela certaines raisons qui expliquaient aussi l'aigreur témoignée à l'Angleterre et la modération imposée à l'Italie dans la question de Tunis.

Quelle était la vraie signification de ce revirement ? M. de Bismarck a toutes les ambitions pour son pays, et son génie infatigable se trace sans cesse de nouvelles tâches, que son énergie et son habileté mènent généralement à bonne fin. Après avoir créé un grand empire continental, il en veut un autre, colonial. C'est une ancienne idée que le Grand-Électeur avait rapportée de Hollande et essayé de réaliser au XVIIe siècle, sur la côte de Guinée. Le Chancelier l'a reprise, et, comme on n'a pas de colonies sans flotte, il en a improvisé une, avec une promptitude qu'expliquent les milliards de la France.

A la fin de la guerre, en 1871, l'Allemagne possédait 48 vaisseaux de toutes sortes, portant 380 canons. En 1884, la marine impériale comptait 120 vaisseaux de guerre, de différents modèles, portant 852 canons et 13,000 hommes, et ses torpilleurs dépassaient en nombre ceux des flottes française et anglaise.

Sur mer, l'Angleterre c'était l'ennemi et un ennemi formidable; elle savait supporter bien des choses, se résigner à l'amoindrissement de son influence sur le continent, à la dénonciation du traité de Paris par le Czar, accepter les coups de bec et d'ongles de l'aigle de Prusse, afin d'obtenir au moins sa neutralité en cas de querelle avec l'ours de Russie; mais, du jour où l'on toucherait à l'empire des mers, le lion britannique rugirait. Il n'y manqua pas, surtout lorsqu'on lui eut déclaré, sans détour, que, s'il ne se montrait pas complaisant, on chercherait en France l'appui qu'il refuserait. Le Chancelier annonça « qu'il n'aurait pas de *colonies d'État*, mais que n'importe où des sujets Allemands prendraient des terres *libres*, la protection de l'empire leur serait assurée. A son tour, il voulait, comme lord Palmerston, « que le Germain se familiarisât avec le fier sentiment du *Civis Romanus sum.* » La nation poussa un cri d'enthousiasme, le Reichstag fit de l'opposition, le ministre poursuivit sa route selon sa coutume, proclamant très haut qu'il ne permettrait pas à la despotique Albion d'établir sur aucun hémisphère, une nouvelle doctrine Monroë.

Le Congo fut la première cause de dissentiments sérieux. Le Chancelier refusa, en 1884, d'accepter le traité conclu à ce sujet entre l'Angleterre et le Portugal ; dans une dépêche au comte de Munster, son ambassadeur à Londres il déclara « qu'au début des entreprises coloniales allemandes, l'Angleterre pourrait rendre des services signalés à l'Allemagne et qu'en reconnaissance de ces services, l'Allemagne s'entremettrait, de son mieux, en faveur de l'Angleterre, dans les questions touchant de plus près ses intérêts ». Il appuyait ces considérations d'arguments, démontrant les avantages réciproques qui résulteraient de cette entente, « mais si l'on ne pouvait y arriver, l'Allemagne chercherait en France, le secours que lui aurait refusé l'Angleterre et se rapprocherait d'elle, comme elle cherchait en ce moment à se rapprocher d'Albion ».

N'obtenant rien de ce qu'il désirait, le Chancelier informa, six mois après, lord Granville « que, sous peu de jours, une invitation préparée par les gouvernements de France et d'Allemagne, serait adressée au gouvernement de Sa Majesté, pour prendre part à une conférence qui s'ouvrirait à Berlin, dans le courant d'octobre, si faire se pouvait. Le programme des délibérations comprendrait : la liberté du commerce sur les territoires du Congo, l'application des stipulations du congrès de Vienne, quant à la navigation au Congo et au Niger, et la détermination des formalités nécessaires, pour que les annexions nouvelles, sur la côte d'Afrique fussent considérées comme effectives. La surprise fut aussi désagréable que vive, mais il n'y avait plus ni Palmerston, ni Beaconsfield pour porter haut l'étendard anglais. Lord Granville accepta une invitation, conçue et discutée sans sa participation, à une conférence qui aurait dû se tenir à Londres et non à Berlin ; et, si les intérêts de son pays furent sauvegardés, une bonne partie de son prestige aux yeux des populations africaines passa au compte de l'Allemagne. Car M. de Bismarck, despote et protectionniste chez lui, se para, vis-à-vis du noir continent, de tous les principes libéraux et libre-échangistes, de la Grande-Bretagne.

La conférence de Berlin et les diverses conventions qui en ont découlé mettent en vive lumière le côté pratique et opportuniste du Prince de Bismarck. Ce qu'il cherche par-dessus tout, c'est à tirer parti de ce que les autres nations ont déjà fait, à créer des établissements au meilleur compte, à se montrer coulant sur les questions de possession territoriale, s'il peut ainsi s'assurer des avantages commerciaux ; en deux mots : à prendre le plus et à donner le moins possible. Déjà, sur la côte orientale d'Afrique, la France, avec sa facilité habituelle, a concédé des avantages qui pourraient bien devenir quelque jour marchés de dupe, mais l'Allemagne trouvera toujours sur sa route une antagoniste formidable : nous avons nommé l'Angleterre.

Pendant que, sur les rives du Congo et du Niger, se **débattaient des intérêts concernant l'avenir plus que le** présent, les rives du Nil étaient le théâtre d'une lutte terrible, d'abord purement diplomatique, mais devenue bientôt tragique et sanglante. Entrée dans sa phase aiguë en 1879, par l'abdication forcée du khédive Ismaïl Pacha, elle n'est pas encore arrivée à une solution.

Le Prince de Bismarck voulut-il, comme on l'a dit, faire de l'Égypte, pour l'Angleterre et la France, un nouveau Schleswig-Holstein, en recommandant la dualité de leur action ? Il n'y aurait là rien de bien surprenant ; mais, en tout cas, s'il eut cet espoir, il fut déçu par la retraite de la France, sous le ministère Freycinet. Quant à la politique gladstonienne en cette conjoncture, le Chancelier l'a flétrie durement, dans les termes qui suivent : « Si à aucune époque de ma vie, j'avais infligé à l'Allemagne la moitié de l'ignominie et de l'affaiblissement que M. Gladstone a fait subir à l'Angleterre, en quatre ans, je n'aurais plus jamais eu le courage de regarder mes compatriotes en face ! » Souvent importuné par le gouvernement anglais, pour lui donner son opinion et ses avis, le Prince de Bismarck « le fit enfin avec répugnance et dans le seul espoir qu'en offrant des conseils de modération, il pourrait servir la cause qui est son objectif : le maintien de la paix en Europe. Demander la médiation du Sultan, respecter les traités, sauvegarder les intérêts financiers des autres nations, s'assurer une libre communication avec ses colonies asiatiques, sans annexer l'Égypte (bien que l'Allemagne ne fût pas disposée à s'y opposer de fait), tels étaient les principes recommandés par le Chancelier et exposés par lui, de guerre lasse, afin de repousser une fois pour toutes l'accusation portée sans cesse contre lui, depuis plusieurs années, de vouloir séduire l'Angleterre, et l'écarter du sentier de la vertu, par des promesses tentatrices d'agrandissement au dehors et aux dépens du repos de l'Europe. Si ces avis avaient été suivis, bien des complications auraient été peut-être évitées. Ils ne le furent pas ; une conférence réunie à Londres échoua piteusement dans ses efforts pour résoudre la question égyptienne, et bientôt l'Angleterre se plaignit de la préférence témoignée par le Chancelier aux désirs de la France; il tenait parole en cherchant à Paris l'appui qu'il avait demandé vainement à Londres.

Nous ne suivrons pas les navires allemands sur les côtes de l'Afrique australe, à la Nouvelle-Guinée, aux îles Fidji et Samoa; nous renverrons le lecteur aux *Livres Bleus* d'Angleterre, aux *Livres Blancs* de Prusse, s'il veut connaître, dans tous leurs détails, les querelles, les menaces, les colères et les ruses des deux parties, les passes d'armes plus ou moins courtoises du Chancelier avec lord Derby, lord Granville et M. Gladstone, les missions répétées du comte Herbert de Bismarck à Londres.

Qu'est-il résulté de tout cela ? De nouvelles convoitises d'une part, une grande irritation de l'autre, et partout le « j'y suis, j'y reste », de l'Angleterre. Personne plus que le Chancelier n'aura contribué à resserrer le lien fédéral qui unit les colonies anglaises à la mère-patrie. En lisant l'« *Océana* » de l'historien Froude et le *Voyage* du baron de Hübner à travers l'empire britannique, on voit que partout, même au Cap, le sentiment dominant est la crainte du Germain !

« Le premier usage fait par les Allemands, de leurs nouveaux territoires, écrivait dernièrement un publiciste anglais, a été de tirer sur les indigènes soupçonnés de sympathies britanniques et d'expulser les étrangers.

» C'est une politique arbitraire et exclusive. M. de Bismarck oublie que partout, sur le sol anglais, les Allemands acquièrent librement la richesse. C'est pitié de voir un tel homme descendre de son éminence, pour s'abaisser à de misérables ruses, à un langage haineux, à des préjugés étroits. »

L'incident des Carolines est trop présent à toutes les mémoires, pour que nous ayons à rappeler que l'Angleterre n'a pas seule senti la griffe du nouvel empire colonial. Cet incident a suffi pour détruire le semblant d'amitié, entre l'Espagne et la Prusse, qu'avaient paru faire naitre les pérégrinations d'Alphonse XII et du Kronprinz, car la tâche de M. de Bismarck ressemble à celle de Sisyphe; sans cesse la pierre qu'il avait cimentée, retombe, et de nouveau il faut la relever. Combien de fois déjà, la Triple-Alliance dont on a fait tant de bruit, s'est rompue, a été reprise en sous-œuvre et reconsolidée jusqu'à nouvel ébranlement! La base sur laquelle elle repose, est si mouvante! La « politique des intérêts communs » a cela de bon, qu'elle ne laisse d'illusions à personne, mais elle a aussi le défaut d'être à la merci des circonstances. Lorsque la question bulgare éclata tout à coup, en 1886, le comte Kalnoky, au nom de l'Autriche-Hongrie, se chargea de démontrer sans ambages la fragilité de l'édifice. « L'alliance austro-allemande, dit-il, n'a de sanction qu'autant que des intérêts parfaitement communs aux deux pays, sont en jeu. » C'était sa réponse à l'Allemagne qui, se désintéressant la première de tout ce qui ne touchait pas directement aux affaires de son pays, la laissait seule, en face de la Russie justement mécontente, car après avoir fait la Bulgarie, elle la voyait se tourner contre elle, comme l'Italie s'était tournée contre la France. La reconnaissance n'est pas plus la vertu maîtresse des peuples que des individus.

Cette question bulgare, soulevée par l'Angleterre, pour distraire l'attention du Czar de l'Afghanistan, a failli mettre une fois encore, le feu aux poudres de l'Europe (et Dieu sait quelles provisions y sont accumulées) ; il faut savoir gré à la sagesse, à la modération des puissances qui ont empêché l'explosion. « On nous accusait de vouloir guerroyer, a dit M. de Bismarck ; nous le pouvions là facilement ; nous nous sommes abstenus, parce que la Bulgarie nous est indifférente. Toute la question d'Orient ne peut être pour nous un *casus belli* et ne pourra jamais nous mettre en conflit avec la Russie. (Voici un *jamais* qui nous paraît aventuré !) La difficulté est tout entière dans le maintien de la paix entre l'Autriche et la Russie. Ce n'est pas la situation *dans l'Est* qui nous a *forcés* à demander le renouvellement du septennat militaire, c'est la situation dans l'Ouest. » A bon entendeur, salut !

Ce que M. de Bismarck ne disait pas, c'est que cette fois encore, le sentiment de l'Empereur avait différé du sien, qu'il aurait voulu pousser l'Autriche à intervenir dans les Balkans, afin de séparer, le plus possible, les

Slaves du midi des Slaves du nord, et qu'il s'était heurté à l'affection du vieux souverain pour les Romanof. Guillaume Ier subit l'alliance de l'Autriche, plus qu'il ne l'aime, et préférerait de beaucoup l'alliance étroite, offensive et défensive avec la Russie, à la Triple-Alliance des deux empires avec l'Autriche ; ce n'est pas sans résistance et sans débats que la politique du Chancelier a prévalu.

Quelle est donc en, somme, la situation imposée aujourd'hui à l'Europe, par la main vigoureuse, qu'un esprit supérieur a guidée, que les circonstances ont merveilleusement servie ? La France démembrée, isolée, tenue continuellement en suspicion, avec plus ou moins de bonne foi, expie bien des fautes commises à l'intérieur, mais garde à l'extérieur une attitude calme et sage qui déjouera, il faut l'espérer, toutes les provocations. L'Angleterre amoindrie, aigrie, divisée au dedans, embarrassée au dehors, réduite à l'impuissance, abandonne de plus en plus le continent européen aux cousins qu'elle protégeait autrefois, et qui ne semblent guère enclins à lui rendre la pareille.

La Russie, contenue à l'est, reste, malgré l'affection réciproque des deux empereurs, un sujet de graves préoccupations pour le Chancelier ; il importe de la tenir à distance de la France et celle-ci, avec un peu d'adresse, pourrait causer de terribles insomnies à son adversaire obstiné. Le maréchal de Moltke a bien déclaré qu'il n'y aurait pas de guerre, tant que Sa Majesté Guillaume Ier vivrait, mais l'avenir se rétrécit chaque jour pour le souverain nonagénaire et le fait immuable, c'est que cent millions de Slaves qui n'aiment pas les Germains, lui survivront, à lui et aux fils de son fils? Si *féminine* que soit cette race, elle ne laisse pas que de troubler la quiétude de celui qui affecte de la dédaigner.

L'Autriche, refoulée vers l'Orient, se trouve aussi en face de ces voisins formidables et elle sait jusqu'où elle peut compter sur ses amis de Berlin.

Quant à l'Italie, on lui a dit tout récemment son fait, ou plutôt on a affecté de ne lui rien dire. « Je ne parle pas de l'Italie, ni de l'Angleterre, parce que nous n'aurons jamais à conclure d'alliance avec ces deux pays. Nous n'avons pas à nous occuper de savoir si notre politique a leur approbation, ni si elle ne l'a pas! » Ainsi s'exprimait le Chancelier, tout récemment, au Reichstag. On n'est pas plus dédaigneux. C'est dur quand on est la Grande-Bretagne et qu'on a abattu Napoléon Ier! C'est décourageant, quand on est l'Italie et qu'on s'est courbé si humblement aux fantaisies du vainqueur, aux dépens des anciens amis et alliés! Les faibles sont écrasés, une immense Allemagne oublie ses humiliations autonomes et ses libertés confisquées, dans l'ivresse de la gloire militaire, mais elle commence à trouver que ses triomphes lui coûtent cher et marchande à son dompteur les nouveaux sacrifices qu'il exige hautainement. L'indépendance de tous est menacée par la puissance exagérée d'un seul, l'équilibre européen est un rêve du passé; les armements insensés ruinent l'Europe entière, le malaise est général, le lendemain assuré n'existe pour personne et le vainqueur lui-même cherche d'un œil interrogateur et méfiant ses vrais amis, ses alliés sûrs.

Tel est, en résumé, l'aspect que présente l'horizon politique dans le vieux monde, au commencement de 1887 ; sera-t-il éclairci par un coup de foudre, ou par une brise bienfaisante, qui emportera les nuages amoncelés à plaisir? Un avenir prochain nous répondra.

II

POLITIQUE INTÉRIEURE

Difficultés rencontrées par le Prince de Bismarck dans sa politique intérieure. — Le Reichstag. — Tout pour la Prusse et par la Prusse, tout pour l'État et par l'État. — Bienveillant despotisme. — Le Kulturkampf. — Le docteur Windthorst. — Lois Falk (1872). — Persécution des catholiques. — Pie IX et Léon XIII. — Négociations avec Rome. — Rapprochement. — M. Windthorst chez le Chancelier. — *Modus vivendi*. — Le Kron-Prinz à Rome, 1883. — Incertitude de l'avenir. — Socialisme d'État. — Lassalle et Karl Marx. — Attentats de Hödel et de Nobiling contre l'Empereur. — Lois de répression. — Philanthrophie du Chancelier. — Réforme financière. — Essais de réforme sociale. — Opposition. — Persévérance du Prince de Bismarck.

Si, après avoir suivi l'homme d'État prussien dans l'accomplissement de ses conceptions gigantesques à l'extérieur, on embrasse, d'un regard, l'œuvre qu'il a menée de front, à l'intérieur, on est émerveillé de la multiplicité de ses ressources et de ses facultés ; les années passent et semblent ajouter à son énergie herculéenne, à sa volonté indomptable. Ses adversaires (et le nombre en est grand) se sont plu à constater que son succès était moins absolu, moins incontesté dans l'organisation et l'administration de l'État, que dans les questions de politique étrangère. Cette différence s'explique aisément : dans ses rapports et ses luttes avec les autres puissances, le Chancelier n'a dû consulter qu'une seule volonté, en dehors de la sienne : celle de son souverain ; et, si parfois cette volonté a tenté de discuter, elle a toujours fini par céder.

Plus heureux que ses devanciers qui, tous, depuis la mort du grand Frédéric, s'étaient brisés à l'inertie des rois de Prusse, M. de Bismarck a rencontré un prince dont le patriotisme égalait le sien, un mystique disposé à voir en lui l'instrument envoyé par la Providence, pour l'aider à remplir la mission qu'il acceptait, le jour où « il prenait sa couronne de la table du Seigneur ». Le grand ministre, resté maître de tout diriger, a chargé les armées d'imposer sa loi. L'unité dans la direction, dans le but, dans les moyens, simplifiait beaucoup la tâche. A l'intérieur, au contraire, il fallait lutter avec les esprits et les idées de tous les partis, avec les problèmes sociaux, avec les opinions et les intérêts les plus divers ; tous antagonistes intangibles, qu'on ne prend pas corps à corps comme des régiments ; qui revêtent mille formes et, battus sur un point, reparaissent plus vivants et plus acharnés sur un autre. La question renaît chaque jour sous un aspect nouveau, se modifie sans cesse, selon des circonstances de toute nature, exige des compromis continuels et surtout veut du temps pour être jugée.

Le temps manque jusqu'ici pour décider de la valeur des efforts déjà faits; mais on doit, dès aujourd'hui, reconnaître que le Prince de Bismarck apporte, dans ses tentatives, une persévérance, une versatilité, une souplesse et une habileté qui font de lui un homme d'État complet.

Partant de ce principe « que l'Allemagne nouvelle est dans la situation d'une forteresse assiégée par des ennemis jaloux, méchants et vindicatifs, et que ce camp fortifié ne peut être gouverné avec la même liberté démocratique qu'une ville ouverte et en sûreté », il lui a donné une constitution aussi restrictive, au point de vue parlementaire, que l'ancienne constitution de la Confédération du Nord. Le Reichstag, élu par le suffrage universel, n'est en réalité qu'une assemblée consultative, qui discute pour la forme et sanctionne les lois proposées par le gouvernement; elle peut aussi les rejeter, mais ne peut, en aucun cas, imposer sa volonté au Bundesrath, conseil fédéral composé des représentants des souverains, et champion avoué du Chancelier. Nominalement, la nation tient les cordons de la bourse, mais, en fait, l'initiative de toutes les lois appartient aux gouvernement alliés, dont le *veto* a toujours été absolu et indiscutable.

« Tout pour la Prusse et par la Prusse », tel a été le Credo immuable du Chancelier, dans sa politique dite allemande. « Tout pour l'État et par l'État », tel est le principe qui domine dans son administration intérieure. L'Allemagne, c'est la Prusse ! la Prusse, c'est moi ! Ces deux mots résument ses ambitions et son œuvre. Il y a voué sa vie tout entière. Après avoir fait l'unité, il s'est appliqué et s'appliquera jusqu'au bout à la consolider, à la perfectionner. Rien n'échappe à sa vigilance; lois de finances, de presse, de chemins de fer, de douane, codification, réformes fiscales ou administratives, absorbent tour à tour son attention, et tout porte la marque de ce *bienveillant despotisme,* dont nos provinces séparées ont senti les premiers bienfaits. *Sécurité avant liberté*, est une de ses maximes favorites : la Justice est armée et doit faire usage de ses armes.

Dans une conversation caractéristique avec le général Grant, au sujet du régicide Nobiling, comme le général soutenait que, pour certains crimes, il ne connaissait qu'un châtiment : l'échafaud, le Chancelier répondit : « C'est précisément ma manière de voir, et ma conviction est si forte que, entre autres raisons, je renonçai au pouvoir en Alsace, afin de ne pas avoir à exercer mon droit de grâce en cas de condamnation à mort... La clémence de l'Empereur a presque aboli la peine de mort et, sous ce rapport, je ne peux m'entendre avec lui; en Alsace, où j'avais, comme Chancelier, à contresigner les actes de miséricorde, je me révoltais toujours intérieurement. »

« Nous n'avons pas annexé l'Alsace et la Lorraine pour faire leur bonheur »; disait-il en 1880 ; ne fera le bonheur de l'Allemagne que dans les limites de la stricte prudence.

Nous n'insisterons, dans son œuvre de gouvernement intérieur, que sur deux questions qui, du reste, en renferment tous les principaux éléments : le Kulturkampf et ce qu'on a appelé « le socialisme d'État ».

Le mot Kulturkampf en contient deux, dont le premier signifie culture, civilisation, progrès de la race, et l'autre, bataille. Il s'agissait donc d'un combat entre l'Église romaine et le gouvernement prussien protestant, pour l'éducation de la jeunesse allemande catholique.

Le Chancelier prétendit voir, en 1869-1870, une coïncidence voulue dans la réunion du concile œcuménique, la proclamation de l'infaillibilité du Pape et la déclaration de guerre par la France. C'était, à l'en croire, la croisade de l'Impératrice ultramontaine Eugénie, contre la Prusse hérétique. La Papauté profitait de la circonstance pour imposer un dogme qui plaçait son autorité, *en toutes matières*, politiques aussi bien que religieuses, au-dessus de l'autorité des souverains. Cette interprétation donnait aux gouvernements le droit de traiter en rebelles les disciples de la doctrine romaine. Toutefois, ne pouvant oublier que la population de son nouvel empire renfermait plus d'un tiers de catholiques, le Prince de Bismarck évita de précipiter les événements, et tout d'abord affecta une attitude de non-intervention, qui ne l'empêcha pas de favoriser l'opposition et les protestations du parti vieux-catholique, dépositaire prétendu de la doctrine romaine, dans toute sa pureté.

Mais, lorsque le parti du centre se forma au sein du Reichstag, pour défendre les intérêts de l'Église, lorsque la voix autorisée du docteur Windthorst s'éleva contre celle des chanoines Döllinger et Reinkens ; lorsqu'on vit les évêques, d'abord récalcitrants à Rome, venir s'incliner à Fulda, devant le tombeau de saint Boniface, l'apôtre des ancêtres Teutons, et déclarer, *la joie au cœur*, leur ferme résolution de rester les fils soumis de l'Église catholique et apostolique, l'esprit de Luther se réveilla et la guerre fut déclarée. Le docteur Windthorst, la *Perle de Meppen*, comme l'ont surnommé ses électeurs, le champion ardent, mais adroit et perspicace de la cause à laquelle il a voué les dons exceptionnels prodigués par la nature à son intelligence, pour faire oublier un physique ingrat, le docteur Windthorst, ancien ministre du roi de Hanovre, était deux fois un ennemi, en qualité de guelfe et de clérical ; tous les opprimés, Alsaciens; Lorrains, Danois, Polonais, devenaient ses alliés naturels ; néanmoins et malgré son immense talent d'orateur, de légiste, d'homme d'affaires et d'homme d'esprit, malgré ses ressources et son énergie infatigable, malgré la confiance aveugle et l'admiration de son parti, les forces étaient trop inégales, pour qu'il pût espérer la victoire.

On vit renaître une ère de persécution que l'on a pu, sans injustice, qualifier de dioclétienne. Selon l'usage, les jésuites furent déclarés fauteurs de tous les crimes et délits plus ou moins réels, du parti *noir* ; on en rêva partout, et leur puissance, si l'on eût cru leurs adversaires, eût dépassé de beaucoup celle des gouvernants.

« Nous n'irons pas à Canossa ! » s'écria le Chancelier. Le premier acte important fut la suppression de la section catholique, au ministère des cultes, sous prétexte « qu'il était contraire à la Constitution de faire dépendre de la foi religieuse la nomination à certaines fonctions officielles ». Il paraît que la section avait dégénéré en

« champion de l'Église, *dans* et *contre* l'État ». Pauvre Constitution ! Elle allait être traitée bien plus cavalièrement par ceux qui prétendaient la défendre ! Tous les articles que l'Église pouvait considérer comme la charte de son indépendance furent qualifiés de « membres gangrenés » et amputés en conséquence.

Le Junker de 1849 reparaissait pour déchirer avec joie ce document qu'il avait toujours haï, et les *libéraux*, qui l'avaient rédigé, applaudissaient avec enthousiasme, au nom de la liberté de conscience !

En janvier 1872, le ministre des cultes, M. von Mühler, n'appréciant pas bien cette manière de « rester sur la défensive », donna sa démission et fut remplacé par le Dr Falk, de draconienne mémoire. Deux fois le mois de mai, de 1873 et 1874, vit fleurir les lois célèbres, auxquelles on attacha cruellement son gracieux nom. Pendant sept années, le Chancelier et son instrument, M. Falk, s'appliquèrent à rédiger un code anticatholique, auprès duquel la révocation de l'édit de Nantes est une mesure bénigne. « Les gens éclairés de nos jours ne sont nullement tolérants, avait dit M. de Bismarck, un soir, à Versailles, et, quant au peuple, il est à peu près ce qu'il a toujours été ; je n'aimerais pas être témoin de la joie que manifesterait la foule, en voyant pendre M. Knak (prédicateur dissident qui prêchait alors à Berlin). On ne persécute plus au moyen de l'échafaud, ajoutait-il, mais on a d'autres manières. »

On en a même beaucoup et nul ne l'a mieux prouvé. Pour être restée sur le terrain politique, la persécution n'en a pas été moins savante et moins odieuse.

18.

On invoqua ce principe, que l'école est l'arme principale de l'État, pour la soumettre absolument au contrôle gouvernemental.

Les jésuites, déclarés conspirateurs contre la paix et la sûreté de l'empire, furent bannis sans délai. La police eut désormais le pouvoir de leur retirer le droit de résidence, dans toutes les parties de l'Allemagne impériale. Tous les autres ordres furent ensuite frappés. On voulut bien cependant épargner les sœurs de charité, exemple que la République française n'a pas le courage d'imiter ! Puis ce fut le tour de la discipline intérieure de l'Église ; personne ne put être admis à exercer le sacerdoce sans avoir passé un examen devant une école supérieure *de l'État*, étudié la théologie, pendant trois ans, dans une université allemande, et obtenu *de l'État* un diplôme de capacité, dans les branches diverses d'une éducation libérale ! Enfin, les supérieurs ecclésiastiques furent tenus de donner préalablement avis *à l'État*, de la nomination ou de transfert de tout ecclésiastique, et *l'État* eut le droit de veto sur tous ces actes, soit sous prétexte d'insuffisance, soit à cause *du caractère criminel ou soupçonné tel, des opinions politiques du candidat !* Les mesures disciplinaires, prises par l'Église à l'égard des ecclésiastiques, furent soumises au contrôle *de l'État* qui, en un mot, s'arrogea tous les droits, tous les pouvoirs, en dehors des questions de dogme.

Cette fois encore, le Chancelier fit preuve de la souplesse opportune qui lui facilite les évolutions les plus stupéfiantes. On n'avait pas perdu la mémoire du discours passionné dans lequel il s'était élevé, autrefois, contre le mariage civil. Mais ce qui, en 1850, « dégradait la religion devant un bureaucrate mercenaire, substituait le bureau de police à l'autel, et ce, à une époque de libre pensée, où l'on enseignait que la baïonnette seule intervient entre les passions criminelles et le citoyen paisible », tout cela devenait excellent, indispensable, en 1875.

A ces nombreuses lois étaient logiquement attachées les pénalités en cas d'infraction, et elles n'étaient pas douces. Toute résistance passive, c'est-à-dire tout exercice du ministère sacré, en dépit d'une défense prononcée par l'État, entraîna le bannissement et la perte de tous les droits des sujets allemands! Ainsi que le fit très justement remarquer le Dʳ Windthorst, « il n'y avait plus qu'un progrès à introduire dans la répression : la guillotine! »

La persécution a toujours eu et aura toujours les mêmes effets; l'âme humaine ne cessera pas de s'attacher profondément à la cause pour laquelle elle souffrira.

Qu'est-il arrivé en Allemagne? Quels ont été, de part et d'autre, les effets du Kulturkampf? La main de fer s'est appesantie lourdement sur la catholicité germanique; on a vu les évêques de Paderborn, de Cologne, d'Ermelunde, de Posen, de Trèves, privés de leurs émoluments et ensuite de leurs sièges, après avoir été condamnés à des amendes ruineuses; puis traînés en prison, comme de vulgaires malfaiteurs; dans certains cas, à Fulda, par exemple, on leur a substitué des évêques officiels, vieux-catholiques; les revenus de l'Église ont été confisqués et administrés par l'État, comme ceux des ordres religieux.

Écoutons ce que dit M. Charles Lowe, biographe et admirateur fanatique de M. de Bismarck, un passionné que la gallophobie et l'horreur de Rome égarent trop souvent. Il s'étend avec complaisance, lui, le fils de la libre Angleterre, sur les hauts faits de la persécution et agrémente son récit de plaisanteries dont la finesse égale le bon goût : « Dans les premiers mois de l'année 1875 seule, nous dit-il, les condamnations à la prison représentèrent une durée de cinquante-six années ; les amendes montèrent à 28,000 *marks*. Pendant la même période, il y eut 30 confiscations, 55 arrestations, 74 visites domiciliaires, 103 expulsions, sans compter les ordres bannis et 55 sociétés et réunions furent dissoutes. Ces chiffres démontrent éloquemment l'intensité d'une lutte dont les victimes laïques, aussi bien que cléricales, augmentaient dans une progression continue et mathématique. Vers le milieu de l'année 1877, six évêques prussiens, sur douze, avaient été déposés ; deux autres sièges, vacants par la mort des titulaires, ne pouvaient être remplis. Des 633,000 marks dus normalement par l'État à l'Église, un tiers à peine fut payé en cette même année. Le nombre des paroisses dans lesquelles tout service religieux avait cessé monta rapidement à 1400. Sur 10,000 prêtres catholiques prussiens, le gouvernement ne réussit à briser la volonté que d'une *trentaine*.

» Les chaires de théologie restaient vacantes ; les processions catholiques étaient troublées par la police ; les écoles et les séminaires se fermaient, la presse catholique était étranglée ; les cloîtres, abandonnés, semblaient accuser le passage d'un ennemi destructeur ; les serviteurs de l'Église étaient ruinés, emprisonnés, bannis sans merci ; les palais épiscopaux envahis, leurs occupants poursuivis par des mandats d'arrêt et les vociférations de la rue, comme des voleurs et des meurtriers. Des tumultes éclataient dans les églises, des rixes profanaient les cimetières ; le crucifix qui, aux âges de chevalerie et de foi, protégeait les fugitifs contre l'épée de l'assaillant redouté, n'avait plus de terreur préventive pour les agents d'un État où le christianisme avait depuis longtemps cessé d'être une puissance. Les prêtres étaient arrachés de l'autel, du lit des mourants, de la tombe même et jetés en prison comme des malfaiteurs, ou bannis comme des lépreux. »

Voilà ce que nous dit un protestant ardent, un ennemi acharné de Rome, un adorateur quand même de M. de Bismarck et de ses œuvres. Et quelle est sa conclusion ?

« La nation entière se levait en armes : Sus aux Guelfes ! sus aux Gibelins ! retentissait de toutes parts, comme au temps des Hohenstauffen. L'homme revenu fanatique de la paix n'avait semé que la guerre. Combien de temps le pays serait-il troublé, déchiré par cette lutte intestine ? Y avait-il donc du vrai dans cette parole du pape Pie IX : « Ces catholiques allemands sont inébranlables comme des chênes ? » Et, si leurs maîtres demeuraient inflexibles comme le fer, le chêne céderait-il, ou le tranchant du fer serait-il émoussé ? Des symptômes nouveaux donnèrent à penser que ceux qui le tenaient se fatiguaient de leurs efforts pour fendre une substance invulnérable. Les sages gouvernants de la Prusse avaient-ils pris la bonne voie ? Le Chancelier qui prétendait, en vertu de ses actes passés, à quelque chose ressemblant fort à l'infaillibilité, en avait-il fait preuve dans sa manière de combattre des prétentions semblables aux siennes? » Beaucoup de gens commençaient à en douter (lui le premier peut-être!), et le suffrage universel lui renvoyait un nombre toujours croissant de représentants cléricaux! « M. de Bismarck est un homme très remarquable, disait M. Thiers au comte d'Arnim, mais je ne peux comprendre sa politique à l'égard de l'Église. Il en portera la peine, soyez-en sûr. Dites-lui, de ma part, qu'il fait fausse route. Vers la fin de la bataille de Waterloo, Napoléon étant au désespoir, un grand coquin, M. Ouvrard, le fournisseur, vint à lui et lui dit : « Sire, les Anglais ont perdu énormément » d'hommes! — Oui, répliqua l'Empereur, mais moi, j'ai » perdu la bataille! » Il en sera ainsi un jour pour M. de Bismarck vis-à-vis de l'Église ; n'en doutez pas! » Et en effet, graduellement, très graduellement, le Chancelier est venu à résipiscence.

Le 7 février 1878, le pape Pie IX mourut. Son successeur, dont le cœur de père et de souverain n'avait pas subi l'acuïté de la crise, monta sur le trône pontifical, résolu à se rappeler souvent cette évangélique parole : Bénis sont les pacificateurs! et, sans rien sacrifier de sa dignité ni des intérêts de l'Église, à profiter de toutes les circonstances propices aux compromis acceptables. Depuis longtemps Rome avait rompu avec la Suisse, la Russie et l'Allemagne. Le Saint-Père Léon XIII jugea sage de leur notifier son avènement. L'empereur Guillaume, atteint par les balles de Nobiling, reçut du Vatican des paroles de sympathie, et quoiqu'Elle attribuât aux souffrances de la religion, en Allemagne, les progrès du socialisme, Sa Sainteté se montra décidée à seconder la Prusse, si elle combattait ces progrès.

Mais ce qui facilita surtout les négociations, ce fut la situation précaire du Prince de Bismarck, en face du Reichstag. Il entreprenait alors sa campagne contre le libre-échange, dans l'espoir de relever l'industrie nationale. Il ne pouvait réussir et rester le maître, qu'à la condition de pouvoir compter sur une majorité forte et stable. Les conservateurs lui seraient fidèles, mais il était indispensable de leur adjoindre un autre parti. Or celui du centre clérical comprenait le quart des députés, et celui des nationaux-libéraux mettait, à la continuation de son appui, des conditions incompatibles, affirmait le ministre, avec la force et la stabilité de l'empire. Qu'à cela ne tienne ! On se tournerait vers les cléricaux ! « C'est l'affaire de l'homme d'État de tenir compte des faits. »

Néanmoins les pourparlers furent longs et difficiles. La Prusse y apporta sa raideur habituelle. Le Prince Impérial, régent pendant que son père se guérissait de ses blessures, déclara au Pape qu'aucun prêtre italien ne lèverait la dîme dans son empire. Ceci n'empêcha pas Mgr Masella, nonce à Munich, d'échanger des visites avec le Chancelier, qui prenait les eaux à Kissingen. Le Saint-Père avouait que son âme ne trouverait jamais de repos, jusqu'à ce que la paix entre l'Église et l'État fût rétablie en Allemagne. Le Prince Impérial faisait grand bruit de son esprit de conciliation, tout en affirmant qu'il ne payerait pas les cléricaux « en monnaie de

Canossa ». Ceux-ci prétendaient très légitimement pratiquer le *do ut des* que leur enseignait leur adversaire. Enfin la sensation fut grande, lorsqu'on apprit que le docteur Windthorst, l'intransigeant catholique, avait franchi le seuil de son antagoniste et lui avait tendu la main.

M. de Bismarck présentait alors ses lois protectionnistes et, trouvant de la résistance chez les nationaux-libéraux, il avait songé à profiter de ce que le centre ultramontain représentait en général des pays manufacturiers et par conséquent protectionnistes. Ce groupe de cent députés craindrait sans doute de mécontenter ses électeurs; si on lui offrait des concessions, il s'humaniserait peut-être. Ainsi fut fait, à la profonde indignation des nationaux-libéraux. Le pauvre docteur Falk resta sur le carreau; le ministère de combat avait achevé son œuvre; on confia le ministère de conciliation à M. de Puttkamer, parent de la Princesse, qui unissait admirablement, paraît-il, la douceur de la forme à la force du caractère.

Depuis, les négociations n'ont plus cessé et, chaque année, au prix de bien des débats publics ou secrets, des concessions nouvelles ont été arrachées aux deux parties. Parfois l'horizon s'est chargé de nuages; mais, d'une part, la conviction de l'Empereur que l'enseignement religieux peut seul empêcher la propagande des doctrines socialistes, et, de l'autre, la sagesse éclairée du Saint-Père ont favorisé l'apaisement. Des rapports diplomatiques réguliers ont été repris en 1882; des lois accordant à l'Empereur un pouvoir discrétionnaire, pour l'application des lois de mai, assez largement modifiées, ont permis d'arriver à un *modus vivendi* imparfait sans doute, mais encourageant pour l'avenir. Le troupeau catholique a retrouvé le plus grand nombre de ses pasteurs ; le zèle de la police et des persécuteurs publics a été rappelé à la modération ; beaucoup de revenus ecclésiastiques sont rentrés dans les mains de leurs légitimes possesseurs, et le clergé, à la condition de ne pas violer les lois, a pu reprendre sa part dans l'instruction de la jeunesse.

Un événement très significatif marqua la fin de l'année 1883. Le 18 décembre, Son Altesse le Prince Impérial d'Allemagne voyait s'ouvrir devant lui les portes du Vatican, et l'auguste souverain captif lui accordait une audience qui se prolongeait pendant près d'une heure ! Par une délicate inspiration de courtoisie et d'esprit de paix, Sa Sainteté exprima, ce jour-là, le désir de posséder le portrait du Prince-Chancelier, qu'on s'empressa de faire peindre pour Elle. Il y eut un long cri de joie parmi les catholiques d'Allemagne et des lamentations dans la presse dite libérale, qui affecta de voir, dans ce rapprochement, un *Olmütz ecclésiastique*. Il ne faut pas exagérer les illusions et croire le conflit terminé. « Le *statu quo*, tel qu'il existait sous Frédéric-Guillaume IV, tel qu'il fut confirmé par l'Empereur actuel, lors de son couronnement, la réorganisation des écoles sur les mêmes bases qu'avant la promulgation des lois Falk, cela *seul* nous satisfera », disait le docteur Windthorst, à la fin de 1884, et le Chancelier répondait : « Comme diplomate, je sens que de nouvelles concessions de notre part, seraient absurdes. Nous pouvons attendre que Rome se montre conciliante ; jusque-là nous ne bougerons pas de l'épaisseur d'un cheveu. » Or il convient de ne pas oublier que les lois Falk n'ont pas été abrogées, que l'Empereur les applique à *discrétion* et que, plus d'une fois, il a opposé son *veto* aux concessions qu'avait votées le Reichstag.

Le Chancelier n'a-t-il pas fait vœu que le siège épiscopal de Posen ne serait jamais réoccupé par le cardinal Ledochowsky, ni par aucun prélat sympathique aux aspirations des Polonais? Et le catholicisme n'est-il pas l'adversaire qu'il redoute et poursuit à outrance, dans ce malheureux pays auquel ses derniers discours ne promettent que rigueur et anéantissement? Qu'un revirement se produise chez les nationaux-libéraux; que M. de Bismarck n'ait plus besoin des catholiques; qui peut prévoir ce que ferait alors le diplomate caméléon? « Les relations de la monarchie avec le clergé sont invariablement réglées par *l'actualité,* non par des principes », a-t-il dit.

Il l'a prouvé déjà, et il continuera.

Une considération l'induira peut-être à persévérer dans sa voie nouvelle : la satisfaction de supplanter la France dans l'influence que ses maîtres actuels dédaignent si niaisement, oubliant la force immense que lui a donnée, dans les deux hémisphères, son prestige de fille aînée de l'Église, et semblant prendre un plaisir insensé à faire du *Gesta Dei per Francos* une chose du passé!

« Le Pape règne encore sur le monde! » s'écria le docteur Windthorst, lorsque le Prince de Bismarck invoqua l'arbitrage du Souverain-Pontife dans l'incident des îles Carolines; n'aurait-il pas pu ajouter : « Et M. de Bismarck ne serait pas fâché de régner à côté de lui, là où il ne peut régner seul, à cette même place que la *France abandonne!* »

Le Chancelier est doué d'une force prodigieuse pour le travail ; comme Antée touchant la terre, il semble la raviver chaque fois qu'il se prend corps à corps avec une tâche nouvelle. Il paraît écrasé, épuisé ; une difficulté surgit, un labeur s'impose ; aussitôt sa volonté dompte la fatigue ; il revêt son armure et le voilà dans la lice, prêt à frapper d'estoc et de taille.

Pendant qu'il poursuivait la solution de ce problème si ardu, des rapports entre l'Église et l'État, un autre problème, plus formidable, plus vital peut-être, fixait son attention et appelait ses efforts. Cette fois, il s'agissait des devoirs de l'État envers la société, pour la guider et la sauvegarder. Le spectre rouge se dressait devant lui, présentant ses arguments au bout d'un revolver ou dans une cartouche de dynamite. Pour le vaincre, il ne suffisait pas de lui enlever ses armes matérielles ; il fallait chercher, dans l'arsenal de ses doctrines, s'il ne se trouvait pas certains engins de guerre dont on pût s'emparer, afin de les tourner ensuite contre lui. Le prolétariat déclarait une guerre à mort à la société représentée par l'État ; l'État n'avait-il pas le devoir d'examiner si toutes les revendications du prolétariat étaient absolument injustes et inadmissibles? Et, s'il se convainquait du contraire, la prudence et sa responsabilité envers toutes les classes ne lui imposaient-elles pas la tâche d'endiguer le torrent démocratique et d'en diriger le cours sur le domaine social, qu'il menaçait d'inondation et de ravages?

Par une coïncidence fortuite, l'organisation du parti

socialiste-démocrate, en Allemagne, date de 1862, comme l'entrée du Chancelier au ministère. Il s'en préoccupa aussitôt, et si son action ne se fit pas sentir plus promptement, c'est que les exigences de sa politique étrangère absorbèrent son esprit et son activité. Ce fut à cette époque qu'il entra en relations avec Lassalle, l'organisateur du parti révolutionnaire, homme supérieur, qu'il apprécia hautement, et qui l'eût peut-être utilement servi, si la balle d'un rival, auprès d'une femme indigne, n'eût terminé brusquement son existence en 1864.

Les vrais grands esprits se comprennent vite. « Quand nous devrions échanger des balles avec M. de Bismarck, disait Lassalle, la justice la plus élémentaire nous obligerait à reconnaître en lui un *homme,* tandis que les progressistes sont des vieilles femmes. » Et le ministre, de son côté, affirmait que « Lassalle était un des hommes les plus supérieurs et les plus intéressants qu'il eût jamais rencontrés ; un homme de haute ambition, nullement républicain, animé, au contraire, de sentiments profondément nationaux et monarchiques. L'empire d'Allemagne était son idéal, ce qui établissait entre eux un point de contact ». Il y en avait d'autres. Lassalle voulait que tout se fît par l'initiative de l'État, qu'il entendait « défendre, avec M. de Bismarck, contre ces *modernes barbares,* l'école de Manchester ». Ce n'était pas dans l'effort individuel, mais dans l'appui de l'État, qu'il cherchait le salut de la société. S'il fondait « l'Union des travailleurs allemands », pour organiser le travail contre le capital, il voulait combattre sur un terrain légal. Mais il mourut, et, peu à peu, l'Union se laissa gagner aux doctrines anarchistes et communistes de Karl Marx, le fondateur de l'*Internationale*. Avec Lassalle, il s'agissait d'une réforme intelligente ; avec Marx, de la destruction absolue de l'édifice social ; on reconstruirait après, si l'on pouvait.

Autant M. de Bismarck avait écouté l'un avec sympathie, autant l'autre lui inspira de répulsion et d'appréhension. Il avait eu des doutes ; « ils cessèrent, a-t-il raconté, lorsque, après la guerre de France, le député Bebel, l'un des apôtres du socialisme, montra, dans un appel pathétique au premier parlement allemand, la Commune de Paris comme un modèle d'institution politique, et confessa ouvertement la foi des assassins et des incendiaires de Paris ». — « Dès lors je vis clairement le danger qui nous menaçait... et je reconnus, à l'instant, que la démocratie sociale était un ennemi contre lequel l'État et la société étaient tenus de se défendre. »

Mais comment ? Il fit appel aux gouvernements ; tous, excepté l'Autriche et plus tard la Russie, se dérobèrent. Hödel et Nobiling tirèrent sur l'empereur Guillaume. Le Chancelier présenta au Reichstag des lois de répression ; les nationaux-libéraux les firent rejeter ! Un autre se serait découragé, il faillit l'être ; l'opposition s'étendait de la cour au parlement ; la santé du ministre était sérieusement atteinte, l'amertume l'envahissait ; il parlait de lui, comme *d'un vieillard brisé, d'un chasseur épuisé de fatigue, après une recherche infructueuse du gibier;* plus d'une fois il sembla décidé à la retraite, et l'Empereur, pour le soulager, créa un vice-chancelier, qui, par parenthèse, ne put subir longtemps l'autocratie de son supérieur ; mais un jour, au chevet de son souverain blessé par une balle socialiste, le serviteur, dont le dévouement et l'affection ne peuvent être mis en doute, même par ses ennemis les plus passionnés, jura, dans son cœur, que *jamais* il n'abandonnerait son Seigneur et Roi, « le maître qui avait exposé sa vie, pour accomplir son devoir envers Dieu et les hommes ».

Il reprit donc la lutte et obtint enfin, en 1880, une loi qui l'armait provisoirement contre l'anarchie.

Les sociétés révolutionnaires furent dissoutes, leurs réunions défendues, leurs publications supprimées, leur littérature déclarée de contrebande ; les expulsions se multiplièrent. Jamais l'Inquisition n'exerça son autorité avec plus de vigilance. La tentative d'explosion au Niederwald, lors de l'inauguration du monument national, en 1883, fit éclore de nouvelles mesures répressives. A quel résultat ont-elles abouti ? A l'organisation occulte du socialisme, au lieu de l'action au grand jour ; à l'envoi, au Reichstag, de *vingt-quatre* députés du parti en 1884, au lieu de *neuf* en 1878, et de *quatorze* en 1881 ! Et cependant le gouvernement avait prouvé, par ses actes, que la réforme marchait de pair avec la répression ; que l'on s'efforçait de rendre le mouvement révolutionnaire inoffensif, sans cesser de chercher à satisfaire les aspirations légitimes.

Le prince de Bismarck se savait aux prises avec des appétits nouveaux, avec une soif de bien-être que l'esprit religieux, très affaibli, ne pouvait plus combattre victorieusement. Améliorer le sort des masses était une question vitale pour les gouvernements, et la plupart semblaient aveugles ou indifférents !

L'homme d'État prussien, au déclin de la vie, sous le poids accumulé d'un labeur qui eût rempli plus d'une existence et usé plus d'une constitution, meurtri dans sa lutte contre l'Église catholique, mal compris et mal secondé, se jeta résolument dans une nouvelle arène, au-devant d'une hydre à têtes innombrables, ignorant encore avec quelles armes il la combattrait, sachant seulement qu'il aurait à les forger lui-même, au cours de la bataille.

Quel était le but ? donner la plus grosse somme possible de bonheur et de contentement à une génération matérialiste. Pour cela, il fallait la richesse et le bien-être. Comment les produire ? Par la réorganisation absolue des finances de l'État et par la création d'institutions bienfaisantes, protectrices et paternelles, qui répondraient, on l'espérait du moins, aux revendications des classes pauvres et mécontentes. Avec ce double objectif en vue, le Chancelier inaugura ce qu'on appelle son « ère économique ». Par sa réforme financière, il voulait : 1° rendre l'empire financièrement indépendant des divers États qui le composent; 2° répartir l'impôt à nouveau et de telle sorte que, sans le diminuer, on en rendît le poids moins lourd; il pensait y parvenir en substituant les impôts indirects à l'impôt direct; il espérait créer une nouvelle source de prospérité, en stimulant l'industrie nationale, qu'il défendrait ensuite, par « la muraille de Chine de la protection ». Sa devise serait : « l'intérêt national *seul*, sans le moindre égard pour celui des autres peuples; il était grand temps que l'Allemagne ne fût plus la dupe d'une honnête conviction ».

Aux objections scientifiques, il répondit que les doctrines abstraites de la science le laissaient parfaitement froid et que l'expérience guidait seule son jugement. Les principes de Cobden lui semblaient aussi dangereux pour l'Allemagne, que ceux des disciples de Loyola, et les *Ultramaritimes*, comme on appela bientôt les Anglais, furent placés dans la même catégorie hostile que les *Ultramontains*. Par une habileté qui ressemblait à une malice, ceux-ci furent, comme nous l'avons dit, appelés à servir le Chancelier contre ceux-là ! Quant à l'Angleterre, elle est trop clairvoyante pour conserver beaucoup d'illusions sur l'affection que lui gardent ses cousins du continent. La politique coloniale lui réserve un certain nombre de bonnes querelles de famille, dont on a déjà eu les prémices.

« Il est extrêmement difficile, a dit Burke, de définir ce que l'État doit diriger et ce qu'il doit laisser à l'initiative individuelle. » M. de Bismarck n'espère pas résoudre le problème tout entier, mais il pense qu'il est temps d'y toucher, de diriger le mouvement socialiste dans des voies salutaires, de mettre en action certaines idées justes et compatibles avec le maintien de l'ordre public et social. Il croit qu'il est encore au pouvoir des gouvernants, par une intervention prompte et judicieuse, de réconcilier la majorité des classes laborieuses avec les institutions existantes et de rétablir l'entente entre les patrons et les ouvriers. « Pour cela, il faut prouver à ces derniers, en venant à leur aide autrement que par l'aumône, que l'État est utile; que, s'il prend beaucoup, il donne beaucoup aussi »; et lorsqu'on lui objecte les dépenses que nécessiterait sa *politique patriarcale*, il répond : « La révolution qui éclatera dans cinquante ans, ou dans dix, si vous persévérez dans votre *laissez-faire* et *laisser aller*, coûtera bien autrement cher ! »

« L'État doit aider ceux qui s'aident. » Les premiers efforts du Chancelier dans cette voie ont eu pour but d'assurer l'ouvrier contre les effets de la maladie, puis contre les accidents, et enfin contre la misère dans la vieillesse. « Pourquoi, a-t-il dit, le marin, le soldat, l'employé administratif seraient-ils plus privilégiés que le soldat du travail? Celui qui peut compter sur une pension, si petite qu'elle soit, pour l'âge des infirmités, est beaucoup plus heureux, satisfait de son sort et facile à conduire, que celui dont l'avenir est incertain. »

Facile à conduire ! En ce mot, se révèle la vraie pensée du Prince, car il se sert du progrès par instinct politique, bien plus que par sentiment libéral.

On aurait pu croire que les prolétaires et leurs chefs socialistes et progressistes applaudiraient des deux mains à ces tentatives philanthropiques. Il n'en a rien été. L'ingérence perpétuelle de l'État a déplu; on s'est trop senti en tutelle, et puis il fallait de l'argent pour toutes ces entreprises; où le prendrait-on? N'imposerait-on pas les denrées de première nécessité? M. de Bismarck ne cachait pas que le monopole du tabac et l'impôt sur la bière lui tenaient fort au cœur; on commencerait donc par s'emparer de l'argent « du pauvre homme », pour lui faire payer cher sa miche, sa chope et sa pipe, sous prétexte de lui assurer un misérable morceau de pain, quand il ne serait plus bon à rien.

Le prolétaire ne fut pas seul à se plaindre. Le particularisme allemand poussa son cri d'alarme; la Prusse voulait tout absorber; non seulement les États confédérés, mais chaque province, chaque commune perdrait le droit de faire son bonheur à sa guise et l'on ne voulait pas du bonheur imposé par la Prusse. Qu'était-ce que le socialisme d'État? Une machine à broyer l'initiative de tous et de chacun, à dispenser les gens « du trouble de penser et de la peine de vivre », une machine à mille ressorts appelés en terme générique « la bureaucratie »; ressorts très coûteux, dont le fonctionnement avait quelque chose de louche et pourrait bien détruire ce qui restait de liberté. La distribution des aumônes prussiennes, ce serait la sujétion définitive de l'Allemagne. Tous les partis, courtisés tour à tour, en arrivaient à une méfiance unanime. M. de Bismarck dut reconnaître qu'il était bien plus facile de vaincre l'Europe que son parlement; néanmoins, il ne n'est pas découragé; il a bataillé, disputé, présenté des projets de loi qui, d'abord rejetés, ont depuis été adoptés en partie. La route sera longue à parcourir.

« Je ne crois pas, déclarait-il à la tribune, que nos fils et même nos petits-fils puissent résoudre la question définitivement; du reste, aucune question politique ou sociale ne peut l'être mathématiquement; toutes surgissent, ont leur temps et font place à d'autres. Le développement organique le veut ainsi. Je considère comme un devoir de traiter ces questions avec calme et sans esprit de parti, simplement parce que je ne vois pas qui peut le faire, si ce n'est le gouvernement impérial. » Un autre jour, il disait à M. Busch : « Ces idées feront leur chemin; elles ont un avenir. Peut-être, quand je mourrai, notre politique sera-t-elle battue en brèche. Mais le socialisme d'État aura son jour et celui qui le défendra tiendra le gouvernail. » Le prince de Bismarck le tient aujourd'hui, et d'une main que ni l'âge, ni la maladie, ni un travail énorme n'ont encore fait trembler; il sait que son œuvre, compliquée de réforme financière et sociale, ne sera qu'ébauchée par lui; qu'il n'a encore réussi qu'à poser la première pierre de son édifice et que, pour cela seul, il a eu besoin de sa persévérance inébranlable; néanmoins il continuera aussi longtemps que ses forces ne le trahiront pas. L'Europe attentive n'a pas eu le temps de juger des principes par les résultats; il est plus facile de faire l'unité d'un grand empire que le bonheur de ses habitants; mais on ne peut refuser l'admiration à l'athlète septuagénaire, dont tant d'années de lutte n'ont affaibli ni la volonté ni l'énergie.

SIXIÈME PARTIE

LE PRINCE DE BISMARCK CHEZ LUI

LE CHANCELIER CHEZ LUI

Goût du Prince de Bismarck pour la campagne. — Sa fortune. — Sa vie aux champs. — Sa ménagerie. — Son chien Sultan. — Varzin. — Friedrichsruhe. — La vie privée du Chancelier. — Réception des ambassadeurs et des députés. — Soirées parlementaires. — Un colosse solitaire. — Le Chancelier est-il heureux ? — Sa santé. — Son humeur. — Son goût pour la musique. — Sensibilité et mélancolie. — Caractères de l'œuvre du Prince de Bismarck. — Que lui réserve l'avenir?

Nous avons longtemps suivi le Chancelier dans l'arène ; avant de nous séparer de lui, voyons-le un instant au sein de la société dont il est le point de mire, au foyer, où il trouve parfois le repos et la seule compensation qui lui soit chère, à ces fatigues, à ces irritations, à ces désappointements inséparables de toute entreprise humaine, même lorsque le succès et la gloire semblent lui prodiguer leurs couronnes.

C'est avec une sensation d'allègement et de bien-être

que l'esprit se détourne enfin du politique âpre et dur, arbitraire et violent, ironique et hautain, pour ne plus voir que l'homme privé, si ardemment épris de la nature et des saines jouissances, que les exigences de sa situation, loin d'affaiblir ses premières tendresses, les ont plutôt avivées, fortifiées.

L'écolier Otto de Bismarck, se promenant un jour dans les environs de Berlin, sentait les larmes lui monter aux yeux, en revoyant une charrue pour la première fois, depuis qu'on l'avait enlevé à ses champs bien-aimés.

Aujourd'hui, le Prince de l'empire n'est jamais si heureux que lorsqu'il parcourt « en grandes bottes bien graissées, loin de toute civilisation », ses bois et ses guérets. L'homme de fer disparaît et se transfigure. C'est à Varzin que le peintre Lenbach surprit un matin une si belle expression, sur les traits du Chancelier, pendant qu'il suivait du regard de nombreux oiseaux, dans leur vol, qu'il s'écria : « J'ai trouvé! ne bougez pas! » Et aussitôt il esquissa le plus beau portrait connu de son illustre modèle, celui qu'on voit dans la galerie nationale de Berlin, et que l'artiste a reproduit pour le pape Léon XIII.

« Croyez-moi, disait la princesse de Bismarck, à un émule en diplomatie de son mari, un navet l'intéresse plus que toute votre politique. » Ce mot n'est que l'exagération de la vérité ; lorsque les affaires de l'État pèsent trop lourdement sur le Chancelier, le souvenir de Varzin, qu'il a surnommé son Tusculum poméranien, se présente à son esprit « comme une vision apaisante ». Il disait un matin, à Versailles : « J'ai eu cette nuit, pour la première fois depuis longtemps, deux heures de bon sommeil réparateur. Ordinairement je reste éveillé, l'esprit rempli de toute sorte de pensées et d'inquiétudes ; puis Varzin se présente tout à coup, parfaitement distinct, jusque dans les plus petits détails, comme un grand tableau avec toutes ses couleurs, les arbres verts, les rayons de soleil sur les troncs, le ciel bleu au-dessus et chaque arbre ressortant séparément. Impossible, malgré mes efforts, d'échapper à cette obsession, jusqu'à ce qu'elle soit remplacée par des notes, des rapports, des dépêches, etc., et enfin le sommeil vers le matin. »

Le pays et le souverain reconnaissants ont prodigué à leur grand homme les moyens de satisfaire ses goûts. M. de Bismarck, né presque sans fortune, est aujourd'hui l'un des plus riches propriétaires fonciers d'un pays relativement pauvre, et, si l'on se place au point de vue allemand, ce n'est que justice.

Ses revenus dépassent 500,000 francs. A ses terres patrimoniales de Schœnhausen et de Kniepof, il ajouta celle de Varzin, en 1866, grâce à la donation de 1,500,000 francs, qui lui fut offerte après la guerre contre l'Autriche ; en 1871, l'Empereur préleva, sur les milliards de la France, environ 4,000,000 pour lui donner le domaine de Friedrichsruhe, situé dans le Lauenbourg, cette première conquête de sa politique ; c'était une attention délicate.

Le Prince s'est montré administrateur aussi habile et aussi actif de ses biens que des affaires de l'État. Il est à la fois fermier, forestier, manufacturier, brasseur, distillateur, propriétaire de scieries et de papeteries, au courant de tous les détails, de tous les procédés et à l'affût de toutes les expériences nouvelles. Il dit parfois, en plaisantant, que ses dotations l'ont ruiné, que, du temps de Francfort et de Saint-Pétersbourg, il avait toujours une épargne, tandis que, maintenant, avec les exigences de sa position et ses entreprises, il n'est « qu'un homme embarrassé ». Plaignons-le ! !

Grâce à différents Dangeaux bien renseignés, tels que MM. Busch, Rudolph Lindau et autres, nous pouvons suivre le Chancelier dans ses retraites rurales, comme au palais de la Wilhelmstrasse.

Lorsqu'il est aux champs, on voit enfin disparaître l'immuable uniforme ; la tenue noire avec cravate claire, l'épais veston gris, avec le chapeau à larges bords, le remplacent, soit à l'intérieur, soit au dehors. Dès neuf heures du matin, s'il est bien portant, le maître sort, un bâton noueux à la main et suivi de ses chiens. Pendant le déjeuner, entre dix et onze, on lui apporte ses lettres et ses télégrammes ; il donne ses instructions à ce sujet et reçoit ensuite ses fermiers, régisseurs, gardes-forestiers, etc. Entre une heure et deux, il sort à cheval, ou en voiture découverte, et, s'en va, souvent fort loin, visiter quelque nouveau bâtiment de ferme, quelque jeune plantation, la pêche d'un étang, ou les moulins d'une papeterie. Les visites aux voisins sont rares ; peut-être les divergences politiques s'y opposent-elles ?

Au dîner, servi vers cinq heures et demie, le maître se charge de nourrir lui-même ses deux chiens préférés.

« Tel Odin entre ses deux loups », disait un de ses familiers. Après le dîner, on prend le café au billard, où le Prince fume sa pipe, assis devant un grand feu de bois. A dix heures et demie, on sert le thé dans le boudoir de la Princesse et, une heure après, Morphée règne. Tout ce qui se consomme au château, excepté le vin, est le produit des domaines.

Le Chancelier ne chasse plus, mais il éprouve toujours autant de plaisir à errer dans son parc magnifique, très accidenté, orné d'un beau lac et admirablement planté. Le Prince connaît tous les plus grands arbres, individuellement. La lune et les étoiles sont souvent témoins des promenades solitaires pendant lesquelles ont germé dans son esprit tant de pensées réalisées par la suite. Il aime à conter ce qu'il observe dans son parc, surtout parmi les animaux qu'il aime tant. La colonie des corbeaux l'intéresse vivement : « C'est plaisir, dit-il, de les voir enseigner aux petits à voler, à trouver les vers qui doivent les nourrir, puis s'en aller, comme les grands personnages, à la ville, pour y passer l'hiver dans certaines tours devenues leurs résidences. »

On sait qu'il s'est toujours entouré d'une petite ménagerie, mais les chiens et les chevaux sont restés ses grands favoris. Il eut un véritable chagrin, lorsqu'un méchant vagabond tua son beau lévrier noir, Sultan, le fidèle compagnon de ses jours et de ses nuits, dont le portrait orne encore sa table de travail. Le pauvre animal ne mourut pas sur le coup de sa blessure, et le visage de son maître exprimait, pendant l'agonie, une douleur si poignante, que le comte Herbert voulut l'éloigner. Le

Prince avait fait quelques pas vers la porte lorsque, en se détournant, ses yeux rencontrèrent le regard vraiment humain de Sultan ; aussitôt il revint à son vieil ami, en disant à son fils : « Non, laisse-moi rester là ! » Il reprit, lorsque le chien fut mort : « Ces vieux ancêtres germains avaient de la bonté dans leur religion ; ils croyaient qu'ils retrouveraient, dans les chasses de leur paradis, tous les bons chiens qui auraient été leurs fidèles compagnons pendant leur vie. Je voudrais pouvoir croire cela ! »

Le pauvre Sultan n'était pas seul à veiller sur son maître. Le village de Varzin jouit d'une auberge et, dans cette auberge, est installé le poste de police qui doit écarter tout danger des seigneurs du lieu. A côté, se trouve le bureau de la poste et du télégraphe ; on en appréciera le labeur, quand nous aurons dit qu'en un an, il reçut 650,000 lettres et 10,000 télégrammes. Dans une seule saison les demandes d'aumônes dépassèrent 12 millions et demi de francs.

Jamais le repos du Chancelier n'est respecté ; en vain, il fait insérer des notes et des avertissements dans tous les journaux. On a recours à mille moyens pour attirer son attention sur les missives qu'on lui adresse. Enfin, à bout de force et de patience, il s'est vu contraint de lancer une proclamation déclarant qu'il n'ouvrirait plus rien, en dehors des lettres de sa famille et de son intimité. Le flot a grossi malgré tout, et un bureau spécial a été créé pour dépouiller cette correspondance intarissable.

Et les visites ? Comment y échapper ? M. Busch raconte qu'ayant aperçu, dans un corridor, une petite grille qui ouvrait sur un escalier dont la spirale s'enfonçait dans les ténèbres, il demanda au Prince s'il conduisait aux oubliettes? « C'est par là que je m'échappe, répondit-il, quand je suis menacé d'une visite que je ne peux éconduire. Lorsque j'ai entendu le cor de votre postillon, j'allais me sauver, car j'avais oublié que nous vous attendions aujourd'hui. Un jour, vint un homme qui me fit dire que si je ne le recevais pas, il irait se pendre. J'envoyai répondre que, si cette extrémité lui paraissait inévitable, je ferais chercher la corde la plus neuve et la plus forte qu'on pourrait trouver, mais qu'il ne me verrait pas. Il partit et je ne sache pas qu'il se soit fait le moindre mal. »

Dans une autre circonstance, l'ambassadeur d'une grande puissance demandait au Chancelier, après une conversation assez prolongée, comment il s'y prenait pour se débarrasser des importuns? « Oh! c'est très simple, répliqua-t-il; quand ma femme trouve que quelqu'un reste trop longtemps, elle m'envoie tout bonnement chercher, et l'entrevue cesse. »

Au même instant, un domestique entra et pria son maître de vouloir bien accorder quelques minutes à la Princesse. L'ambassadeur rougit, autant qu'un diplomate en a le droit, et se retira aussi gracieusement qu'il put.

Quittons maintenant Varzin, pour jeter un regard sur Friedrichsruhe.

Situé très près de la ligne de Berlin à Hambourg, et séparé de la station par une assez courte avenue, qui aboutit à une grille fort peu monumentale, le château n'en est pas moins la plus calme des Thébaïdes. Devant l'habitation, s'étend une belle pelouse, semée d'arbres gigantesques et entourée d'allées recouvertes d'un épais mélange de sable et de sciure. Le château se compose de deux grandes ailes, se rejoignant à angle droit, et derrière lesquelles s'étend une véranda qui donne sur une vaste et verte prairie, bordée par la célèbre forêt saxonne (Sachsenwald). Jusqu'ici, le jardinage n'a aucune importance à Friedrichsruhe; c'est le domaine des forestiers. Il est difficile, paraît-il, de donner une idée de l'étonnante simplicité qui règne dans cette demeure. A première vue, on se croirait plutôt dans une grande maison de garde-forestier, que dans un château. Le Prince l'a agrandi, sans se préoccuper de la symétrie, ou de la beauté architecturale.

On est d'abord surpris de voir tous les murs et tous les plafonds simplement blanchis à la chaux; pas de papier, pas de stuc, pas la moindre bordure de couleur, pour donner aux chambres et aux corridors un aspect moins glacial. Sur ce fond froid, les meubles n'ont rien d'hospitalier ni d'engageant, et quelques-uns sont d'une simplicité plus que classique... Le seul luxe consiste en épais tapis qui garnissent toute la maison. Par la grande porte, on entre dans une première antichambre; à droite, le vestiaire, à gauche, l'office du premier maître d'hôtel; seconde antichambre, plus grande, qui mène à la chambre d'audience du Chancelier, l'une des mieux meublées du château. Le premier objet qui frappe la vue est le portrait de lord Beaconsfield, un pastel daté 1878 et au bas duquel le Prince a tracé, de son écriture grande et ferme, le nom du ministre anglais. En face, le portrait de M. Thiers, d'après le tableau de Bonnat; dans un coin, le buste en bronze du maréchal de Moltke, à moitié caché par une énorme couronne de lauriers ; au-dessus, le portrait à l'huile du prince-cardinal Hohenlohe. Sur la cheminée, on a placé une très bonne reproduction de la statue du grand-électeur, par Schlüter, et un moulage en plâtre de la statue équestre, dans laquelle on a cru découvrir le portrait original de Charlemagne.

La pièce contient aussi une vitrine remplie de carabines, une bibliothèque garnie de cartes, deux chaises et une petite table ronde. Toute chambre, consacrée exclusivement à l'usage du maître de Friedrichsruhe, produit une impression peu harmonieuse. On sent que tout y est sacrifié au nécessaire, à l'utile, au sens pratique. Les appartements de réception révèlent une main plus soigneuse et un goût plus artistique... Une des portes de la chambre d'audience donne sur le cabinet du comte Rantzau, le gendre du Prince; par une autre porte, on entre dans les appartements privés du maître; d'abord la bibliothèque contenant des livres sur tous les sujets d'intérêt général, mais ne ressemblant guère à la retraite favorite d'un bibliophile enthousiaste. Dans la pièce très vaste, on a placé plusieurs tables d'acajou, faites pour porter de lourds monceaux de manuscrits et de documents. Près des fenêtres, exposées au midi, se trouve un énorme pupitre, avec une chaise sans dossier, à l'aspect rébarbatif. Un encrier de bronze, du sable bleu et du papier sont les seuls ustensiles qui le garnissent, plus une plume d'oie, car le Chancelier a horreur des plumes d'acier.

Dans un coin de l'embrasure des fenêtres, juste en face du pupitre, est le bureau, au-dessus duquel on a suspendu le portrait de l'Empereur. A l'autre bout de la pièce, où la lumière n'arrive que très affaiblie, sont réunis plusieurs canapés et divers fauteuils; là, M. de Bismarck aime à se reposer, la pipe à la bouche, si c'est se reposer que de penser toujours. Çà et là, sur les murs du *Sanctum*, les portraits de la comtesse Marie de Rantzau, de la Princesse, du comte Herbert et du comte Wilhelm plus familièrement appelé Bill ; un portrait du Chancelier, à l'époque de Francfort, ne ressemblant plus, dit-on, à l'homme d'aujourd'hui. Dans un coin sombre, une table à jeu rapportée de France et sur laquelle furent signés les préliminaires de la paix, le 26 février 1871 ! Pas n'est besoin d'ajouter que la chambre à coucher du seigneur de Friedrichsruhe se fait remarquer surtout par son extrême simplicité. Des portraits de famille et un grand canapé sont les seuls objets de luxe.

L'élégance et le confort sont réservés pour les appartements des invités. La salle à manger peut recevoir trente convives; les murs en sont ornés de sept grands paysages représentant des vues prises sur le domaine. On y voit aussi une belle statue, en bronze, du Grand-Électeur, offerte par l'Empereur comme cadeau de Noël, en 1880. Dans un vaste salon, sont les portraits des ancêtres, parmi lesquels on remarque celui de la mère du Prince, cette mère qui l'a doué, dit-on, de sa volonté indomptable et de sa supériorité intellectuelle.

Au fumoir, on a placé, sur un piédestal en chêne, une réduction en bronze du monument national, élevé au Niederwald; sur le socle, est fixée une feuille de papier à lettre, où le vieil Empereur a tracé ces mots : « Noël, 1883. La clef de voûte de votre politique. La cérémonie vous était dédiée plus qu'à tout autre et vous n'avez pas pu, à mon grand regret, y assister. »

Lorsque l'occasion s'en présente, le Prince arrondit ses domaines; il plante, déplante, expérimente toutes les innovations, et dame Nature subit à son tour, bon gré mal gré, la loi tyrannique de son volontaire seigneur.

Ce sont les seules spéculations que le Chancelier se permette. « Mon fils ne pourra pas dire que je l'ai enrichi en jouant à la Bourse; une seule fois, je me suis laissé entraîner, avant d'être ministre, et cela m'a si mal réussi, que je n'ai pas été tenté de recommencer. »

Ces paroles sont l'expression de la vérité la mieux avérée. Le Prince avoue que, dans sa jeunesse, les cartes ont eu de l'attrait pour lui, surtout lorsque l'enjeu était considérable; il se rappelle des séances de sept heures et de vingt rubbers joués sans interruption, mais « ceci ne convenait pas à un père de famille » et fut promptement abandonné. Parfois, cependant, il mit les cartes au service de sa diplomatie; témoin le fait suivant, conté par lui à M. Busch. « Dans l'été de 1865, pendant que je négociais la convention de Gastein avec Blome, le diplomate autrichien, je me livrai au *quinze*, avec une folie apparente, qui stupéfia la galerie. Mais je savais très bien ce que je faisais. Blome avait entendu dire que ce jeu fournissait la meilleure occasion de découvrir la vraie nature d'un homme et il voulait l'expérimenter sur moi. Ah ! c'est ainsi, pensé-je. Eh bien, voilà pour vous ! Et je perdis quelques centaines de thalers, que j'aurais vraiment pu réclamer, comme ayant été dépensés au service de Sa Majesté. J'avais mis Blome sur une fausse piste ; il me prit pour un casse-cou et s'égara. »

On prétend que toute ruse est bonne en amour ; la diplomatie s'arrogerait-elle les mêmes privilèges ? En tout cas, un tel trait éclaire un des aspects de l'homme.

Le foyer de M. de Bismarck n'a pas d'histoire ; c'est le meilleur éloge qu'on en puisse faire et, pour rester fidèle à notre système d'impartialité, nous emprunterons, sur ce sujet, quelques lignes au conseiller de légation Rudolph Lindau. « La vie domestique du Chancelier a été absolument pure, et tous ceux qui l'entourent savent que s'il est très indulgent aux folies et aux extravagances de jeunesse, il se montre toujours sévère pour les libertins ; il ne peut les tolérer, et son antipathie pour eux va jusqu'au dégoût... »

Son amour pour sa femme et ses enfants est profond, et ceux-ci le comblent de soins qui prouvent combien est grande leur affection pour le chef de la famille. Tous ceux qui apportent au Prince un dur labeur, des ennuis ou des inquiétudes, deviennent, pour eux, des ennemis personnels ; ils protègent son sommeil, son repos, ses distractions même, comme les choses les plus précieuses. S'il est malade, ils le soignent sans relâche ; ses moindres désirs sont respectés comme des lois ; ils jouissent de ses plaisirs, et celui qui réussit à l'amuser, à le faire sourire, est remercié par la Princesse et ses enfants, comme d'un service à eux rendu. Les années n'ont rien changé à la tendresse chevaleresque du Prince pour les siens. Quiconque est admis dans l'intérieur de la famille peut juger du caractère à la fois affectueux et digne de ses rapports avec la Princesse.

Madame de Bismarck a conservé toute la simplicité de sa jeunesse ; elle est très calme, porte son rang et ses honneurs comme les choses les plus naturelles du monde, reste très fidèle aux amitiés des anciens jours et n'a qu'un but dans la vie : faire le bonheur des siens. Elle les aime paisiblement, maternellement ; sa patience et sa sérénité, qui ont toujours assuré à son mari un intérieur tranquille, ont certainement contribué à ses succès. « C'est elle, disait-il un jour à un ami, qui m'a fait ce que je suis. » Tant de vertu et tant de haine féroce dans le même cœur !

Les charmes du foyer retiennent si exclusivement le Chancelier, qu'il n'est jamais le convive de personne, si ce n'est de son souverain.

Banquets, raouts, bals et théâtres sont impuissants à l'attirer. En revanche, il exerce volontiers l'hospitalité ; les *chambres d'amis*, à Varzin et à Friedrichsruhe, ont abrité déjà bien des hôtes illustres. A Berlin, le palais Radzivill ouvre ses portes chaque année, le jour de la naissance de l'Empereur, à toute la diplomatie... masculine.

Les ambassadeurs sont tenus à distance ; s'ils désirent une entrevue, ils doivent la demander par écrit. Les députés, au contraire, sont admis dès qu'ils se présentent, et il est rare qu'un ou deux d'entre eux ne partagent pas la *fortune du pot*, que le Prince aime à offrir à ses amis. Les soirées parlementaires et les réunions qu'on appelle « le verre du matin », *Frühschoppen*, sont fréquentes ; c'est la continuation du *Tabac-Parlement* inauguré par le prédécesseur de Frédéric-le-Grand. Les représentants de la nation viennent là, recueillir la parole de sagesse qui tombe des lèvres augustes. Les soirées ont lieu naturellement pendant la session et toujours pour venir en aide à quelque projet de loi, ou de politique générale, auquel le Prince désire assurer la bienveillance de la Diète.

Elles ont un caractère démocratique et sans apprêt ; cependant l'habit noir est de rigueur. Elles ne sont pas, du reste, des réunions d'amis personnels ou politiques et ne portent les couleurs d'aucun parti... Sans doute on préfère les amis ; mais, outre les convertis que le Chancelier désire récompenser, on peut voir, au nombre des convives, des hésitants disposés à se laisser convaincre et d'autres qu'on sait ne pouvoir ébranler, mais qu'il serait impolitique d'offenser ; d'autres encore ne sont ni députés, ni fonctionnaires et ne prennent qu'un intérêt général à la politique. Voici des journalistes en docte entretien avec des professeurs de l'Université ; un peintre qui termine le portrait du maître, ou un architecte qui embellit Varzin ; le médecin de la famille, un général ou deux, sanglés dans l'uniforme, des attachés aux affaires étrangères, des ministres, des présidents de banques, des gentilshommes campagnards, etc.; mais le grand nombre se compose de députés, et la session fait le fond de la conversation... L'hospitalité du Chancelier et de sa famille est parfaitement franche, généreuse, sans contrainte ni préférences... Sur le grand buffet, dressé dans l'une des pièces principales, les tonnelets de bonne bière de Bavière se succèdent de plus en plus fréquemment, à mesure que l'heure s'avance. Une collation froide est servie sur une longue table, et l'on sait que les Allemands ont bon appétit. Ceux qui sacrifient encore aux grâces peuvent pénétrer dans le grand salon, rendu fameux par les séances du congrès, et présenter leurs devoirs à la Princesse et aux quelques douairières qui l'entourent.

Toutefois, la partie caractéristique de la fête est réservée pour plus tard, lorsque ces dames se sont retirées. Alors on passe les cigares. Quant au Prince, il préfère une longue pipe turque, qu'un valet bien dressé prépare et apporte au moment opportun. Le *Parlement du tabac* est ouvert! En réalité, il n'y a pas de débats, car, bien que quelques questions soient parfois posées timidement par l'un des invités, la séance est remplie par le monologue que le Prince adresse au demi-cercle formé devant lui; on n'adopte aucune conclusion formelle. Il y a cependant de la méthode dans le programme. Le Prince ne saurait parler sans intéresser; il possède l'art de mêler le plaisant au sévère, l'agréable à l'utile, et force le plus frivole de ses hôtes à réfléchir à quelque grave problème, en même temps qu'il rit de quelque plaisanterie incomparable. Par le fait, il n'est pas rare que ces plaisanteries et les anecdotes qui leur font cortège, ne renferment, sous un voile transparent, l'idée principale du discours. Ce n'est souvent qu'un artifice oratoire. Non seulement il met ainsi ses auditeurs de bonne humeur et les gagne à sa cause, mais il unit le précepte et l'exemple avec tant d'art et dans de telles proportions, que ses auditeurs sont déjà convaincus, lorsqu'ils croient n'être qu'amusés. Telle anecdote n'était pas l'encadrement de sa proposition ; c'était sa proposition même ; ce calembour n'est pas un jeu d'esprit insignifiant, mais une vérité fondamentale, ou un sophisme que le Prince veut faire accepter comme une vérité. Ainsi se passe la dernière heure.

Une vingtaine, ou plus, de convives en costume de gala, à demi visibles dans la fumée des cigares, écoutent et admirent un géant revêtu de l'uniforme, qui parle tarifs et finances, mêlant délicieusement l'esprit, la fantaisie, les récits, les exemples tirés de l'histoire ou de ses souvenirs, le sens commun le plus fin et la haute raison politique ; donnant du sérieux aux sophismes, jusqu'à ce que sonnent les premières heures du matin et que les laquais commencent à oser bâiller. Alors, sur une dernière plaisanterie et une libation finale, le cercle est rompu et les lumières s'éteignent [1].

Le tableau n'est-il pas intéressant ? Et ne retrouve-t-on pas, dans la figure principale, quelques-uns des traits que nous avons signalés au cours de cette étude : l'adresse unie à la force, la bonhomie apparente, la franchise dangereuse et cette faculté de fasciner, d'envelopper, de dominer l'interlocuteur, en cachant, sous les fleurs de l'esprit, les armes toujours prêtes d'une volonté inflexible ?

1. *Quelques Souvenirs de Bismarck*, par M. Herbert Tuttle. Publiés dans l'*Atlantic Monthly*, 1882.

Tous les familiers du Chancelier s'accordent à dire qu'il n'est pas de plus charmant causeur à table ; son fonds d'anecdotes est inépuisable, et les occasions de l'exploiter ne lui manquent pas, car on l'écoute plus qu'on ne cause avec lui. Lors de son arrivée à Francfort, à l'époque où il aimait encore l'Autriche, il alla passer deux jours au Johannisberg, avec le vieux Prince de Metternich. L'homme de l'avenir plut beaucoup au génie du passé. « Je ne sais, lui dit peu après M. de Thun, quel charme vous avez jeté au vieux prince, mais il vous considère comme un « vase d'élection », et m'a déclaré qu'il ne s'y connaissait plus en hommes, si vous ne réussissiez pas dans votre carrière. — Je vais vous expliquer pourquoi, répondit l'envoyé à Francfort : j'ai écouté en silence toutes ses histoires, tirant seulement un peu sur la cloche, pour la remettre en branle ! C'est ce qui plaît aux vieux bavards. »

Personne n'appliquerait aujourd'hui cette épithète irrévérencieuse au Chancelier de l'empire, mais le rôle qu'il jouait si bien auprès de Metternich, et aussi de Humboldt, le plus exigeant et le plus fatigant des conteurs, ses invités le jouent à leur tour auprès de lui, et la comédie a même un épilogue. Aussitôt que les hôtes du palais Radzivill mettent le pied dans la rue, ils sont assaillis par une nuée de reporters, à l'affût pour leurs journaux respectifs, et le lendemain, Berlin a le *réchauffé* du banquet de la veille.

L'une des qualités caractéristiques de la conversation du Prince est la condensation.

On l'a comparé, en plaisantant, aux produits de Liebig, tant il peut rassembler de faits et d'idées en peu de temps et de phrases. Le correspondant d'un grand journal anglais vécut si longtemps, littérairement parlant, sur une entrevue à lui accordée par l'homme d'État, pendant le congrès de Berlin, que ses collègues prussiens, devenus jaloux, l'accusèrent de puiser dans son imagination plus que dans ses souvenirs. « Ils oublient, répondit l'Anglais, que je puise dans du Liebig politique. »

Jules Favre, qui avait eu trop d'occasions d'en juger, et quelles occasions ! disait que M. de Bismarck appréciait surtout, dans ses interlocuteurs, la simplicité et la précision ; il l'avait souvent entendu se vanter d'avoir dupé ses adversaires, en leur disant la vérité. Lorsque M. Bayard Taylor, l'écrivain américain bien connu, fut nommé ministre des États-Unis à Berlin, rien ne l'étonna autant que la conversation familière et ouverte du Chancelier. « J'ai passé hier une heure avec lui, dans son jardin, écrivait-il, peu après son arrivée ; au bout de dix minutes, il me semblait l'avoir connu toute ma vie. J'ai été stupéfait de sa franchise. Il était accompagné d'un grand lévrier noir, moi d'un énorme chien brun ; nous n'avons parlé que de livres, d'oiseaux et d'arbres, mais la nature profonde de l'homme se trahissait à chaque instant, et je voyais jusqu'au fond. Il est surprenant ! »

Ce n'est pourtant pas à tout le monde que le prince de Bismarck inspire cette sympathie. Ses plus dévoués partisans avouent qu'il est plus admiré qu'aimé et que, parmi les grands personnages qui l'approchent, beaucoup le craignent jusqu'à trembler devant lui.

Écoutons M. Lowe, dont le fétichisme n'est pas suspect. « Le Chancelier ne reconnaît qu'un maître : l'Empereur ; qu'un but : la grandeur de son pays ; il leur subordonne toutes ses pensées, toutes ses actions ; ses sentiments, sa *conscience*, sa santé, sa considération pour autrui, *tout* est immolé sur l'autel de son patriotisme et *de son pouvoir*. Il a peu d'amis en dehors de sa famille, et celle-ci même n'est pas admise dans sa pensée politique tout entière. Excessivement jaloux de son pouvoir et de sa situation, il n'a pas formé de successeur, et sa grandeur semble gagner en proportion de la petitesse des autres. On l'a comparé, dans ses rapports avec ceux qui l'ont aidé à fonder l'empire, les Moltke, les Roon, les Manteuffel, au « monarque des montagnes », séparé des pics alpestres qu'illumine le soleil couchant, dans la chaîne du Mont-Blanc, par des vallées de neige sombres et glacées. Quel empereur romain, quel autocrate de toutes les Russies a jamais possédé un pouvoir plus absolu sur ses sujets, que l'homme d'État qui exerce l'autorité d'un seul, sur la politique de l'Allemagne, aussi bien que sur la diplomatie européenne ? Celui qu'un écrivain anglais a si bien décrit : « Un colosse solitaire, dont le piédestal est un continent. »

Le bonheur est-il compatible avec cet isolement hautain, cette supériorité olympienne ? S'il fallait en croire ce qu'écrivait, en 1877, un diplomate expérimenté, le baron Nothomb, ministre de Belgique, mort à Berlin en 1881, le sort du prince de Bismarck ne serait pas enviable, au point de vue purement humain et terre à terre. L'Europe se préoccupait alors à nouveau de la question d'Orient, et le baron Nothomb disait : « Quant au rôle que Bismarck jouera dans cette question, tout ce qu'on en peut dire, c'est qu'il est dominé par la crainte d'une alliance franco-russe... S'il avait un esprit élevé et une âme généreuse, on pourrait se livrer à des conjectures, mais le Chancelier n'est pas guidé par les intérêts de l'humanité, ni même par ceux de l'Europe. Pour lui, la politique n'est qu'une force dynamique. Il méprise les hommes, il n'a que deux objectifs : consolider son œuvre, la grandeur de l'Allemagne et la sienne... Il se dit profondément malheureux, et il l'est. Son équilibre est détruit. Il vient de prétendre vouloir renoncer au pouvoir, mais il ne saurait vivre sans cela, sans l'admiration publique, et il le prouve par l'attention qu'il accorde à la presse. La moindre attaque l'irrite. Je cherche en vain son semblable dans l'histoire. On ne peut juger l'homme sans se préoccuper de son tempérament, tel que l'a développé son succès sans précédent. Son pouvoir est devenu une espèce de césarisme ministériel... Est-il si bas, physiquement parlant, qu'il le prétend? Beaucoup en doutent. Il se porterait bien, s'il consentait à mieux distribuer son temps et ses occupations, et savait mieux se gouverner. Il se couche à quatre heures du matin, s'endort à sept et se lève dans l'après-midi. A cette heure-là les affaires se sont accumulées ; il s'en approche avec répugnance et même avec colère! »

Certes, nous n'éprouvons aucune partialité pour M. de Bismarck, mais la justice nous oblige à trouver un peu trop de sévérité dans les lignes qui précèdent. Que son ardente jeunesse ait parfois surmené sa santé, c'est probable ; mais qu'est cela comparé au travail écrasant, aux responsabilités terribles, aux luttes gigantesques qu'il a subis depuis un quart de siècle? Si robuste que soit un homme, il ne saurait, comme Atlas, porter un monde sur ses épaules, sans être ébranlé. Or M. de Bismarck, avec toute sa force et sa tête froide, est doué de ce tempérament nervoso-bilieux, qui donne à presque toutes les natures supérieures leur ressort, leur puissance de résistance et en même temps l'oubli de la mesure, avec des souffrances dont les symptômes, variés à l'infini, sont trop souvent l'objet de persiflages aussi injustes que cruels. Depuis la grande maladie qui le terrassa en 1859, à Saint-Pétersbourg, et qui fut causée par la crainte de voir son gouvernement s'engager dans une voie politique qu'il jugeait fatale, sa santé n'a jamais été à l'abri de crises névralgiques, rhumatismales, bilieuses, hépathiques, extrêmement douloureuses. Son système nerveux, surexcité à l'excès, a dû, plus d'une fois, éprouver durement le dévouement de son entourage. « M. Busch ne cache pas que son *chef* est naturellement colère et que la moindre contrariété provoque en lui des explosions volcaniques ; mais il ajoute que l'éruption se calme vite et ne laisse jamais trace de rancune. »

Le Prince lui disait un jour : « Il n'est pas toujours agréable pour mes subordonnés d'être près de moi, mais il ne faut pas attacher trop d'importance à mon irritabilité. »

Il paraît que la musique a le pouvoir de calmer le nouveau Saül; c'est le seul art qui puisse exercer sur lui un véritable charme. Il aime surtout les anciens maîtres, Beethoven par-dessus tous les autres. On trouve le pas-

sage suivant, dans une lettre écrite à sa femme, en 1851 :
« Mon état de santé est fort bon, malgré un peu de mélancolie, de mal du pays et un grand désir de revoir la forêt, l'Océan, le désert, toi et les enfants, avec le coucher du soleil et Beethoven brochant sur le tout. » Dans une autre lettre, il écrit : « Hier, après le dîner, je suis resté seul avec Keudell, dans le salon bleu et il m'a joué du piano. » A Versailles, ce même M. de Keudell, conseiller de légation et pianiste excellent, qui s'est adjugé le rôle de David, jouait souvent en sourdine, pendant qu'on prenait le café. Il répondit un soir à M. Busch, qui lui demandait si cela plaisait au Chancelier : « Certainement ! quoiqu'il ne soit pas musicien lui-même, il prend grand plaisir à entendre les autres. Avez-vous remarqué qu'il fredonne tout le temps ? C'est très bon pour ses nerfs. » Les autres arts lui sont plus indifférents. Il n'en est pas question dans ses lettres, et ils tiennent fort peu de place dans l'ornementation de ses résidences.

Rencontrant, dans une réunion, une dame qui lui rappelait l'avoir eu pour cicerone à Berlin, lorsqu'il y était étudiant, il la présenta à la société, comme « la dame à qui il devait une grande partie de son éducation artistique, car c'était avec elle qu'il était entré au musée de Berlin pour la première et la *dernière fois !* »

« L'art est gai, la vie est sérieuse. » Cette maxime, écrite par le Chancelier, au bas de la fameuse photographie Lucca, suffirait à expliquer son dédain apparent des questions d'art. La vie a été, en effet, si sérieuse pour lui, qu'il en a forcément négligé les côtés aimables, reposants et relativement frivoles. Certaines natures plus riches, plus complètes, un Richelieu, un Napoléon, peuvent être à la fois des hommes de fer et des artistes, mais ces natures-là sont encore plus exceptionnelles que celle du prince de Bismarck; leur génie est plus universel, leur idéal plus vaste. En fait d'idéal, le Chancelier n'en a qu'un : la patrie; l'humanité le touche peu; il est surtout le Germain, ou plutôt le Prussien typique. Idéal étroit, prétendent les uns, avec sévérité; idéal qui fait les grandes nations, répondent les autres, avec envie. M. de Bismarck manque de poésie, reprennent les premiers; quiconque, répliquent les seconds, accomplit une grande œuvre, est poète à sa manière, inconsciemment, mais certainement.

Les Allemands l'ont surnommé leur *Einzige*, leur Unique; là est sa poésie.

Cet homme monté si haut, comblé de biens et d'honneurs, qui reçoit les hommages de tout un peuple, dont le nom remplit le monde, s'attache à des villes au fond de l'Amérique, à des archipels dans les mers du Sud, dont le soixante-dixième anniversaire a été célébré comme le culte d'un dieu nouveau, qui reçut ce jour-là trois mille cinq cents télégrammes et deux mille cent lettres, la première de toutes, signée : « Votre reconnaissant, fidèle et dévoué Empereur et Roi, Guillaume »; ce colosse sur son piédestal est-il heureux ? Écoutons encore M. Rudolph Lindau.

« Parfois, lorsque le Chancelier, entouré de sa famille et de cinq ou six intimes (il n'en a pas davantage), affranchi de toute contrainte, est assis, fumant sa longue pipe, caressant la tête de son grand chien, écoutant distraitement la conversation qui a lieu à voix basse, un voile doux et transparent semble tout à coup passer sur son froid visage, ses traits durs s'adoucissent et prennent une expression inattendue de tristesse rêveuse... Tout en étant l'homme le plus positif que le monde ait jamais connu, il porte, caché dans son âme, un sentiment profond, qui certes ne ressemble en rien à la sentimentalité maladive, et n'a jamais dû lui faire adresser ses plaintes à la lune, mais qui lui donne la faculté de sentir âprement tout ce qu'un cœur, doué de sensibilité, est exposé à souffrir dans le cours de la vie. »

S'il en est ainsi, quel lourd fardeau doit porter l'homme dont la vie résume, depuis vingt-cinq ans, l'histoire de l'Europe, qui a manié des individualités si différentes, conçu et résolu tant de problèmes, livré tant de combats, affronté des dangers et des responsabilités si divers! Un jour, en 1878, pendant le dîner, il parlait de lui comme d'un vieillard usé; la Princesse protesta : « Mais vous n'avez que soixante-trois ans ! — Oui, mais j'ai toujours vécu *vite et dur* »; et, se tournant vers M. Busch, il ajouta : « Par *dur*, j'entends que tout ce que j'ai eu à faire, je l'ai fait de toutes mes forces ; tous mes succès, je les ai payés de ma santé, de ma vitalité. »

Le même témoin de sa vie poursuit ainsi : « On a beaucoup dit que le Prince de Bismarck était un misanthrope amer et cynique, un satiriste médisant : c'est une calomnie ; il ne hait et ne méprise dans les hommes, que ce qui n'est pas viril ; il ne se moque que de ceux qui se rendent ridicules. S'il ne peut se figurer l'humanité exempte d'égoïsme, c'est là probablement le résultat de son expérience, qui l'a rendu accessible au soupçon, à la méfiance et habile à démêler les ruses, les basses convoitises et les mauvaises actions. Je pourrais prouver, par de nombreux et authentiques exemples, que nulle part, sous le soleil, on ne trouve plus d'hypocrites, d'intrigants et de menteurs, plus de vanité, de méchanceté, d'astuce et d'envie, que dans les sphères diplomatiques et le monde des cours, où la prudence est la première des vertus. » A de tels contacts, les âmes tendres souffrent et meurent, ou s'écartent; les âmes fortes s'endurcissent, dédaignent et brisent; mais elles n'en sont pas moins blessées dans ce qu'elles ont de meilleur et de plus noble, et souvent, au dégoût des instruments qu'elles ont employés, s'ajoute le regret des moyens dont elles se sont servies. Qu'on en juge par ce tableau, d'une mélancolie profonde, que nous empruntons à M. Busch. « C'était à Varzin, en 1877; le crépuscule tombait, et le Prince était, selon son habitude, après le dîner, assis près du poêle, dans le grand salon du fond, où se dresse la statue de Rauch : *la Victoire distribuant des couronnes.* Après un silence prolongé, pendant lequel il jetait de de temps à autre des pommes de pin dans le feu et regardait droit devant lui, il commença tout à coup à se plaindre de ce que son activité politique ne lui avait valu que peu de satisfaction et encore moins d'amis. Personne ne l'aimait pour ce qu'il avait accompli. Il n'avait fait par là le bonheur de personne, ni de lui-même, ni de sa famille, ni de qui que ce fût. »

Quelqu'un suggéra qu'il avait fait celui d'une grande nation. « Oui, mais le malheur de combien ? répondit-il.

Sans moi, trois grandes guerres n'auraient pas eu lieu, quatre-vingt mille hommes n'auraient pas péri; des pères, des mères, des frères, des sœurs, des veuves, ne seraient pas plongés dans le deuil... *J'ai réglé tout cela avec mon Créateur*, mais je n'ai récolté que peu ou pas de joie, de tous mes exploits; rien que des ennuis, des inquiétudes et des chagrins. » Il continua ainsi pendant quelque temps, tandis que ses auditeurs silencieux et surpris, contemplant l'homme de fer auquel la Victoire semblait jeter ses couronnes, se rappelaient involontairement ces lignes du monologue de Hamlet :

« Combien usés, vieillis, insipides et inutiles me paraissent tous les biens de ce monde! Honte! O honte sur lui! Ce n'est qu'un jardin abandonné, où tout monte en graine et dont les herbes grossières et malfaisantes ont pris entièrement possession. »

Le grand homme d'État se répéterait-il, en jugeant son œuvre, ces paroles de l'Ecclésiaste : « Mais quand j'ai regardé tous les ouvrages de mes mains et toutes les peines que j'avais prises, voilà que tout n'était que regret et vanité, et rien de plus sous le soleil? » Rien dans ses derniers discours n'autorise à le penser; son orgueil reste entier, aussi hautain, aussi dur qu'à aucune époque; sa volonté ne s'est jamais montrée plus absolue, ni plus agressive, son initiative plus persévérante et plus vigoureuse. S'il souffre parfois, sur le roc solitaire d'où il plane et domine, ce n'est que justice; il a tant fait souffrir! S'il est plus admiré qu'aimé, s'il étonne plus qu'il ne touche, c'est la conséquence forcée de sa nature et de ses actes. Il n'a pas ce qui fait les bien-aimés des peuples, ce grand seigneur dédaigneux, ironique, despotique et mordant ; la bonté que lui prêtent des familiers comme M. Busch, rayonne peu au dehors ; on ne citerait même pas de lui un mot semblable à celui de Richelieu : « J'éprouve un contentement austère, de voir tant d'honnêtes gens dormir sans crainte à l'ombre de mes veilles. » Les honnêtes gens ne tiennent, dans la pensée du Junker, devenu prince, qu'une place fort secondaire ; en reprenant les plans de Frédéric II, il n'a voulu servir que la monarchie et la monarchie prussienne ; c'est par surcroît et par nécessité, qu'il a refait l'Allemagne qu'avait détruite le traité de Westphalie. Ses plans se sont élargis malgré lui ; résolu à ne pas laisser absorber la Prusse par l'Allemagne, il a entraîné l'Allemagne à se laisser annuler par la Prusse. Homme du droit traditionnel et divin, il a exploité les idées nouvelles, non par conviction libérale, mais par dévouement à la cause du gouvernement personnel et absolu. En Prusse, le régime constitutionnel n'est qu'un vain mot, le suffrage universel un leurre, la liberté une fiction. Aujourd'hui, la main de fer tient le faisceau et défie qu'on le rompe ; mais, quand la mort aura brisé cette main, s'en trouvera-t-il une autre pour la remplacer ? L'équilibre anormal, établi entre l'idée féodale et l'idée nationale, entre l'aristocratie et le suffrage populaire, entre l'autorité et la révolution, pourra-t-il se maintenir ? L'esprit moderne, savamment, mais violemment comprimé, fera-t-il explosion et réclamera-t-il ses libertés confisquées ? L'Allemagne se contentera-t-elle toujours d'un budget impérial, d'un septennat militaire sans cesse renouvelé [1], d'un État tout-puissant, substitué à l'initiative individuelle? Les anciennes autonomies n'essayeront-elles pas de se soustraire au niveau prussien? Les grands feudataires, réduits au rôle de préfets couronnés, ne tenteront-ils pas de redevenir de vrais souverains? Le particularisme, que le Prince de Bismarck affirme être développé chez les Allemands *à un degré inconcevable*, ne s'insurgera-t-il pas contre la centralisation imposée?

Les nationalités opprimées, dont le sentiment le plus cher est aujourd'hui traité d'*ilotisme* par leur vainqueur, ne se soulèveront-elles pas contre le véritable esclavage? L'Allemagne acceptera-t-elle pour toujours sa situation de forteresse assiégée? Le monde européen consentira-t-il à user éternellement ses forces vives, le plus pur de son sang, le plus précieux de son or, les plus grands efforts de son industrie et de son labeur, pour préparer les hommes au combat fratricide, pour forger des engins destructeurs? Autant de points d'interrogation formidables, qui se posent forcément au génie politique du Chancelier (ses essais de socialisme d'État en font foi), et qui doivent troubler étrangement ses veilles. Aura-t-il personnifié la dernière victoire du gouvernement personnel, ou le renouveau de son triomphe? S'il n'avait fait que tenir haut et ferme la bannière du spiritualisme et de l'autorité, à une époque de matérialisme et de chaos social, il faudrait s'incliner devant lui avec respect

---

1. L'événement vient de prouver, dans les premiers jours de 1887, que la nécessité du septennal cessait, dès ce moment, d'être reconnue par les représentants de la nation.

et reconnaissance; mais il a commis des actes qui violentent et révoltent la conscience humaine, il s'est joué odieusement de la morale politique et internationale, dans un but férocement égoïste; il s'est arrogé tous les droits qu'il arrachait à autrui; il a prétendu guider, diriger l'esprit moderne dans les voies de son choix; il lui a dit : tu n'iras pas plus loin, ou plutôt: tu n'iras que là où je te conduirai; et l'esprit moderne, ébloui par l'auréole dont la victoire a ceint son front, s'est arrêté fasciné, subjugué. Mais après? « Les Prussiens acclamaient les victoires de Frédéric-le-Grand, disait un jour le Chancelier, mais, à sa mort, ils se frottèrent les mains d'aise de se voir débarrassés de ce tyran. » Et ce tyran lui-même n'avait-il pas dit : « Il y a des météores en politique comme en astronomie? » L'avenir seul décidera si le Prince de Bismarck était un météore ou une étoile fixe.

Charlemagne pleurait en apercevant, au loin, les voiles normandes qui menaçaient les côtes de son empire. Le Chancelier n'a-t-il jamais eu la vision de l'avenir, brandissant d'une main le drapeau de la révolution, et de l'autre, celui des nationalités soulevées contre l'oppresseur, et n'a-t-il pas tremblé pour son œuvre, devant cette vision? Peut-être s'est-il rappelé alors les sages paroles prononcées par lui, en deux graves circonstances: la première fois, il venait de signer, avec la Bavière, un traité d'alliance ou plutôt de soumission, relativement modéré : « On me blâmera peut-être, dit-il; on dira : « L'imbécile aurait pu demander davantage; il l'aurait obtenu; sa force était son droit. » Moi, je voulais renvoyer ces gens satisfaits. *Que sont les traités qu'on est forcé de signer?* Les traités entre les États n'ont de valeur que s'ils ratifient l'expression de leurs intérêts respectifs; quand l'une des parties se sent lésée et victime de la mauvaise foi, toutes les clauses imaginables sont impuissantes à remplacer le bon vouloir et la coopération énergique et libre. *Le jour de la rétribution ne manque pas d'arriver, bien qu'il puisse être différé pendant des années!* »

La seconde fois, il s'agissait de Metz; le Chancelier eût volontiers laissé la forteresse lorraine à la France, en exigeant un milliard de plus; il lui déplaisait « d'introduire dans la maison allemande, tant de gens qui ne l'aimaient pas ». Il y a là, en effet, un grand péril; outre que l'Allemagne prussianisée s'est fait une frontière de rancune et de haine, elle a enfermé dans ses murs, trop « de gens qui ne l'aiment pas ». Que fera cette légion, si jamais elle se lève? Tout arrive et tout est possible; aurait-on cru qu'après deux cents ans d'union intime et populaire, l'Alsace-Lorraine pourrait être arrachée à la patrie d'adoption? Et s'imagine-t-on, parce qu'on l'affuble du nom d'Elsass-Lotheringen, qu'on la germanisera jamais, qu'on empêchera les racines, profondément rattachées dans le sol, au vieux tronc français, de partager avec lui la même sève? L'histoire, cette éternelle recommenceuse, se rit des violences, parce qu'elle a pour elle le temps, maître jaloux qui n'aime pas se voir dédaigner. On ne transforme pas le caractère d'un peuple, on n'efface pas dix siècles de tradition, comme on prend une province; si fiévreux que soient les efforts du Chancelier, pour donner à son édifice une cohésion capable de résister à toute attaque du dehors, il sait mieux que personne, qu'avec l'enjeu il a décuplé le péril. On ne remonte pas en vain le courant de son siècle; M. de Bismarck se sent assez fort pour défendre le barrage qu'il a opposé au torrent ; mais il a conscience de n'avoir transmis sa force à personne et conserve peu d'illusions sur les agissements futurs du torrent.

Son fidèle écho, M. Busch, avouait tristement, en 1884, « qu'un miracle seul pourrait sauver l'œuvre du maître et qu'après lui, on verrait de belles choses ! Elle ne dureraient pas longtemps, mais de hideuses folies, dont plus d'une irréparable, seraient sans doute commises ». Si cette pensée trouble les derniers jours du grand politique, n'a-t-il pas le droit de s'écrier, avec un écrivain, son compatriote : « C'est un sort tragique que celui d'un homme de génie ! »

UN DERNIER MOT

On n'a guère le droit, lorsqu'on touche à l'histoire contemporaine, d'écrire le mot *fin* au bas d'une dernière page! La vie ne s'arrête jamais. Les événements suivent leur cours; ce qui était vrai la veille peut être faux ou très modifié le lendemain, et l'on doit s'estimer heureux, si rien ne vient renverser l'édifice laborieusement construit.

A peine avions-nous posé, parmi plusieurs autres, ce point d'interrogation : « L'Allemagne acceptera-t-elle toujours un septennat militaire? » que le pays répondait négativement à la question. Et c'était la réponse vraie, sincère, d'hommes éclairés par plusieurs années d'expérience, sur les sentiments et les intérêts de leurs concitoyens qui étaient en même temps leurs électeurs. Depuis on a, par tous les moyens coercitifs imaginables, arraché une réponse différente à une Chambre nouvelle; on a falsifié l'état réel des choses en Europe, surexcité un chauvinisme aveugle, alarmé les intérêts, calomnié l'étranger, fait appel à toutes les convoitises, exercé la pression administrative la plus audacieuse et qu'a-t-on obtenu? Une majorité factice, un acquiescement qui n'en impose à personne, pas même à ceux qui l'ont voulu. Du reste, la situation n'est ni changée, ni améliorée; elle a plutôt empiré, puisque le fardeau déjà si écrasant des armements est devenu plus lourd encore.

Le septennat, c'est la paix, a-t-on dit? Parole mensongère dont la fausseté éclate à tous les yeux. Le septennat prolonge, aggrave des conditions si anormales, si désastreuses pour tous, que le moment viendra où l'on préférera les horreurs et les risques de la guerre à ce sacrifice perpétuel des forces vives de tous les pays, à cet abaissement des intelligences devant le régime grossier de la menace et de la force. L'Allemagne la première sentira qu'elle ne peut vivre éternellement dans ces préparatifs fiévreux et ruineux contre un agresseur imaginaire. Elle se dévorerait elle-même et deviendrait le fléau du monde civilisé, si par elle tout devait désormais se réduire à cette idée barbare, que la force brutale est le dernier mot de la grandeur, que tuer ou être tué est la seule question importante pour les nations.

Le septennat ne pouvait rien pour la paix, rien pour la prospérité de l'Empire; pouvait-il quelque chose pour sa stabilité? Change-t-il, en quoi que ce soit, les conditions intérieures ou extérieures dans lesquelles il se trouve? En faisant de l'Allemagne un camp hérissé d'armes, a-t-on travaillé à son bonheur, à son unité? La prospérité ne naît pas de la crainte, de la haine, des impôts écrasants et du militarisme à outrance; elle veut la paix, le désarmement moral, aussi bien que matériel, le travail assuré, les transactions amicales et faciles. Les grands peuples aiment leur gloire et la paient volontiers, mais il y a cependant une limite au prix qu'ils y veulent mettre.

Rester toujours sur le pied de guerre, avec les sentiments qu'il comporte, c'est nier, c'est entraver l'œuvre civilisatrice chrétienne, c'est reculer vers la barbarie, c'est annihiler les meilleures conquêtes de l'humanité. Un seul homme a-t-il ce pouvoir? Nous ne le pensons pas. Le Prince de Bismarck a voulu remonter, ou du moins arrêter le cours des âges; il n'est pas de son siècle et il est plus Prussien qu'Allemand; par une puissance de volonté extraordinaire et un génie politique supérieur, il a réussi momentanément, mais le monument qu'il a élevé par la violence, au moyen du fer et du feu, est-il cimenté de manière à résister au temps, comme ceux qui sont dans la logique des faits et des situations? Toutes les majorités du monde, fabriquées à coups d'autorité ou de corruption, ne prévaudront pas contre certaines idées, ces idées dont les victorieux ne se méfient jamais assez.

L'Empire d'Allemagne est l'œuvre d'un petit nombre d'hommes arrivés à l'extrême limite de leur carrière; tous, peut-être, ne verront pas la fin de ce septennat si péniblement obtenu; trouvera-t-on, après eux, des bras assez robustes et surtout des volontés assez dévouées pour soutenir leur édifice? On sera en présence, à l'intérieur, de deux sentiments redoutables, l'un vieux comme l'Allemagne : le particularisme; l'autre plus jeune, mais chaque jour plus envahissant : le socialisme.

Personne n'a mieux défini le particularisme allemand que M. de Bismarck lui-même. Il disait au Reichstag, le 16 avril 1869 : « L'Unitarisme est-il historique en Allemagne ? Le contraire est clairement démontré par les organisations particularistes qui existent chez nous dans toutes les directions. Nous possédons non seulement le patriotisme de village et le patriotisme de cité, à un degré inconnu chez les Romains et les Slaves, mais le patriotisme de fraction et d'administration ; ce dernier regarde tout ce qui est en dehors de sa *partie* comme absolument étranger et se reconnaît le droit d'y nuire, s'il en doit résulter quelque bien pour son *département.*

» ...Il faut attribuer à cela ce fait que l'Allemand n'est à son aise que sur un étroit espace...

» Ce particularisme est une des faiblesses de l'Allemagne, mais aussi, du moins sous un rapport, de sa prospérité. Des petits centres, ont rayonné sur toutes les parties de Allemagne, des avantages communs de culture et de bien-être, qu'on chercherait en vain dans les grands pays organisés sur le principe de centralisation. »

Qu'at-on fait de ce sentiment national et historique ? On l'a refoulé brusquement et l'on a centralisé suffisamment pour empêcher l'existence et l'influence des petits centres. Comment espérer revoir une cour de Weimar par exemple, quand la source des faveurs est à Berlin ? Néanmoins ce trait distinctif des populations germaniques n'a pas disparu de leur nature et pourra bien quelque jour reparaître d'autant plus accentué, qu'on l'aura plus durement forcé à se dissimuler. N'a-t-on pas vu récemment la Bavière, courbée aujourd'hui devant l'autocratie prussienne, de par la volonté de son régent actuel, refuser, pour des raisons d'État, d'admettre dans la liturgie protestante les prières pour l'Empereur et l'Empire? Ce sont là des faits éloquents et qui doivent donner à réfléchir au Chancelier. Et s'il en est ainsi dans des pays allemands, que doit-ce être dans ceux que l'on a cruellement arrachés à leur patrie, à ceux dont le cœur saigne toujours? On punira, on persécutera, et après? La persécution a-t-elle jamais eu raison des sentiments? Ne les a-t-elle pas toujours exaltés et enracinés? Venise a souffert plus longtemps que l'Alsace-Lorraine; elle a connu toutes les douleurs, et, après avoir troublé sans relâche, le repos de ses maîtres, elle est revenue à la famille italienne.

Mais un danger bien plus redoutable que le particularisme, celui qui grandit chaque jour et s'empare des grands centres, celui que favorisent le malaise causé par les impôts et les restrictions apportées aux libertés légitimes, celui enfin qui préoccupe le plus l'homme d'État prussien et qui lui a fait chercher du secours à Rome, le socialisme, en un mot, nous venge déjà de la haine que M. de Bismarck nous a vouée. Il s'est, comme il l'a dit, opposé vigoureusement au rétablissement des institutions monarchiques en France, parce qu'elles seules pouvaient nous donner promptement des alliances et de l'autorité; il nous a condamnés à la République, et la République l'en a remercié en étendant sa propagande jusqu'au pied du trône impérial. Le patriotisme n'est pas précisément la vertu dominante du parti socialiste. Il ne connaît ni nationalités, ni frontières, et sacrifie sans scrupules les intérêts du pays natal au triomphe de ses idées. M. de Bismarck a commis une erreur dangereuse ; une monarchie sage en France serait arrivée à une entente acceptable avec l'Allemagne, bien plus facilement qu'une République révolutionnaire; en tout cas, elle n'eût pas introduit et fortifié l'ennemi au cœur de la place, à Berlin.

Il a pensé que l'antagoniste extérieur qu'il craint le plus, la Russie, répugnerait toujours à une alliance effective avec la République française; il s'est trompé ; il n'y a ni jamais, ni toujours en politique, et le jour où le Czar verrait un intérêt vital dans un rapprochement avec la France, il imposerait silence à ses répugnances.

Ceci nous amène à la situation de l'empire d'Allemagne vis-à-vis de ses voisins les plus importants. Son récent triomphe au Reichstag na pas plus influé sur les difficultés extérieures que sur les problèmes de l'intérieur, et ne donnera pas plus à M. de Bismarck le moyen de remonter le courant démocratique, que le pouvoir d'empêcher le développement de la puissance moscovite. « La Russie, disait récemment un publiciste anglais, est la quantité inconnue dans le problème européen. » Les 40,000 hommes que l'on veut ajouter aux bataillons germaniques, ne serviront en rien à la solution du problème.

Le Chancelier voulait surtout la continuation de la Triple-Alliance; il s'est heurté à la volonté du Czar, qui n'entend pas faire le jeu de l'Allemagne et ne veut pas davantage laisser écraser la France, parce qu'elle lui paraît indispensable à l'équilibre en Europe, parce qu'elle voit l'Angleterre, malgré les insolences de la Prusse, toute prête à se rallier au plus fort, à sacrifier tous les faibles et à répéter au vieil empereur Guillaume ce qu'elle a dit si souvent, autrefois, à l'empereur Napoléon III : « L'Angleterre et l'Allemagne (autrefois c'était la France), cordialement unies, seraient les arbitres de l'Europe. »

Le Czar, pour toutes ces raisons, fait et fera échec à la Prusse, plus ouvertement peut-être lorsque son grand-oncle aura disparu de ce monde.

Tout cela existait avant comme après le renouvellement du septennat; on a beaucoup agité l'Europe, on a causé grand dommage aux affaires, on a presque fait d'une querelle intérieure, un *casus belli* à la France, on a irrité et lassé les esprits raisonnables et l'on pourrait donner à cette comédie politique, le nom d'une autre comédie : « Beaucoup de bruit pour rien », si les agissements du Chancelier n'avaient eu des effets inattendus. Par son appel au concours du Saint-Père pour désarmer le parti catholique en Allemagne, il a rendu à la Papauté un nouvel éclat, une importance depuis longtemps trop contestée. Par ses accusations injustifiables contre la France, par ses insinuations sans raison, ni mesure, il a fourni à notre pays, l'occasion d'assumer une attitude calme et digne, dont ses ennemis le déclaraient incapable. Pour cela seul, la France devrait des remerciements au Prince de Bismarck.

FIN

TABLE

Pages.

INTRODUCTION.................................... 1

PREMIÈRE PARTIE. — JEUNESSE (1815-1847)

I

Le Brandebourg et la Poméranie. — Le sol, le climat, la population. — M. de Bismarck défini par lui-même. — Sa naissance. — Les *Junkers* ou hobereaux. — Tous les ancêtres du Chancelier ennemis de la France. — Son grand-père Charles-Alexandre, le *Poète*. — Son grand-oncle Ludolf-Auguste, l'*Aventurier*. — Son père et sa mère. — Son frère Bernard. — Sa sœur Malvina, comtesse d'Arnim-Kochlendorff. — Enfance de M. de Bismarck. — Années de pension, de collège et d'université. — L'étudiant allemand. — Gœttingue et le *Cloître-Gris*. — Berlin et la *Georgia-Augusta*. — Examen problématif. — M. de Bismarck *auscultator*. — Volontariat dans les carabiniers de la garde. — Esprit militaire du Prussien en général et de M. de Bismarck en particulier. — Ses études favorites. — Ses connaissances philologiques. — M. de Bismarck continuateur de Frédéric II............ 3

II. — LE TOLLE JUNKER

Portrait de M. de Bismarck. — M. de Bismarck gentilhomme campagnard et Commissaire des Digues. — M. de Bismarck et Cromwell. — L'humeur de M. de Bismarck. — Ses plaisirs violents. — Grand mangeur, grand buveur, grand chasseur. — Ses exploits à cheval. — Médaille de sauvetage. — Voyages en Angleterre, en Hollande, en France. — Prédilection de M. de Bismarck pour la mer. — Lettres à madame d'Arnim et à madame de Bismarck. — Mort du père. — Mariage de M. de Bismarck avec mademoiselle Johanna von Puttkamer 27

III

Phases philosophico-religieuses par lesquelles a passé M. de Bismarck. — Rationalisme. — Spiritualisme. — Piétisme. Élément de tristesse. — La religion considérée comme base et défense de l'État. — Opposition aux innovations. — Pratiques religieuses. — Le vieux prussianisme. — La foi de M. de Bismarck. — Ses prétendues superstitions. — Influence de madame de Bismarck. — Le sentiment familial chez M. de Bismarck. — Éducation de ses enfants....... 58

DEUXIÈME PARTIE. — CARRIÈRE PALEMENTAIRE (1846-1851)

I

Voyage de noces. — Rencontre avec le roi Frédéric-Guillaume IV, à Venise. — M. de Bismarck à la Diète fédérale prussienne. — Plus royaliste que le Roi. — M. de Bismarck orateur. — Son dédain pour l'éloquence. — Révolution de 1848. — La *Gazette de la Croix*. — M. de Bismarck journaliste. — Intransigeant royaliste au Parlement. — Violence dans ses discours. — Système gouvernemental de M. de Bismarck. — Le Roi est tout, le Parlement n'est rien. — Le Rocher de bronze de Frédéric-Guillaume Ier. — Hobereaux parlementaires. — Horreur du parlementarisme. — Le *salus publica*. — Tout pour et par la Prusse. — L'armée. — Le parlement d'Erfurt. — Accalmie. — Repos à Schœnhausen. — La bureaucratie. — La presse. — Derniers jours de la carrière parlementaire proprement dite. — Olmütz. — L'hégémonie de l'Autriche défendue par M. de Bismarck. — Le roi Frédéric-Guillaume IV le nomme conseiller-privé de légation à Francfort. — Le Chancelier au Parlement depuis son omnipotence. — Rareté et importance de ses apparitions. — Son attitude. — Son implacabilité.................. 82

TROISIÈME PARTIE. — CARRIERE DIPLOMATIQUE (1851-1862)

I

Situation difficile de M. de Bismarck à son entrée dans la diplomatie. — Caractère de sa correspondance et de ses dépêches officielles. — La Diète. — Dédain de M. de Bismarck pour ses agissements. — Lettres à madame de Bismarck et à M. Wagener. — Portraits des Envoyés à la Diète. — La littérature diplomatique. — Lettre à madame d'Arnim. — Antagonisme de M. de Bismarck et des Envoyés autrichiens. — Changement de ses sentiments envers l'Autriche. — Opinion exprimée par M. de Rochow, Délégué prussien, sur M. de Bismarck, qui le remplace. — Confiance du roi Frédéric-Guillaume IV en M. de Bismarck. — Amitié croissante du Prince de Prusse. — Sentiments de la Diète à l'égard de l'Autriche et de la Prusse. — Le comte de Thun. — Mort du Prince de Schwarzenberg. — La question du Zollverein. — Voyage de M. de Bismarck en Autriche et en Hongrie. — Lettres. — Retour à Francfort. — Attaques contre M. de Bismarck. — Lettre à M. de Manteuffel.................. 125

I

La question d'Orient. — Rôle de la Prusse. — Accord entre M. de Bismarck et le Prince Gortchakof. — Sentiments de M. de Bismarck à l'égard de Napoléon III. — Possibilité d'une alliance de la Prusse avec la France. — Voyage de M. de Bismarck à Paris, en 1855. — Affaire de Neuchâtel. — Bienveillance témoignée en France à M. de Bismarck. — La question des Duchés de l'Elbe. — M. de Bismarck défenseur du Danemark. — Voyage en Suède et en Courlande. — Préliminaires de la guerre d'Italie. — Note de Napoléon III portée par le marquis Pepoli au Roi de Prusse. — Efforts de M. de Bismarck en faveur de la non-intervention. — Le ministère de l' « ère nouvelle ». — M. de Bismarck nommé ambassadeur à Saint-Pétersbourg. — Le Petit-Livre. — Lettre à M. de Schleinitz. — *Ferro et Igni*........................ 157

II

Départ pour la Russie, 1859. — Le voyage. — Lettres. — Bon accueil fait à M. de Bismarck. — Son tact et son adresse. — Bienveillance de la cour et de la société. — Maladie. — Convalescence. — Lettres. — Découragement. — Entrevue du Prince-Régent et du Czar à Varsovie. — Le prince Antoine de Hohenzollern. — Faveur croissante de M. de Bismarck. — Mort de Frédéric-Guillaume IV. — On offre le ministère à M. de Bismarck. — Il préfère l'ambassade de France. — Lettres. — Succès de M. de Bismarck à Paris. — Voyage en Angleterre. — Excursion aux Pyrénées. — Lettres. — M. de Bismarck, rappelé à Berlin, est nommé ministre-président, 25 septembre 1862........................ 181

TABLE.

QUATRIÈME PARTIE. — MINISTÈRE (1862-1871)

I

Attaques de la presse libérale contre M. de Bismarck. — But poursuivi par le Roi. — Le Conflit. — *La force prime le droit.* — Arrogance du ministre à la Chambre. — Les Junkers parlementaires. — Les adversaires de M. de Bismarck. — Son heureuse fortune. — Son attitude à l'égard de l'Angleterre et de l'Autriche. — Le gouvernement prussien autoritaire à l'intérieur, révolutionnaire à l'extérieur. — Révolution en Pologne. — Duplicité de M. de Bismarck. — Affectation de dégoût et de plaintes. — La question du Schleswig-Holstein. — Mort du Roi de Danemark. — Ligne politique de son successeur. — Action commune de l'Autriche et de la Prusse. — Défaite et démembrement du Danemark. — Voyage de M. de Bismarck à Biarritz. — L'empereur Napoléon III et son entourage. — Antagonisme de la Prusse et de l'Autriche, dans les Duchés de l'Elbe. — La guerre imminente. — Retardée par la convention de Gastein. — Prise de possession du Lauenbourg, par le roi Guillaume Ier. — M. de Bismarck créé comte. — L'incident Lucca. — Correspondance de M. de Bismarck avec le pasteur André de Roman. — Colère causée par la convention de Gastein. — Séances orageuses au Parlement. — Cartel envoyé par M. de Bismarck à M. Virchow. — Nouveau voyage à Biarritz. — Amitié de Napoléon III pour le comte de Bismarck. — Opposition obstinée des Chambres prussiennes. — Dissolution du Parlement. — Tentative d'assassinat sur M. de Bismarck, 7 mai 1864. — Effet de cette tentative sur les partis politiques et sur l'esprit du Roi. — Traité d'alliance avec l'Italie. — *Négociations dilatoires* avec la France. — M. Drouyn de Lhuys et le parti de l'action. — La diplomatie peinte par elle-même. — Proposition d'un congrès par l'Empereur Napoléon III. — Colère et volte-face de M. de Bismarck. Rupture avec l'Autriche. — Campagne de Bohême. — Hardiesse et activité de M. de Bismarck. — Sadowa. — Politique de Napoléon III, désastreuse pour la France. — Traité de Prague. — Procédés politiques de M. de Bismarck..... 207

II

Triomphe de M. de Bismarck. — Bill d'indemnité. — La Confédération du Nord. — Le 24 février 1867. — Ouverture du premier parlement du Nord. — Le suffrage universel. — Les nationaux-libéraux. — Négociations avec la France. — Politique de *pourboires*. — Projet de traité Benedetti. — Traités secrets avec les États du sud de l'Allemagne. — Question du Luxembourg. — Rapprochement de la Prusse et de la Russie. — M. de Bismarck à Paris, pendant l'exposition de 1867. — La Prusse et l'Italie. — Candidature Hohenzollern au trône d'Espagne, 1870. — Négociations. — M. de Bismarck veut la guerre. — Son télégramme aux Envoyés prussiens. — La guerre de France, 1870-1871. — Attitude implacable de M. de Bismarck, pendant toute cette guerre. — Son activité infatigable. — Le *Foreign-Office* mobilisé. — Caractère féroce de la guerre encouragé par M. de Bismarck. — Ce qu'il voudrait faire de la France. — Son opposition à toute restauration monarchique. — La République préférée comme élément d'affaiblissement. — La France vaincue, l'Allemagne du Sud subjuguée. — Le roi Guillaume, empereur d'Allemagne.......................... 244

CINQUIÈME PARTIE

LE CHANCELIER DE L'EMPIRE (1871-.....)

I. — POLITIQUE ÉTRANGÈRE DU CHANCELIER

Le premier Parlement allemand. — Le Chancelier « fanatique de la paix ». — Entrevues des souverains. — Guillaume Ier et François-Joseph à Salzbourg, 1871. — Le Czar à Berlin.

— La Triple-Alliance, 1872. — L'Empereur et le Chancelier à Saint-Pétersbourg et à Vienne, 1873. — Le Prince Royal d'Italie et la princesse Marguerite, puis Victor-Emmanuel à Berlin, 1874. — François-Joseph à Venise, 1875. — « La guerre est en vue ! » — Griefs contre la France. — Irritation du Chancelier. — Le comte d'Arnim. — Son opposition au Prince de Bismarck. — Son rappel. — Son procès. — La République espagnole. — La guerre encore en vue. — Intervention du Czar et du Prince Gortchakof. — Irritation du Chancelier. — La guerre dans les Balkans. — Appel inutile de l'Angleterre au Prince de Bismarck. — Non-intervention de l'Allemagne. — Fausse sortie du Chancelier, 1877. — Prise de Plewna par les Russes. — Traité de San Stéfano. — Congrès de Berlin, 1878. — La revanche de Bismarck sur Gortchakof. — Colère de la Russie. — Voyage du Chancelier à Vienne. — Entrevue des Empereurs d'Allemagne et de Russie, à Alexandrowo. — Politique personnelle de Guillaume Ier. — Assassinat du Czar Alexandre II. — Entrevue de l'Empereur d'Allemagne et du Czar Alexandre III, à Dantzig, 1881. — Rapprochement de l'Allemagne et de la Russie. — Apaisement dans les rapports avec la France. — « Un jet d'eau froide lancé sur l'Italie ». — Gambetta. — La Ligue centrale de la paix. — Le Kronprinz à Rome. — Alphonse XII à Berlin. — Les rois des Balkans. — M. de Giers. — Entente avec la Russie. — Les trois Empereurs à Skiernievicz, 1884. — Situation de l'Angleterre et de la France. — Politique coloniale. — Conférence de Berlin. — La question égyptienne. — Essais de colonisation. — L'affaire des Carolines. — Politique des intérêts communs. — La question bulgare. — Situation politique de l'Europe, au commencement de l'année 1887................................ 273

II. — POLITIQUE INTÉRIEURE

Difficultés rencontrées par le Prince de Bismarck dans sa politique intérieure. — Le Reichstag. — Tout pour la Prusse et par la Prusse, tout pour l'État et par l'État. — Bienveillant despotisme. — Le Kulturkampf. — Le docteur Windthorst. — Lois Falk (1872). — Persécution des catholiques. — Pie IX et Léon XIII. — Négociations avec Rome. — Rapprochement. — M. Windthorst chez le Chancelier. — « Modus vivendi ». — Le Kronprinz à Rome, 1883. — Incertitude de l'avenir. — Socialisme d'État. — Lassalle et Karl Marx. — Attentats de Hödel et de Nobiling contre l'Empereur. — Lois de répression. — Philanthrophie du Chancelier. — Réforme financière. — Essais de réforme sociale. — Opposition. — Persévérance du Prince de Bismarck................ 311

SIXIÈME PARTIE

LE PRINCE DE BISMARCK CHEZ LUI

I. — LE CHANCELIER CHEZ LUI

Goût du Prince de Bismarck pour la campagne. — Sa fortune. — Sa vie aux champs. — Sa ménagerie. — Son chien Sultan. — Varzin. — Friedrichsruhe. — La vie privée du Chancelier. — Réception des ambassadeurs et des députés. — Soirées parlementaires. — Un colosse solitaire. — Le Chancelier est-il heureux ? — Sa santé. — Son humeur. — Son goût pour la musique. — Sensibilité et mélancolie. — Caractères de l'œuvre du Prince de Bismarck. — Que lui réserve l'avenir ? 339

Un dernier mot.. 371

BOURLOTON. — Imprimeries réunies, B, rue Mignon, 2.

www.ingramcontent.com/pod-product-compliance
Lightning Source LLC
Chambersburg PA
CBHW050427170426
43201CB00008B/576